불교와 근대, 여성의 발견

한국/근대/여성 총서 02

불교와 근대, 여성의 발견

조은수 지음

도서 모시는사람들
출판

서문

이 책은 〈한국/근대/여성〉 총서의 일부로서 근대 여성에 대한 연구를 대중적으로 보급하기 위한 기획 취지에 맞추어 집필되었다. 한국의 근대의 공간에서 불교여성들은 종교적 실천을 통해 자기 정체성을 확장해 나갔다. 필자는 20세기 근대 형성기에 활동한 이들 여성들을 찾아 그들의 다양한 의식 세계를 구명하고 맥락화하려고 노력하였다. 개별 여성들의 살아 있는 경험과 그들의 의식 속에서 일어나고 있는 생생한 현실들을 구체적이고 유동적인 사회적 맥락 속에서 재구성하고자 하였다. 시기적으로는 개항기, 일제강점기, 해방과 한국 동란으로 나누었고 각각의 시대의 여성들의 의식과 실천 활동을 밝혀보고자 했다. 하지만 앞뒤 맥락을 제공하는 의미로, 전근대 시기 불교계의 여성에 대한 고찰과 이후 1970년대에 나타난 불교여성의 약진에 대해서도 서술하여 근대기에 등장했던 이념과 의식이 이후 현대 불교계에 어떤 식으로 발현되고 전개되는지를 보이고자 하였다.

필자는 불교의 사상적 측면을 전공하는 불교학자로서, 자연스럽게 불교전통 속에 나타나는 여성들의 자취에 관심을 갖게 되어 이 연구에까지 이르게 되었다. 여성에 대한 연구는 기존 연구 주제의 반쪽만을 다루는 연구라고 생각하는 사람도 있다. 그러나 기존의 한국 불교사 연구에서 배제되었던 여성에 대해 연구하고 밝힘으로써 좀 더 완성되고 전체를 아우르는 진정한 근대 불교의 모습에 대한 이해를 얻게 된다고 생각한다.

본 연구는 근대 시대의 불교여성을 전반적으로 골고루 다루는 포괄적이고 종합적인 역사(comprehensive history)를 지향하지 않는다. 다만 한국 근대 불교사 서술에서 오랜 기간 소외되었던 여성들이 근대기에 들어 점멸적으로 또는 간헐적으로 기록 속에 나타나는 삶에 주목하고 그것을 환한 빛 속에 드러내어 보임으로써 그 여성들이 어떤 활동을 하였으며 그 의미는 무엇인지를 고찰하고자 하였다. 불교는 일반적으로 일상적 삶이나 개인사의 기록에는 상당히 무관심하다. 문헌 속에서 여성들의 삶이나 일상적 측면을 알아내려면 특별한 노력이 필요하다. 그러한 분석의 결과를 바탕으로 하여 한국 근대 불교사에서 여성을 중심으로 서술하는 새로운 종류의 정합적인 역사를 구성해 보고자 했다. 새로운 방법론, 근대사를 새롭게 보는 시각을 제창하고자 시작하였으나 결과는 무척 소략하다. 이런 시론적 연구가 발판이 되어 앞으로 더 총체적이고 큰 그림을 보여주는 제대로 된 근대 여성 불교사가 나오기를 바라며, 그에 약간의 기여가 되기를 바란다.

이 책은 무척 오랜 기간에 걸쳐 이루어졌다. 필자가 과문한 탓이기도 하고 또한 지난 몇년간 여성 불교에 관한 새로운 자료들이 발굴됨에 따라 그때마다 시각을 재정립해야 했기 때문이다. 오랜 과정의 길목마다 여러 사람의 도움이 있었다. 근대기의 국한문 혼용자료를 정리해 준 철학과 박성일 학생과 국사학과의 이윤원 학생, 〈삼우스님 아카이브〉의 엑셀 정리를 도와준 박수현 박사, 해외의 한국 불교 전공자로서 자문에 응해 준 김환수 교수와 박정은 교수, 그리고 이 글의 초고를 읽고 유용한 지적을 해 준 강지언 학생과 전영숙 박사, 글의 오류를 잡아주고 참고문헌을 정리해 준 정욱스님에게 감사를 표한다. 마지막으로 한국학중앙연구원의 연구지원사업과 총서 발간 계획을 끝까지 이끌어 준 이숙인 박사에게 우정 어린 감사를 표한다. 여러 사람의 도움을 통해 완성되었지만 어떤 오류나 결점도 다 필자의 몫이다.

2022년 6월

조은수

차례

서문   5

제1장 | 연구 대상과 자료, 그리고 연구사 ─────── 11
1. 연구 대상과 문제의식   13
2. 불교여성이란   16
3. 자료의 문제   19
4. 서구의 불교여성 연구사   24
5. 한국의 불교여성 연구사   28
6. 근대성의 정의와 방법론적 반성   31

제2장 | 불교 여성학과 불교 여성주의 ──────────── 35
1. 불교 여성주의란   38
2. 붓다의 여성관과 초기 불교의 여성 승단 성립   42
3. 율장과 팔경계   44
4. 경전 속에 나타나는 다양한 교리와 입장   49
5. 비구니 교단의 소멸과 현대의 비구니 승단 복구 노력 52
6. 남성 중심주의와 남성적 문화   60
7. '치마불교' 논란 - 여성 수행에 대한 제대로 된 평가 필요 61
8. 여성하심의 심리적 기제 - 종교적 수행인가, 내면화된 억압의 표현인가? 64

제3장 | 한국 불교사 속의 여성─삼국시대에서 조선시대 말까지 ─── 71
1. 삼국시대   73
2. 고려시대   76
3. 조선시대   77
4. 기록 속에 나타나는 여성 신행   80
5. 왕실과 불교   86
6. 원찰과 원당   87
7. 사지에 보이는 여성 시주자   89
8. 조선말기   93

불교와 근대,
여성의 발견

제4장 | 근대 개항기 ──────────────── 95
1. 도성 출입 금지의 해제 ─────────────── 98
2. 1800년대 말 비구니 중심지 ────────────── 99

제5장 | 식민지 시기 한국 불교와 여성 ──────── 101
1. 사찰의 모습과 경제적 기초 ────────────── 105
2. 비구니 선사의 등장 - 법희·만성·선경·본공 ────── 110
3. 불교 신여성의 등장과 근대의식 ──────────── 129
4. 불교 여성 단체의 형성과 근대성의 지향 ───────── 154

제6장 | 해방 이후 불교계의 재구성과 여성의 조직화 ── 165
1. 한국 동란 이후 비구니 사찰 복구 운동 ───────── 168
2. 비구니 선원과 강원의 설립 ───────────── 172
3. 불교계의 정화운동 ──────────────── 181
4. 염원과 배신, 그리고 새로운 정체성 확립 ──────── 184

제7장 | 1970년 이후—미래를 위한 약진 ──────── 187
1. 비구니의 약진과 정치적 투쟁 ──────────── 189
2. 비구니 리더십 ──────────────── 194
3. 비구니의 조직화 - 우담바라회, 정혜도량, 전국비구니회 ── 211

제8장 | 맺는말 ──────────────── 217

주석   226
참고문헌   242
찾아보기   256

제1장

연구 대상과 자료, 그리고 연구사

1. 연구 대상과 문제의식

최근 이십년간 상당한 양의 연구가 나타났지만, 아직도 한국 불교학계에서의 여성 연구는 매우 미진한 분야이다. 근대기의 여성에 대한 인문·사회과학 전 분야에서의 관심의 정도에 비해 본다면 불교계 내부에서 여성에 대한 관심과 그에 대한 연구는 겨우 시작 단계라 할 수 있다. 다른 종교에서는 여성 연구가 상당히 진척되어 있으며, 이웃종교인 기독교나 가톨릭 또는 원불교의 경우 여성 연구는 주요 분야의 하나이다.[1]

앤 브로드(Ann Braude)는 "미국의 종교사는 여성의 역사"라고 하면서, 미국의 종교를 이야기할 때 여성을 빼놓을 수 없다고 하였다.[2] 여성은 한국 불교의 주체적 담지자였다. 그들의 삶을 드러내고 한국 근대 불교의 형성에서 그들이 기여한 바를 정당하게 평가하는 작업이 필요하다. 지금까지 무명으로 역사에서 제대로 기록되지 않았던 그들의 삶을 발굴하여 합당한 가치를 부여해야 한다. 과거의 불교사를 해석하고 기록할 의무가 있는 이전의 연구자들은 유독 여성들의 삶에 대해 의식적 혹은 무의식적으로 무관심한 태도로 임했으며, 이후의 연구자들도 그러한 관습을 비판 없이 따랐다. 특히 근대기 불교에서 여성의 역할에 대한 불교계 내부의 서술에 지독한 편견과 치우친 시각이 곳곳에 남아 있음을 지적하지 않을 수 없다. 그러나 여성을 없는 사람처럼 다루었던 이전의 연구자들만을 탓할 수도 없다. 여성 스스로도 자신의 삶과 생각을 외부로 드러내는 것을 극도로 꺼렸으며, 은둔적 생활 문화, 외부의 시선 또는 관찰 분석에서 자기를 감추고자 하는 심리적 기제가 행동의 규준으로 작동했다. 특히 '겸손'과 '겸허'는 여성 수행자의 절대적인 행동 원칙이었다. 그러나 극도의 차별 속에 자신을 낮추고 숨기고 살던 그 비구니들이 바로, 열악한 물적 조건하에서 맨손으로 사찰을 중창하기로 결정하고, 잃어버린 전답을 찾기 위해 마을의 남자들과 담판을 짓고, 법률 소송을 하고, 사찰 개축을 위해 전국을 맨발로 몇 바퀴씩 돌며 화주하던 이들이었다. 이들의 이러한 '양면적'인 모습이 바로 우리로 하여금 근대를 새롭게 이해할 것을 요구하는 것이다. 새로운 '근대'라는 환경 속에서 그들은 다양한 모습으로 자기실현의 길로 나아갔던 것이다.

또한 우리가 근대를 새롭게 공부해야 하는 이유는 그들의 역사가 현재 우리의 삶을 설명해 주기 때문이다. 과거에 대한 이해는 현재의 우리를 이해하게 해 주는 끈이라는 말이다. 근대의 여성들이 당면했던 과제, 그리고 그들이 변화시키고자 노력했던 사회 문제들은 아직도 현대 불교계의 이슈로 남아 있다. 교단 내 여성의 낮은 지위는 물론이요, 당시에 드러난 여성들의 해소되지 않은 자기실현과 변화의 욕구는 아직도 불교계에 편만하다. 근대기의 여성과 비구니들의 목소리와 주장은 결국 해방 이후 비구니들이 과거를 딛고 앞으로 도약해 나가는 원동력이 되었다. 특히 한국 동란 이후 피폐해진 산중 사찰들이 복구되는 과정은 여성 수행자들이 자신의 수행 공간을 지키고 개선해 나가겠다는 욕구의 실현 과정이기도 하다. 자기 정체성을 새롭게 인식하고 현재를 개선하여 변화를 만들어 보겠다는 의지가 모여 시작된 불교계 여성의 활동은 지금까지 이어지고 있다. 결국 과거의 여성을 공부하는 이유는 그들의 삶이 현재의 우리에게 이어지기 때문이고, 따라서 우리의 삶에 대한 관심과 호기심이 그들을 계속 돌아보게 하는 것이다.

이 책의 연구 범위는 개항기, 일제강점기, 1945년 해방, 그 이후의 한국 동란과 휴전, 그리고 1954년에서 시작하여 1960년 중반까지 계속된 불교계의 '정화' 운동, 그리고 1968년 2월 24일 한국 최초 전국 비구니 조직 〈우담바라회〉가 결성되고 비구니계에 큰 변화가 일어나는 1970년까지이다. 이 시기는 '한국'과 '불교'의 정체성이 시험되고 도전받았던 시기이며 새로운 정체성을 만들어나간 시기이다. 근대적 세계관의 유입으로 여성에 대한 인식이 변화하고 여성의 활동 범위가 늘어나면서 비구니와 재가 여성들의 활동에 역동성이 발휘되는 시기이기도 하다.

이 연구에서 주제로 삼는 근대와 여성이란 두 가지 의미를 내포한다. 첫째는 불교여성들이 근대기에 어떻게 새로운 모습으로 등장하는지에 대한 것이고, 둘째는 불교여성의 등장에 근대라는 당시의 이념과 사회적 변화가 어떤 식으로 영향을 주었는가를 탐색하는 것이다. 즉 근대가 여성의 등장에 어떤 영향을 주었는지와 아울러 여성의 등장을 통해 한국 불교의 근대화가 이루어지는 과정을 본다는 것이다. 여기서 등장이라고 하는 것은 자발적인 등장이라기보다 현대의 연구자의 시선 속에서 새롭게 파악되고 포착됨으로써 그 존재성을 얻어 가는 여성들의 활동을 말한다. 일종의 피동적 자발성이라고 할 수 있다. 이제 이들의 삶을 발굴하고 재구성하는 것은 지금까지 역사 속에서 기록으로 남지 않았던 그들의 삶에 대한 일종의 보상을 누군가 대신해 주는 것이라고도 할 수 있다. 이 책에서는 연구자의 시선에서 새롭게 파악되고 포착된 그들의 움직임, 활동, 변화와 자기 실현의 욕구에 촛점을 맞추어 분석함으로써 그들의 삶을 대신 드러내 보고자 한다.

2. 불교여성이란

전통적으로 불교인은 출가자(出家者)와 재가자(在家者)의 두 그룹으로 나뉜다. 고타마 싯달타 붓다는 자신을 따르는 사람들을 비구·비구니·우바새·우바이, 즉 남자 승려·여자 승려·남자 신자·여자 신자의 네 분류로 분류하였고, 이들을 통칭하여 '네 부류 대중'이라고 불렀다.[3] 한역 경전에는 이를 '사중'(四衆) 또는 '사부대중'(四部大衆)이라 번역한다. 이러한 명칭은 초기 불교의 문헌으로 공동체 생활 규칙을 담고 있는 율장(律藏, Vinaya)에 이미 등장하는 용어이다. 이 중 출가 남자 승려(比丘)와 출가 여자 승려(比丘尼)가 불교 교단을 이루는 구성원이다. 이 출가 교단을 '승가'(僧伽, 집단이라는 뜻의 산스크리트어 *saṃgha* 또는 팔리어 *saṅgha*의 한자 음역)라고 부른다. 창시자 붓다는 여성들의 요청에 의해 여성 출가자 교단을 승인함으로써 불교는 발생 초기부터 남성 성직자뿐만 아니라 여성 성직자 교단도 존재하는 세계 종교 가운데 거의 유일한 종교가 되었다.

불교인들은 흔히 '불교를 신행(信行)한다'라는 말을 쓰는데, 그에 따르면 '불교여성'이란 '불교를 믿고, 수행하는 즉 실천하는 여성'이라는 뜻이 되겠다.[4] 다시 말하면 불교의 교리적·수행적 지침을 자신의 종교적 기반으로 받아들이는 여성이라고도 정의할 수 있다. 그런데 '불교여성'이란 말은 실은 서구 학계에서 사용하는 'Buddhist Women'의 번역어이다. 서구 사회에서는 출가 여성과 재가 여성의 두 그룹 모두를 불교여성으로 지칭한다. 즉 스님도 '불교여성'에 포함시키는 것이다. 이 단어는 'Christian women'이라는 서구 언어를 불교에 대입하여 쓴 데서 나왔다. 그런데 'Christian women'은 이전부터 기독교를 신앙하는 여성을 지칭하는 말로 일반적으로 쓰이던 말이다.

1950년대 이후 불교가 서구 사회에 종교로서 널리 퍼지게 되면서 이들 여성을 가리켜 Buddhist women이라는 용어가 자연스럽게 쓰이게 된 것이다.

여기서 주목할 것은 '기독교 여성'(Christian women)이라는 말이 처음에는 여성 신도들을 가르키는 말로 쓰이다가 현대에 들어 여성 사제와 목사가 등장하면서 그들을 포함하여 용어의 외연이 더 넓어진 것과는 달리, 'Buddhist women'이란 용어는 처음부터 출가자 재가자를 모두 아우르는 용어로 사용되었다는 점이다. 그 이유는 불교가 서구에 알려질 초기에 이미 사람들은 불교가 출가자의 종교라고 이해했기 때문이라 생각된다. 하지만 한국과 같이 역사적으로 불교가 오랫동안 존재하고 전통 종교가 된 나라에서는, 현대어 '불교여성'은 흔히 재가 여성만을 가리키는 것으로 이해되기도 한다. 왜냐하면 출가 여성에게는 '비구니 스님'이라는 말이 따로 있기 때문이다. 따라서 현대 서구 문헌에 나타나는 이 단어를 번역할 때 불교 내부자는 혼란을 느끼기도 한다. 특히 비구니 스님들은 이 용어를 자신들에게 적용하는 것에 대해 비판적으로 생각하는 경우가 많다. 여성 출가자도 넓게 보면 여성이겠지만 승가와 재가 사이에는 구분이 있어야 한다는 이유가 있고, 나아가 그분들의 의식 깊은 곳에 '출가자는 남성, 여성의 젠더 분류를 뛰어넘은 존재'라는 생각, 즉 자신은 '여성이 아니다'라고 생각하기 때문이라 할 수 있다.

남자 또는 여자 승려를 가리키는 영어 표현인 'monk'나 'nun'과 같은 용어도 가톨릭 교회의 남성 사제와 여성 수녀를 가리키는 서양 말에서 빌려온 것이다. 불교가 서구 사회에 소개된 초기 불교인들 중에 비구니 스님들을 'nun'이라 부르는 대신 'female Buddhist monk'라고 불러야 한다고 주장한 경우도 있었다. 그것은 가톨릭 교회에서 가톨릭 수녀의 지위는 종교 의식을 집전하지 못하는 등 신부의 지위와는 분류에서 다른 데 비해 불교계에서는 비구와 비구니가 각자 독립적 생활을 하고 수행과 대중 포교에 있어 아무런 지위상에 차이가 없는데, 비구니에게 Buddhist 'nun'이라는 말을 쓰면 문화적으로 오래 이어져 온 가톨릭의 관행이 연상될 수 있다는 이유에서였다. 이런 논란을 거쳐 현재는 편의성의 측면에서 monk와 nun이라는 용어가 일반적으로 남성·여성 승려를 지칭하는 용어로 널리 사용되고 있다.

한자어 '출가'(出家), 즉 '집을 떠난다'라는 표현 속에는 한 개인이 세속적 정체성과 결별한다는 의미가 상징적으로 담겨 있다. 출가자는 출가하면 보통 사찰에서 일정 기간의 훈련을 받고 승려가 된다. 한국 여성 출가자의 경우 처음에 출가하여 사찰로 들어 오면 '행자'(行者)가 되고, 최소 6개월의 적응 기간을 거친 후 사미니 계를 받으면 '사미니'(沙彌尼)가 된다.[5] 이후 4년의 기본 교육 과정을 마친 후, 비구니가 되기 위한 비구니 구족계(具足戒)를 받으면 비로소 비구니가 된다. 이같이 계를 받는 것을 수계(受戒)라고 하며 그 의식을 수계식이라 한다. 수계란 단순히 의식의 의미를 넘어서 그 전과 후의 종교적 지위가 달라지고 종교적 능력이 확장되어 더 높은 기능을 행할 수 있는 자격이 갖춰진다는 중요한 의미가 있다.

불교가 세워지는 인도 초기 불교에서는 출가하고자 할 때는 처음에는 붓다에게, 이후 인원이 늘어나고 지역적으로 불교가 퍼지고 난 후에는 권위있는 어른 스님 앞에서 '삼귀의'(三歸依) 구절을 낭송함으로써 승려가 되고 교단에 들어갈 수 있었다고 한다. 그러나 율장이 확립되고 승려의 각 훈련 단계에 맞는 계를 받기 위한 자격 조건과 그 절차 등이 성문화되고, 또한 불교가 각지로 전파되어 지역마다 고유한 전통을 발전시켜 감에 따라 다양한 형태의 의식이 생겨났다. 한국불교에서도 수계식의 형태는 계속 변화를 거쳐 왔다. 현재는 수계식 전에 정교한 준비 과정을 이수하게 되며 수계식에서는 계첩(戒牒, 일종의 증명서, 자신에게 계를 준 사람과 증명해 준 스님들의 이름이 적혀 있음)을 수여하는 등의 절차가 있다.

3. 자료의 문제

본 연구에서 다루는 인물 또는 대상은 근대기의 비구니 스님들과 여성 신자들이다. 근대 이전 시기로 올라가면 여성에 대한 자료는 역사 속에 나오는 몇 줄의 기록에 의지해야 한다. 역사적 기록이 있다 하더라도 그 속에는 구체적 개인이 드러나지 않는 경우가 대부분이고 간접적이고 매우 정황적인 자료를 통해 추정할 수밖에 없다.

한국의 불교여성에 대한 연구가 다른 종교에 비해 많지 않은 주된 이유로 원자료의 부족을 꼽아야 할 것이다. 특히 여성이 자신의 종교 체험을 자신의 이름으로 서술한 기록이 없다는 점이 큰 약점이다. 삼국시대부터 조선시대까지 한국에서 산출된 불교 문헌을 모두 집대성한 『한국불교전서』 전14권을 통틀어 여성 저술은 단 한 편도 없다.[6] 모든 저자는 남자 승려 또는 남성 거사들이며, 이들이 신심 깊은 여성이나 비구니들을 논하는 경우에도 주로 역사 속에 나타난 중국 여성을 예를 들었지 한국 여성들을 언급하지 않았다.[7]

본 연구에서는 이 시기에 살았던 비구니들과 여성들의 자취를 알려주는 각종 1차 2차 자료를 소재로 삼았다. 연구에서 활용한 1차 자료는 대략 다음과 같다. 우선 신문 자료를 참고했다. 구한국 1896년부터 발간되기 시작한 《독립신문》과 1898년부터 발간된 《황성신문》 등에서 시작하여, 각종 신문에 나타나는 비구니에 관한 기사를 참고했다.[8] 그러나 이 시기에 발간되는 일반 신문에 실린 비구니나 불교 관련 내용은 맥락을 고려하여 읽을 필요가 있다.[9] 근대 초기의 일반 신문에 등장하는 불교계 소식은 대부분 범죄나 사회 문제와 관련된 것이기 때문이다. 마치 『조선왕조실록』 속에 실린 불교 관련 사건을 보는 것 같다. 특히 《황성신문》에 실린 몇몇 기사는 사회적 범죄뿐만 아니라, 소문, 비도덕적 행위에 대한 질타 등 공사를 불문하고 불교를 천시하는 시각을 아주 노골적으로 드러내고 있다. 이후 사회가 발전함에 따라 언론의 공정성 등에 대한 의식이 발전하면서 공공의 안전을 해쳤거나 하는 공적인 사건이 아닌, 사적인 소문 또는 도덕적 해이를 질타하는 등의 기사는 더 이상 등장하지 않게 된다. 이때는 불교계에서 발간하는 신문이나 잡지가 발간되기 전의 시기이다.

1910년 이후부터는 잡지나 신문 등을 통해 글을 기고하는 여성들이 등장한다. 이들의 글을 통해 드러나는 불교 관련 담론을 통해 그들의 여성관을 분석하고자 했다. 또한 식민지 시대의 여성 불교 단체 기록을 조사하여, 그들의 불교 이념과 현실에 대한 견해와 여성의 지위에 대한 비판적 입장을 살펴보았다.

그 밖에 비구니 스님들의 행장(行狀), 즉 전기 자료가 있다. 묘리 법희(妙理 法喜, 1887-1975)스님과 만성(萬性, 1897-1975)스님 등 근대기 대표적 비구니 선승(禪僧)에 대한 여러 종의 전기물과 단편적 자료들이 각종 형식으로 비구니 사찰이나 강원에서 출간되었다. 이분들은 이전에 내면으로만 흐르던 전근대 시대의 선 수행의 전통을 수면 위로 나오게 하여 당시 불교계에 뚜렷한 전통 수행의 전형을 확립하였고, 또한 그 전통이 사자상승(師資相承)의 방식으로 후대에 전승되도록 하였다. 그러나 이분들의 존재는 비구니사를 연구한 학자들에게나 알려져 있을 뿐 일반 불교학자도 잘 모르는 분들이 많다. 현재의 스님 자신들도 두 세대가 지나면서 과거의 자취를 기억하는 사람이 많지 않다. 자신의 역사에 대한 관심이 많지 않은 것이다.[10] 이에 비해 남성 즉 비구 스님의 경우는 제자들의 끊임없는 관심과 선양 의지에 힘입어서 남긴 저술이나 자서전이 편집되어 발간되거나 그들의 업적에 대한 연구가 현대 학자들에 의해 진행되어 그 결과를 발표하는 학술대회를 통해 세상에 크게 알려지는 경우가 빈번하다. 이런 일련의 연속적 재생산 과정을 통해 그 지식이 불교학계를 넘어서 일반 불교도와 사회 일반의 지식 지평 속에 직간접적으로 스며드는 현상은 비구니 스님들에 대한 낮은 사회적 인지도와는 무척 대조가 된다.

근대기 대표적인 신여성으로 37세의 나이에 출가하면서 절필한 것으로 유명한 김일엽(一葉, 1896-1971)스님의 경우도 마찬가지이다. 그는 근대기 사상가이자 작가로서 그리고 사회의 주목을 받던 신여성으로 분방한 글쓰기로 이름을 날리다가 1928년 33세의 나이로 갑작스럽게 출가 입산하자 큰 화제를 불러일으켰다. 그러던 그가 속세를 떠난 지 34년만인 1962년에 오랜 절필을 깨고 자전적 수필집 『청춘을 불사르고』를 내놓았을 때 다시 한번 큰 화제가 되었다. 그래서 근대기의 불교인으로 현재 한국 사회에서 대중적으로 계속적인 관심을 받고 있지만 반대로 불교계 내에서는, 또는 불교학자들 사이에 일엽스님에 대한 관심은 놀랄 만큼 적다. 최근 김일엽에 대해서는 영어로 된 연구서가 해외에서 출간됨으로써 오히려 한국의 불교 학자들을 놀라게 하였다.[11]

프랑스 출신으로 한국 송광사에서 비구니 승려로 출가하여(1974-1984) 10년간 수행했던 마틴 배철러(Martine Batchelor, 1953-)는 일찍부터 여성 수행자 특히 자신이 만난 한국 비구니의 삶에 큰 관심을 갖고 여러 승려들을 인터뷰하였다.[12] 그 첫 번째가 선경(禪敬, 1904-1996)스님에 관한 1992년도 글이다. 이 글은 다시 1996년 발간된 자신의 책에 재수록하였다.[13] 그 후 그는 'Women in Korean Zen'이라는 제목의 단행본을 출판하여 1부에는 외국인 승려로서 자신의 한국 수행기, 그리고 2부에 선경스님의 자서전을 실었다.[14] 이것이 아마 한국의 근대 비구니의 삶에 대한 가장 자세한 기록이 될 것이다. 이후 그는 명상가로서 또 저술가로서 명성을 높이면서 한국의 명성스님, 해주스님, 대행스님, 옥봉스님, 정목스님, 자민스님 등의 현대 스님들을 인터뷰한 내용을 여러 다른 책으로 출판함으로써 한국 근현대 비구니의 삶과 수행이 해외의 독자들에게 대중적으로 알려지는 데 큰 기여를 하였다.

한편 1990년대 말부터 시작된 국내외 학자들의 한국 비구니에 대한 관심과 요청에 부응하여 연구자들을 위한 각종 자료집이 비구니들의 손에 의해서 출간되었다. 이 비구니 관련 자료집들을 출간하는 일을 중앙승가대학의 교수이자 비구니인 본각스님이 주도하였다. 본각스님은 1995년 미국 버클리에 방문학자로 와 있는 동안 외국 학계에서의 불교여성에 대한 연구의 관심과 그 열기를 보고 자극을 받은 한편 〈샤카디타 인터내셔널〉이라는 세계 불교여성 단체에서 활동하는 학자들과 불교인들의 활동을 보고 한국 비구니의 역사를 정리하고 편찬해야겠다는 의지를 다졌다고 한다. 그는 한국비구니연구소를 교내에 설립하고 비구니 자료를 수집하고 역사를 편찬하는 본격적인 작업을 2002년부터 시작하였고, 재학생과 졸업생들의 협력을 얻어 이 큰 작업을 완성한 것이다. 구한국의 일간지 《독립신문》이나 《황성신문》에서 시작하여 비구니에 대한 기사가 수록된 모든 신문자료를 복사하여 책으로 묶은 『신문으로 본 한국 근·현대 비구니 자료집』을 시작으로 비구니와 여성불교에 대해 그때까지 출간된 연구 논문을 모은『비구니와 여성불교』(2003) 전 6권이 있다. 『한국비구니수행담록』(2007)은 2004년를 기준으로 고대에서 시작하여 현대에 이르기까지 한국의 비구니 총 329명을 선정하여 편찬한 한국의 주요 비구니들의 전기이다. 고대의 인물은 역사 자료를 참고하여 작성하였고 현대인은 직접 인터뷰하고 취재하여 전기 자료를 만들었다. 『한국비구니명감』(2007)은 1999년 당시 사찰에서 제공받은 비구니 명단에서 법랍 30년 이상된 스님 중 수행정진·가람수호·포교 등의 활동이 두드러진 560명을 선정하여 그 인물 정보를 모은 것이다. 그리고『조선왕조실록』에서 비구니와 여성불교 관련 기록을 발췌한『한국 중·고세 불교여성·비구니 자료집』이 있다. 그리고 이전에 출간된 비구니 관련 연구 문헌들도 모두 망라하여 책으로 묶어, 총 20여 권을 출간하였다. 특히『수행담록』은 근·현대기 비구니 스님들의 일생을 알아볼 수 있는 귀한 인터뷰 자료이다.

근대기의 불교여성 중 뚜렷한 족적을 남긴 경우는 이 같은 기록이 남아 있어서 그 속에서 드러나는 정보들을 구성함으로써 그들의 삶의 편린을 알아볼 수 있었다. 그러나 재가자인 일반 여성, 즉 불교를 신행하던 당시의 일반 여성들이 어떤 활동을 하고 어떤 생각을 했는지를 알려주는 자료가 많지 않다. 역사 자료나 기록 속에는 당시 여성들의 삶과 그들의 활동 또는 그 이름이 나타나지 않는 경우가 대부분이다.

이 같은 공백을 메꾸기 위해서는 구술을 통한 생활사 자료가 중요하다. 구술 자료의 필요성은 그동안 많은 학자들에 의해 강조되어 왔다.[15] 미국 뉴욕, 시카고, 앤아버에 지부를 두고 있는 자애불교협회 선련사의 회주 삼우 스님(1941-)[16]의 〈삼우스님 아카이브〉(가칭)는 이런 점에서 무척 소중하다. 그는 1965년 미국으로 건너가 해외 포교 활동을 지속해 온 비구스님으로 여성 종교에 관한 관심을 보여온 미국 종교계에서 활동하였기에 일찍부터 한국의 근대 비구니에 대한 학문적 관심을 가지고 있었다. 선련사에서는 이미 1986년에 'Women and Buddhism'이라는 제목으로 세계 여성 불자들에 대한 글들을 묶어서 책으로 출간하였다. 여기에는 한국 근대기의 최초 여성 선사 법희스님과 만성스님, 비구니 종단인 보문종을 세운 은영스님에 대한 삼우스님의 글이 수록되어 있다. 아마 한국 비구니에 대해서 영어로 작성된 최초의 논문으로 짐작된다.[17] 삼우스님은 2005년과 2006년 두 차례 한국을 방문하여 총 200여 명에 달하는 비구니 스님들과 재가 여성들을 찾아서 인터뷰하고 구술한 녹음 자료를 작성하였는데, 이 인터뷰에 등장하는 노 비구니스님들은 자신의 은사스님이나 주위에서 들었던, 기억으로 오래 전승되어 온 과거 비구니의 생활과 삶, 시대상, 사회 환경 등에 대해 많은 이야기를 들려주고 있다. 이 인터뷰 속에서 언급되는 시기의 범위는 1890년대 해인사에서 시작하여 2000년대 초반까지이다. 이 녹음 자료는 근대기 여성 수행자들의 삶과 당시 사회에 대한 생생한 목소리를 들려준다. 그 육성을 통해, 당시 비구니들의 삶은 참으로 간난과 질곡의 연속이었음을 알 수 있다. 현재 이 아카이브는 공동 연구가 진행되고 있으므로 몇 가지 단편적인 내용만 소개하여 당시 불교계의 모습에 대한 이해를 돕도록 하겠다.[18]

4. 서구의 불교여성 연구사

서구 학계에서 '불교와 여성'이라는 주제가 연구된 것은 상당한 역사적 전통이 있다. 영국 캠브리지 대학의 여성 불교학자 이살린 호너(Isaline

Blew Horner)는 일찍이 1930년에 연구 단행본으로 *Women Under Primitive Buddhism*(초기불교에서의 여성)을 펴냈다.[19] 이 책은 1930년에 출판된 이래 지금도 꼭 같은 판형으로 출판될 정도의 초기 불교의 여성에 대한 연구서로 고전이 되었다. 이 책은 유명한 불교학자 리스 데이비스(T. W. Rhys Davids)의 부인이자 그 또한 불교학자인 캐롤라인 데이비스(C. A. F. Rhys Davids, 1857-1942)가 1909년 팔리어 『테리가타』를 영어로 번역하여 *Therigatha: Psalms of the Sisters*라는 제목으로 Pali Text Society(PTS)에서 출간한 데서 비롯한다. 『테리가타』란 장로(長老) 비구니(比丘尼) 즉, 장로니(長老尼)들의 영웅적인 수행담과 깨달음에의 노력을 알 수 있는 게송 73편이 들어 있다. 호녀는 서문에서 Mrs. Rhys Davids (즉 캐롤라인 데이비스)의 제안으로 이 책을 쓰게 되었다고 밝혔는데, 이 두 여성 불교학자들이 기원전 6세기 인도 사회에 이와 같은 여성의 목소리가 있었다는 것을 보고 불전 속의 여성의 목소리를 부각시킨 것이다. 이 책은 불전에 나타나는 여성들을 비구니와 재가 여성, 즉 어머니, 딸, 아내, 지혜, 직업여성의 다섯 항목으로 소개하고 있으며, 초기 불교 자료 속에 들어있는 여성에 대한 교리, 당시 여성 종교 공동체의 성격, 그 공동체를 유지하는 규칙, 그리고 당시 여성들의 생활과 수행의 양상 등을 소개한다. 이들 초기 연구에 말미암아 이후 초기 불교여성 승단과 수행자에 대한 많은 연구들이 등장하고 새로운 사실들이 알려지게 되었다.

이후 불교는 기원전 3세기 아쇼카왕에 의해 스리랑카로 전해지고, 그 딸인 상가미트라에 의해 비구니 교단이 성립하게 되었다. 스리랑카에 전래된 불교는 이후 태국, 미얀마 등의 남방 국가로 전파되어 소위 테라바다(Theravada, 상좌부라고 함) 전통을 이루게 된다. 그러나 이들 스리랑카나 태국 등의 상좌부 국가에 오래동안 비구니 교단이 존재했던 것은 증명되고 있으나 어느 시점부터 그 기록이 사라진다. 포크(Nancy Auer Falk)는 인도와 스리랑카에서 비구니 교단이 멸실한 이유를 분석하고 있다. 인도 역사에서 비구니 교단은 9세기경 그리고 스리랑카 등은 11세기 이후에 멸실하였다고 한다. 비구니들의 존재는 약해져도 재가 여성들은 인도 불교에서 중요한 위치를 차지하고 있었다. 부유한 재가 여성 신도들의 보시행에 관한 비문 등의 기록들은 불교 교단이 소멸하기 직전까지도 보인다고 한다. 기록이 간략하여서 소멸의 원인을 구체적으로는 알 수가 없으나 아마 불교계의 경제적 기반이 몰락한 것이 주요 원인일 것으로 보고 있다.[20]

동아시아의 전통에서의 초기 비구니에 관한 기록 『비구니전(比丘尼傳)』이라는 책이 남아 있어 이에 수록되어 있는 덕 높은 비구니들에 대한 연구가 일찍부터 시작되었다. 『비구니전』은 비구승 보창(寶唱)에 의해 6세기에 쓰인 스님들의 전기로서, 승전류의 저술로는 현재 남아 있는 최고(最古)의 것이다. 이 속에서 인도의 비구니는 붓다의 이모 겸 양모인 대애도(大愛道) 부인(Mahāprajāpatī Gautamī)에게서 시작하고 중국의 불교는 정검(淨撿) 비구니에서 시작한다는 것을 보여주고, 정검 비구니 이후 많은 비구니들이 어떻게 외국에서 온 낯선 가르침을 배우고 그것을 중국 사회에 퍼뜨렸는지 비구니들의 활동을 중심으로 기술하고 있다. 한편 433년 스리랑카에서 일군의 비구니가 배를 타고 중국에 도착하여 비구니 수계를 준 사건의 전말에 대해 기록하고 있다.

중국에서 승전류의 책들이 나오기 시작하던 6세기에, 『비구니전』 같은 비구니 열전이 쓰였다는 것은 당시 비구니의 활동이 사회적으로도 인정받았음을 말해준다. 또한 이 책에 실린 중국의 초기 비구니들은 사회에서 은둔하거나 자신의 수행과 학문에만 관심을 두고 대사회적 활동을 등한시하는 사람들이 아니다. 그들은 왕이나 대신 등의 권력을 가진 정관계의 인사들과 사회적 네트워크를 구축하였고, 그들의 배우자에게 종교적 감화를 주었다. 이들은 종교적 영역을 넘어 정치적 자문, 개인적 조언 등을 함으로써, 사회 지도층이 불교에 호감을 갖게 하였다. 불교가 외래종교로서 중국에 신속히 뿌리를 내린 것은 이러한 비구니들의 노력에 힘입은 바가 크다는 것을 짐작해 볼 수 있다. 실제로 이 책을 쓴 작자 보창은 비구니들의 이러한 공헌을 찬탄하고 있다. 이 책은 1994년 영문으로 번역됨으로써 서구에서의 비구니 연구에 중요한 자료가 되었다.[21]

서구 불교 학계에서는 1980년대부터 여성에 대한 본격적 연구가 진전되어서 세계의 여성 불교에 대한 전문 학술 연구서들이 많이 출간되었다.[22] 태국 등 남방 불교 국가나 티베트의 여성 불교에 대한 연구는 많은 경우 비구니 교단의 부재와 관련한 역사 또는 현실 비판 등을 주제로 하는 것이 많다. 또 동아시아 불교에 대한 관심과 함께 관련 저술과 논문이 다수 발표되었다.[23] 이러한 노력의 성과로 중국 비구니들의 사적의 많은 부분이 알려졌다. 특히 중국 선종사에 등장했던 여성 조사들, 특히 송대의 선사 대혜종고의 비구니 제자인 묘도(妙道) 선사와 묘총(妙總) 선사에 대해 대혜종고가 그들의 수행 과정과 결과를 보고 간화선법에 대한 확신을 얻게 되었다는 연구가 있다.[24] 이런 연구는 한국의 비구니 연구에 큰 시사점을 준다. 중국 송대의 엘리트 비구니들의 삶과 그들의 활동은 동시대인 고려시대 여성 불교의 신행 형태와 유사성을 띨 것이기 때문이다. 또한 일본의 경우는 비구니의 전통이 없기에 불교학적인 관심뿐만 아니라 일본 역사와 종교 사회학의 맥락 속에서 접근한 일본 여승에 대한 연구서도 나타나기 시작하였다.[25]

대만 비구니계의 급격한 성장에 대해 세계의 학자들이 크게 관심을 보였다. 특히 대만의 비구니 승단에 관한 연구는 대만 역사가 짧은 만큼 근현대사와 관련한 사회학적 연구의 성격을 띤다. 대만은 불교가 종교 인구의 다수를 차지하고 특히 비구니들이 왕성한 활동을 보이는 것으로도 유명하다. 승려의 90퍼센트 이상이 비구니로, 그들은 교단 내에서뿐만 아니라 사회적으로도 왕성한 활동을 하여 그 능력이 높이 평가받고 있다. 특히 그들의 조직력 등 대만 비구니계의 급성장 요인에 대해 (한국 기독교의 성장에 대한 관심과 마찬가지로) 관심을 가져서 고등교육을 받은 엘리트 여성들이 왜 출가의 길을 택하는지를 분석한 연구도 많다.[26] 또한 현대의 불교여성 지도자들의 자서전이나 전기도 최근 다수 출판되면서 그들의 영웅적 수행담이 대중적으로 알려지는 계기가 되었다.[27]

5. 한국의 불교여성 연구사

근대에 나타난 최초의 한국 불교사 연구서로, 권상로의 『조선불교약사』(1917), 그리고 이능화의 『조선불교통사』(1918)를 든다. 한국불교의 역사적 사실들을 시대별로 나열하고 있는 이들 책 속에 그러나 여성에 대한 특별한 언급은 나타나지 않는다. 중요한 불교사적 사건의 주체는 대체로 남성이며 그들의 저작, 활동 들이 정리되어 있다. 흔히 이러한 통사류의 책에서 고승, 국사, 왕사 등의 호칭으로 불리는 스님들은 모두 남성이다.

근대에 들어 불교계에서 잡지가 발간되기 시작하면서, 당시 유명 불교인이나 불교학자들이 쓴 여성에 대한 글이 나타난다. 김태흡의 「불교의 여성관」(1929), 김경주의 「불교의 여성관」(1936), 조명기의 「원효의 여성관」

(1940) 등이 그것이다.[28] 그러나 이 글들은 실존하는 한국의 여성들을 다루는 것은 아니고 불교의 교리나 경전 속에 등장하는 여성을 소개하거나 여성의 지위를 언급하는 글로서, 주로 당시 불교계 여성들의 의식을 계도하기 위한 글이다.

현대 한국 불교학계에서 여성학적 관점에서 여성과 비구니를 현대적으로 해석한 연구로는 동국대 이영자 교수가 1985년 한국여성학회를 결성하면서 발표한 논문을 들 수 있다.[29] 그 이듬해 1986년, 동국대 교수이자 비구니인 전해주스님은 초기 불교에서 비구니 교단이 성립할 때 제정된 계율인 팔경법은 불교 고유의 사상이 아니라 후대에 삽입된 것이라고 주장하면서, 비구니 수계 문제를 젠더 문제와 연결해서 설명하는 논문을 발표함으로써 학계에 큰 반향을 일으켰다.[30]

한편 한국 근대 비구니 역사 연구에 큰 분수령을 이룬 사건으로 하춘생의 『깨달음의 꽃』을 들어야 할 것이다. 기자 출신의 저자는 비구니들의 행장을 취재하여 불교계 신문에 '한국의 비구니'라는 제목으로 오래 연재하였고, 이 글을 묶어 1998년 『깨달음의 꽃 1』에 이어 2001년에 『깨달음의 꽃 2』를 출간하였다. 이 두 권의 책에는 각 17명과 15명, 총 32명의 비구니 스님들의 전기가 편년체 형식으로 담겨 있다. 이 책은 발간되자마자 불교계에 큰 반향을 불러일으켰다. 일반인들에게 다가가기 어려운 미지의 신비한 대상으로 여겨지던 비구니들의 삶과 수행의 모습을 알려주는 자료가 되었으며, 또한 학계에서는 근현대 불교사에서 외면되어 왔던 여성의 존재가 살아 있는 전통임을 보여주면서 근현대 비구니 연구에 대한 새로운 관심을 불러일으키는 효과를 낳았다. 또한 하춘생은 이후 박사 과정을 시작하면서 박사 논문으로 비구니 문중을 연구한 결과를 모아서 『한국의 비구니문중』(2013)을 발간하였다.[31] 이 책은 근현대의 거의 모든 주요 비구니의 이름을 한국의 10여 개 문중의 계통도(世系라고 함) 속에 망라함으로써 이 한 권의 책에서 한국 비구니계의 인적 구성에 대한 외형적 정보를 거의 일시에 정리하여 제공하는 성과를 거두었다. 이 책은 앞에서 언급한 『한국비구니수행담록』, 『한국 비구니명감』과 함께 근현대기의 한국의 비구니를 연구할 때 가장 중요한 3대 공구서를 이룬다고 생각된다.

1990년대 말부터 근현대기 한국의 비구니 큰스님들의 전기나 자서전의 출간이 이어졌다. 지명스님 문집 『달빛은 우주를 비추네』(1996), 묘리 법희스님 전기 『법의 기쁨 사바세계에 가득 - 법희 선사, 그의 생애와 禪』(1998),[32] 묘엄스님 전기 『회색 고무신』(2002),[33] 인홍스님 전기 『길 찾아 길 떠나다』(2007),[34] 그리고 2008년 광우스님의 자서전 형식의 대담집이 출간되었다.[35] 또한 2012년 성철스님의 딸 불필스님의 자서전인 『영원에서 영원으로』가 출판되어 베스트셀러가 될 정도로 불교계를 넘어 사회 전반에서 큰 관심을 얻었다.[36]

한편 해외의 비구니 연구에 자극을 받아 2004년 안양 소재 한마음선원 주최로 〈동아시아의 불교 전통에서 본 한국 비구니의 수행과 삶〉이라는 주제의 국제 학술대회가 열려, 필자를 비롯한 국내외 학자 15명의 논문이 발표되었다.[37] 여기서 발표된 논문의 일부와 관련 주제의 새로운 논문을 포함 총 8편의 논문을 엮어 영역하여 'Korean Buddhist Nuns and Laywomen - Hidden Histories, Enduring Vitality'라는 제목의 단행본이 미국에서 발간되었다.[38] 또한 국내외에서 한국의 비구니에 대한 연구 논문과 학위 논문들도 다수 출간되었다. 이들은 참고문헌 목록에서 소개하였다.

6. 근대성의 정의와 방법론적 반성

근대성이란 무엇인가. 근대기 여성의 삶을 '근대성'이라는 개념의 정의와 그 기준에 따라 평가할 수 있을 것인가 하는 문제를 잠시 살펴보고자 한다. 예를 들어, 『한국 근대 여성 63인의 초상』이라는 책의 머리말에서 편찬자는 이 책에 실린 63인의 선정 기준에 대해, "한국 사회에서 여성의 역할과 비중이 커지는 만큼, 역사를 거슬러 올라가 근대 여성들의 구체적인 면모에 대한 체계적인 서술 작업이 필요하다…는 문제의식에서 출발하여 1870년부터 1910년 사이 태어나 각 분야에서 활동한 대표적인 근대 여성을 선정하여 표준화된 항목에 의해 관련 정보를 제공하기 위해 기획되었다"라고 밝혔다. 그래서 그 대상 범위를, "근대적 직업 및 사회 활동에서 중요한 역할과 활동을 했거나 영향을 남긴 인물을 중심으로 선정하였다."고 하면서,[39] 구체적으로 (1) 구한말 애국계몽기에 활동한 초기 근대 여성, (2) 항일독립운동 참여자, (3) 문학 예술 등 문화 개척자, (4) 신학문에 열정을 바친 여성, (5) 학교 설립 교육 등 여성 계몽 운동가, (6) 새로운 전문직에 도전한 여성을 선정하였다고 한다. 그러나 이 기준에 맞추어서 수록된 불교인은 김일엽스님과 불교 여성운동가 우봉운뿐이다. 물론 불교계 여성에 대한 자료가 사회적으로 알려지지 않기 때문에 이 수록 범위에 미치지 못했다고 할 수도 있으나, 직업, 사회활동, 그리고 사회적 인정과 드러남의 기준으로 본다면, 수행과 안거가 생활의 중심을 이루는 출가 여성의 경우는 전혀 고려 대상이 될 수 없다는 문제점이 있다.

많은 학문 분야에서 근대 한국에 대한 관심이 나타남과 함께, 근대성을 어떻게 정의할 것인가 하는 문제는 계속 논란이 되고 있다. 한 예로 최근에 출간된 근대의학에 관한 책에서는,[40] 근대성이라는 말은 제도적 틀과 관련되며 근대의학의 탄생이 국가의 개입과 밀접한 관계가 있다는 것을 강조하면서, 그러나 같은 국가라 하더라도 시대에 따라 다른 구성 원리와 이념에 의해 운영되므로 국가에 의한 의료 시술이 시대별로 어떠한 이념에 따라 이루어졌는가를 살펴볼 필요가 있고, 결국 이러한 이념의 차이가 의료의 근대성과 전근대성을 가르는 한 가지 중요한 기준이 될 것이라고 주장한다.

불교계에서 이루어지는 근대 불교 연구는 거의 예외 없이 근대기는 근대성을 특징으로 한다면서 그 '근대성'의 기준을 '제도적 창안', '사회적 영향' 등의 사회적 드러남으로 삼고 있다. 예를 들어 새로운 제도를 창안하거나 기관을 세우거나 큰 집회나 모임을 이끌거나 새로운 사상과 실천안을 창안한 뛰어난 스님(남성) 또는 재가자(남성)가 어디에 가서 누구를 만나 어떤 사건이나 계획을 논의했고 그 결과를 어떤 집단 앞에서 발표하였는지 등 그인물의 중요한 공적 활동의 기록이 연구 자료가 된다. 즉, 대중 앞에서 공적인 활동의 기록이 있어야 근대의 주요 인물로 연구 대상의 대열에 들 수 있다. 또는 소위 "근대적 의식"의 유무를 강조하기도 하는데, 주체성, 자발성, 합리성 등을 그 특성으로 규정한다. 하지만 이런 잣대 속에서 앞으로 우리가 살펴볼 근대기 여성들은 어디에 속할 수 있을까. 그들이 이러한 기준을 만족시킬 수 없다면 그들은 근대를 형성해 간 여성의 대열에 들어갈 수 없는 것일까.

그들의 삶은 어디에 있는 것인가. 그들은 근대의 격랑 속에서 이름 없이 근대의 형성을 도왔다. 하나의 예를 들어 보자. 조선 말 한국 불교의 불씨를 지피게 하였다 하여 근대 불교의 수퍼스타로 불리는 경허스님,[41] 그는 1899년 해인사 퇴설당에서 결제에 들어감으로써 선(禪) 부흥 운동을 시작하였다. 조선시대 말 당시의 불교는 그야말로 유명무실의 상태였다고 해도 과언이 아니다. 그 속에서 경허스님이 등장하면서 선의 바람, 즉 선풍(禪風)이 다시 불기 시작한 것이다. 당시 선방에는 17명의 대중이 결제에 들어갔다고 하는데 이때 배출된 승려들이 이후 한국 불교를 이끌어가는 주역이 되었다고 학자들은 기록하고 있다. 그런데 이처럼 경허스님이 해인사에서 선풍을 일으키고 있을 때, 그 영향으로 해인사 옆의 조그만 암자에 비구니 스님들이 모여서 선방을 연 사실은 기록되지 않고 있다. 또한 선방에 참선을 한다고 모인 이 비구니들을 먹여 살리기 위해 그 조그만 암자의 도감스님은 자신은 글도 모르고 참선도 해 본 적도 없었지만, 그러하기에 오히려 수행자들이 와서 공부하는 그 회상(會上)을 뒷바라지 하는 것이 자신이 해야 할 일이라 생각하고, 탁발을 해서 그들을 외호하였다.[42]

식민지 시대 그들의 삶의 조건은 참으로 보잘 것 없었지만, 20대, 30대의 나이에 당시 경허스님, 만공스님 등 선지식들을 찾아, 깨달음을 구하러 길을 떠났다. 그들의 실제 생활은 큰 절의 남자 스님들 빨래를 해주고 일년에 얼마씩 받는 쌀, 또는 동네에 나가서 얻는 탁발로 연명하였다. 1950년대 전쟁 중 이 여성들과 스님들은 자신과 자신의 권속들, 즉 '대중'들의 삶을 지켜내느라 바빴다. 대구로 피난 가 그곳에서 적산 가옥을 얻어 절을 시작하기도 한다. 6.25 동란 후 비구니들은 전쟁으로 폐허가 된 사찰들에 옮겨가 그곳에서 조직적으로 사찰을 복구하는 일을 시작하였다. 자신의 거주와 수행 공간을 확보하기 위한 목적이었다. 이것은 육체적인 노동과 조직력 그리고 행정력을 요구하지만 무엇보다도 신도들을 모아서 화주를 확장하고 시주를 받을 수 있는 감화력을 갖추는 것이 중요하였다. 한편 이 스님들이 사찰을 새로 재건하고 종교 공간을 만들어 가겠다고 했을 때 이들을 재정적으로 또

생활 속에서 신도로서 또는 화주(化主)로서 '불사'(佛事)를 도운 사람들이 바로 이 재가 여성들이다.

이들은 근대를 만들어 나가기 위해 길을 닦은 사람이며, 그런 점에서 그들의 활동은 주체성을 갖는다. 또한 이들의 주체적 의식과 실천은 그 이후 한국 불교 비구니 전통의 결 속 깊이 그 흔적을 남겼다. 이들은 자신들의 노력과 고생의 시대적 의의가 무엇인지 따지거나, 그 노력에 대한 보상이나 인정을 받고자 하는 욕구가 거의 없어 보인다. 왜 그런 고생을 자처했냐는 질문에 대해 그들의 대답은 한결같이, 첫째는 좀 더 나은 수행 환경을 만드는 것, 둘째는 좀 더 '의미 있는 삶'을 살고 싶다는 욕구가 그 동인이었다.[43]

이런 과정을 통해 여성들은 자신의 종교 지도자로서의 가능성을 닦아나가게 된다. 이들의 대규모 불사 경험은 1954년부터 시작한 정화운동에서 여성의 집단적 에너지와 원력(願力)으로 이어지고, 1970년부터 여성 불교계에 괄목할 만한 약진이 나타나게 되는 것이다. 제도와 개혁만을 근대성의 기준으로 삼는다면 여성들의 역사와 그들의 삶을 다 설명할 수 없다. 앞에서 언급한 구술 녹취록에 나오는 여성들의 삶의 가치 또는 의미는 그러한 개혁이나 새로운 제도의 창안에 있지 않았다. 그러나 그들의 삶에는 방향성이 있었다. 근대기가 있었기에 그리고 그 시기에 이 여성들이 있었기에 1970년대 한국 불교계에 괄목할 만한 성장이 가능했다. 사회 전반에 여성의 지위와 사회적 물적 기반이 급격히 향상되는 그 변화의 물살을 타면서 여성들의 활동 영역은 급격히 넓어졌으며, 그 파도는 지금도 우리의 해안에까지 미치고 있다.

불교 여성학과
불교 여성주의

서구 사회에서 여성학이 새로운 학문분과로 등장하고 여성주의가 사회적 지지를 받게 되면서 전통 종교의 가부장적 요소에 날카로운 분석과 비판이 가해졌다. 새롭게 등장한 연구에서는 남성적 가치가 종교 사상의 주류를 이루고 종교 교단이 남성 중심적으로 운영되어 왔다는 점을 날카롭게 지적하였으며, 마스터나 지도자는 남성이고 그것을 듣는 자는 여성이며, 여성은 보조자, 후원자로 뒷전에 물러나 있었음을 비판하였다. 여성은 종교 신행의 중요한 주체일 뿐만 아니라 신자의 다수를 차지하며 교단과 성직자에 대해 경제적 자원을 제공하는 주요 후원자였음에도 오랫동안 주변적 위치에 머물러 있었다. 또한 종교사의 학문적 서술에서도 종교에서 여성이 차지하는 역할과 지위에 대한 평가가 미미할 뿐만 아니라 불균형을 시정하기는커녕 오히려 편견을 가중시키는 경향이 있었다. 이러한 비판적 관점에서 시작된 것이 '종교 여성학'이며, '불교 여성학'이라는 명칭은 이러한 배경 속에서 시작되었다.

한국 사회에서 젠더에 대한 사회적 인식은 전통적 한국 사회의 가부장적 문화에 대한 비판을 넘어서 사회 문제 중 많은 것이 젠더 시각으로 분석되는 데까지 이르렀다. '젠더 감수성'(gender sensibility)이라는 말이 단지 인구에만 회자될 뿐만 아니라 공적인 문서에도 나타나는 등, 젠더 인식과 관련하여 한국 사회가 격렬한 변화를 겪고 있는 와중에 유독 한국의 불교계는 여성에 대해 정당하고 진지한 학문적 관심을 주는 데에 인색하다. 여성 연구에 관여하는 사람은 대부분 여성이며 많은 남성 학자들은 아직도 여성 연구를 주변적인 주제라고 여긴다. 자신은 국외자라 생각하고 자신의 반대의 성(性)인 '여성'의 존재론적 지위가 어떤지, 또는 사회적 지위가 어떤지에 대한 문제의식을 갖지 못하는 것으로 보인다. 이것은 다른 종교의 경우와 대조를 이루는 점이다.

1. 불교 여성주의란

여성주의 또는 페미니즘의 정의는 무엇이고, 불교는 어떤 점에서 여성주의와 관련을 맺게 되는 것일까. 여성주의 또는 페미니즘을 정의하는 것은 상당히 까다로운 일이다. 많은 연구자들은 이 개념을 스스로 정의하며 각자 다양하게 사용하고 있다. 보통 자신의 연구가 지향하는 목적에 따라 이 두 가지 중 한 가지를 선택하는 경우가 많다. 흔히 페미니즘이라는 단어는 특별히 성차별에 대한 사회·정치적 인식이 있을 때 쓰는 것이 관행인 것 같다. 하지만 이러한 정의가 항상 적용될 수 있는 것은 아니다. 예를 들어 필자가 이야기를 나누어 본 스님들은 많은 경우에 양성평등적 의식이 뚜렷하고 여성의 관점에서 인간과 세계를 재해석해 보고자 하는 여성주의적 관점을 적극 찬동하면서도, '페미니즘' 또는 '페미니스트'라는 단어 자체에 대해서는 거부감을 느끼거나 반발하는 경우가 많았다. 여성주의는 반면, 여성의 입장에서 과거의 역사와 현재의 세계를 재해석하고자 하는 입장 전반을 지칭한다. 여성의 시각을 현재의 삶 곳곳에 적용하고자 하는 방법론적 전환에 강조짐이 있다. '여성'이라는 말은 흔히 '젠더'(gender)라는 말로 호환되어 쓰이기도 하는데, 여성주의는 여성에게만 유관한 것이 아니고 여성과 남성이라는 두 젠더를 다 아우르고 동시에 서로 관련을 맺기 때문이다. 여성주의는 여성과 남성 사이의 젠더 역할의 불균형을 기본적으로 인지하고 있기 때문에 불평등하고 불균형한 젠더 인식을 비판하고 평등하고 균형잡힌 젠더 이해에 기반한 진리관을 제시하고자 노력한다.

페미니즘의 관점에서 불교의 가부장적 문화에 대해 강력한 비판을 가한 연구로 1993년에 출간된 리타 그로스(Rita Gross)의 *Buddhism After Patriarchy*를 들 수 있다.[44] 이 책은 불교와 페미니즘과의 연결을 시도한 최초의 본격적 연구서로 이 분야의 고전이 되었다. 그는 이 연구를 통해 서구의 페미니즘 연구 성과를 수렴하여 불교에 적용할 뿐만 아니라, 역으로 불교의 교리와 수행관에서 페미니즘에 시사를 줄 수 있는 이론을 추출해 내려는 야심적인 작업을 시도하였다. 기성 종교에 대한 그의 비판적 입장은 다음과 같다. 소위 고등 종교에서는 남성 중심의 교단과 남성적 가치의 사상이 주류를 이루고 있다. 따라서 중요한 종교적 의례나 교단의 조직에서 여성은 배제되고 주변화되고 사소화된다. 설교와 의례는 남성이 주관하며 여성은 청취자이고 들러리일 뿐이다. 종교의 주요 인물들 즉 마스터들은 거의 남성이며, 여성은 고려 대상이 아니었다. 설사 소수의 탁월한 여성이 있었다 하더라도 그들은 자신을 드러내려는 노력을 하지 않았으며 따라서 역사 속에 파묻혀 존재조차도 알려지지 않은 경우가 허다했다. 그럼에도 불구하고 종교 행위에 참여하는 사람의 70-80퍼센트 이상이 여성이었다. 그리고 여성은 종교 교단과 남성 성직자를 후원하는 경제적 자원의 주요 공급원이었다. 그러나 남성 성직자들은 여성을 부정적인 존재로 취급하였고, 교리

역시 여성을 악의 존재로 규정하였다. 이런 가부장적 구도, 즉 남성이 설정해 놓은 진리 인식과 수련 방식을 전제로 삼는 종교 조직과 문화 속에서는 여성 마스터들이 나올 수 없었으며 실제로 탁월한 선각자가 있다 해도 그들의 논리는 기득권을 가진 남성들에게 충분히 이해되거나 인정받지 못했다.

　서구의 불교여성에 대한 연구는 기독교 신학 내 '여성 신학'의 이론적 틀과 시각, 방법론 등에서 많은 영향을 받았다. 여성 신학은 20세기 후반 서구 신학계의 남성으로서의 신의 이미지와 가부장적인 신관에 반항하여 등장한 새로운 신학 이론이다. 여성 신학의 등장으로 종교학에서 '여성'이라는 주제가 새로운 동력을 얻었다고 할 수 있다. 여성 신학은 가부장적인 신의 이미지와 권위적인 교회의 위계질서를 비판하면서 소위 세계 종교라고 불리는 고등 종교들이 남성 중심적인 이데올로기를 고착화시키고 전파해 왔다고 주장한다. 또한 지구 구석구석에서 일어나는 현대 사회의 대립과 모순을 교정할 수 있는 대안적 사고를 찾기 위해 여성의 영성(spirituality)에 대한 연구를 전개시켜 왔다. 여성 영성의 본질과 그 사회적 실현이 무엇인지에 대한 질문을 던지면서, 과거의 숨겨진 여성 수행의 역사를 재발굴하고 조명하기 위해 이름없이 신앙의 전통을 이어온 여성의 관점에서 기독교 역사를 다시 써야 한다고 역설하기도 한다.

　그러면 어떻게 불교는 여성주의와 깊은 관련을 갖게 되는 것일까. 그것은 불교 교단에서 여성의 지위가 다른 종교에 비해 남다르기 때문이라고 답할 수 있다. 젠더의 측면에서 불교는 아주 선진적인 종교로 알려져 있다. 앞에서 말했듯이 다른 어떤 종교와 달리 불교는 남성과 여성 두 성직자 그룹이 창시자 붓다의 시대에 이미 확립되었고, 그들은 똑같은 훈련 과정을 거쳐서 행자에서 사미니로 그리고 완전한 구족계를 받은 비구와 비구니가 되며, 각자 독립된 공동체를 유지하고 그 속에서 자율성을 가지고 공동체를 운영하기 때문이다. 또한 사회적 기능에서도 비구와 비구니는 똑같이 자신의 수행 주거 공간을 가질 수 있으며, 그 속에서 포교 활동 즉 신자들에게 가르침을 주는 법회를 열어 법문을 하고 각종 의식을 집전하기 때문이다. 또한 여성의 성불 가능성과 종교적 지위를 긍정하는 언설이 초기 불교 경전에서부터 나오고 있다.

그러나 한편 오랜 역사를 통해 성립된 각종 불교 경전 속에는 젠더에 관한 다양한 입장의 스펙트럼이 나타나며, 역사적으로도 불교 전통 속에 젠더를 둘러싼 수많은 논의들과 사건들이 발생하기도 했다. 여기서 불교를 젠더의 관점에서 접근할 때 관심을 둘 만한 문제, 또는 이미 학계에서 이슈가 되고 있는 것을 다음 여섯 가지 주제로 정리해 볼 수 있다. (1) 붓다의 여성교단 승인, (2) 율장에 들어 있는 팔경계의 차별적 내용, (3) 각종 불교 경전에 여성에 관한 다양한 입장이 나타나고 있음, (4) 인도와 남방 불교에서의 여성 교단의 소멸과 그것을 복구하기 위한 노력, 그리고 비구 교단에서의 반대, (5) 동아시아 불교의 비구니의 높은 사회적 지위(한국·대만·베트남)와 그에 반하는 중앙 교단 내부에서의 제도적 차별 내지 종속적 문화 등이다. (6) 여기에 더해서 특히 한국의 경우 여성들에게 강조되는 하심(下心)의 문화, 자기 검열이라 부를 수 있을 정도의 은둔적 태도에 대한 심리적 기제 분석도 하나의 연구 주제로 추가할 수 있을 것이다. 이 여섯 가지 주제에 대해 아래에서 간단히 다루어 보겠다.

2. 붓다의 여성관과 초기 불교의 여성 승단 성립

불교는 창시자 붓다 재세기인 기원전 6세기에 이미 출가 여성 교단을 만듦으로써 세계 3대 종교 중 여성 사제를 인정하는 유일한 종교가 되었다. 과거의 불교사 서술에서는 불교의 발생을 설명할 때 붓다와 그를 따라 출가한 비구, 즉 남자 제자들의 모임으로만 그렸다. 그 속에는 여성 제자들의 그림은 없었다. 그러나 현재 많은 연구가 이루어져 붓다 당시에 이미 불교는 여성 출가자 교단을 가지고 있었다는 사실이 잘 밝혀져서, 여성 승단이 기원전 6세기에 이미 존재했다는 사실은 당시 남성 출가자 승단이 존재했다는 사실 만큼 뚜렷한 사실로 인식되게 되었다.

초기 불교 문헌, 『니카야』(Nikaya)와 『율장』, 그리고 『테리가타』 등은 불교가 형성될 당시의 여성관을 보여줄 뿐만 아니라, 초기 여성 출가 교단의 형성을 둘러싸고 붓다와 교단의 여성관을 알아볼 수 있는 중요한 자료이다. 인도의 초기 불전 중 하나인 『테리가타』에는 고귀한 수행 정신으로 정진하여 깨달음을 얻은 여성 수행자들의 영웅적인 목소리가 시와 산문의 형태로 담겨 있다. '테리가타'는 테리(장로 스님이라는 뜻이 장로니의 산스크리트어 여성형. 남성의 경우는 테라라고 부르며 『테라가타』 시집이 있다)들의 노래라는 뜻으로 영적 자유에 관한 글들과 환희의 게송들이 들어 있다.

또한 초기 불교 문헌 속에는 여러 여성들이 등장하는데, 우선 붓다의 가족이 있다. 어머니 마야부인은 출산 과정에서 7일 만에 돌아갔다. 어머니를 대신하여 붓다를 키운 이모이자 양모가 마하프라자파티이다. 그리고 부인 야쇼다라가 있다. 이들은 나중에 출가하여, 기록상 최초의 비구니가 되었다.

한편 붓다의 45년간의 가르침의 여정에서 일어난 많은 이야기 속에도 여성들이 등장한다. 사랑하던 아이가 죽어서 붓다에게 아이가 살아나는 방법을 묻던 키사 고타미(Kisa Gotami), 그는 죽은 사람이 없는 집에 가서 겨자씨를 얻어오면 아이를 살려주겠다는 붓다의 말을 믿고 마을의 가가호호 문을 두드리다가 이 세상에 죽음이 없는 곳은 없다는 것을 스스로 깨닫게 된다. 또 남편과 아이를 비롯한 온 가족을 잃고 실성하여 나체로 시내를 다니다가 붓다를 만나 어깨를 천으로 덮어주는 순간 정신을 차린 파타차라(Patacara)의 이야기가 있다. 이들 여성들은 후에 깨달음을 얻어 아라한이 되었다고 하며, 이들의 이름은 초기 경전『니카야』뿐만 아니라『테리가타』의 시 속에도 등장한다.

불전 속에는 수행자이자 스승인 여러 여성 수도자들이 등장한다. 이들은 아라한(번뇌를 떠난 사람, 즉 초기불교에서 깨달은 사람을 일컫는 말)이 된 사람들이다. 『잡아함경』에는 과거의 상처와 두려움을 환기시켜 혼란을 일으키려는 마라를 이겨내는 여성들이 나타난다. 『소마 숫타』(Soma Sutta)에는 다음과 같은 장면이 나온다. 숲속 나무 밑에서 수행하고 있는 소마에게 마라가 나타나 여자는 손가락 두 개만큼의 지혜 밖에 없기 때문에 네가 구하는 그것은 얻기가 어렵다고 한다. 이에 소마가 다음과 같이 대답한다.

여자라고 해서 무슨 차이가 있는가.
마음이 잘 가라앉아 있고
지혜는 점점 늘고 있다면
그리고 법을 바로 꿰뚫어본다면.

'나는 여자인가, 남자인가, 나는 도대체 무엇인가'라고 하는 사람이 있다면 바로 그 사람에게 가서 말을 거시오.

이 소마는 실제 붓다가 설한 다른 경전에도 등장한다. 붓다는 비구니 제자들의 뛰어남에 대해서 실제로 그 이름을 구체적으로 언급하면서 칭찬한다. 담마딘나(Dhammadinnā)와 수카(Sukkha)는 법문을 잘하고 가르치는 기술이 좋고, 붓다의 어머니 마하프라자파티(Mahāprajāpatī)는 지도력이 뛰어났다. 케마(Khemā)는 그의 지혜가 높다고 칭찬하는 구절이 경전에 나오며, 우팔라반나(Uppalavanna)와 파타차라는(Patācārā)는 계율을 지키는 것에 추호도 어긋남이 없었다. 난다(Nandā)는 명상력이 뛰어났으며, 쿤달라케사(Kundalakesā)는 논변이 뛰어났다. 우팔라바나(Uppalavanā)는 신통력이 있었고, 소마(Somā)는 언제나 기쁜 마음으로 온 힘을 다해 노력하였다. 붓다는 이들 뛰어난 비구니 제자들의 행동과 수행력을 사람들 앞에서 공개적으로 칭찬하였다. 사람들의 의심을 불식시키기 위해 붓다는 마하프라자파티로 하여금 신통력을 써서 사람들에게 보여줄 것을 권했고, 그녀는 그렇게 해 보임으로써 여성을 과소평가하던 외부자들의 생각을 단번에 바꾸어놓았다.[45]

3. 율장과 팔경계

율장은 승려들의 일상생활을 규정하는 계율과 그 각각의 조항이 제정된 배경을 설명하는 글로 이루어져 있으며, B.C. 3세기경 완성되었다고 본다. 당시 인도의 시대적·문화적 맥락을 고려한다면 율장은 비구와 비구니에 대해 대단히 평등한 관점을 보인다. 예를 들어 비구니에게 바느질 시키지 말라. 여성이 얻어 온 음식이나 옷을 탐하지 말라. 왜냐면 여자들이 물건을 얻는 것은 더 어렵기 때문이라고 한다. 여성이나 남성이나 삭발한 모습에서는 같으며 왼쪽 어깨를 휘감는 식으로 같은 옷을 입으며, 지킬 계율 내용도 비슷하다. 비구니 계율의 숫자가 더 많지만, 율장의 조목(戒目, 또는 Skt. Pratimokṣa 음역을 따서 波羅提木叉라고 한다)은 제정 당시 각종 공동 생활에서 일어나는 사건과 관련하여 만들어진 것이기 때문에 여성과 관련해서 더 주의해야 할 일이 많아서 그럴 뿐이다.

부파에 따라 서로 다른 율장이 전승되어 왔는데 그 내용은 거의 유사하다고 한다. 한국은 법장부(法藏部; Dharmaguptaka)에서 전해 내려온 『사분율』(율장이 네 가지 섹션으로 나누어져 있기에 붙여진 이름이다)을 따르고 있다. 현재 조계종에서는 비구니 수계에서 『사분율』에 의해 구족계를 주고, 또 범망경보살계를 함께 주고 있다.[46] 보살계는 중국에서 발달하여 만들어진 경전인 『범망경보살계본』에 들어 있는 계본의 부분을 따로 떼어서 승가에서 보살계로 사용함으로써 비롯되었고, 승가·재가 모두를 아우르는 윤리관을 담고 있다.

한편 불교를 성평등적 종교라고 주장할 때 부딪치는 가장 큰 난점이 바로 붓다가 여성의 출가를 허락하면서 조건으로 요구했다는 팔경계(八敬戒 또는 八重戒라고도 함)이다. 붓다의 어머니 마하 프라자파티(Skt; Pali어로는 마하 파자파티, 한역은 大愛道 비구니)와 오백 여인들의 출가는 불교의 위대한 순간 중의 하나이다. 붓다는 처음에 여성들이 출가를 허용해 줄 것을 요청하자 단호히 거절하였다. 그들이 돌아가 머리를 깎고 출가승의 옷을 걸치고 맨발로 먼 도시까지 따라와 결의를 보였는데도 붓다는 다시 거절하였다. 이때 붓다를 가장 지근에서 모셨던 시자 아난다가 개입한다. 그가 "여성도 수행하면 깨달음을 얻을 수 있습니까"라는 난문을 던졌을 때 붓다는 여성도 수행하면 깨달음을 얻을 수 있다고 답변하면서, 붓다는 "여성도 남성과 같이 아라한의 깨달음을 얻을 수 있다"고 대답함으로써 수증론적 입장에서 여성과 남성간에 깨달음에 이를수 있다는 가능성에 있어서는 다름이 없다는 불교의 기본 입장을 여기서 천명하였다. 그러나 기록에는 붓다는 이에 대해 팔경계를 따르는 조건을 제시하였고 이것을 따르는 조건으로 여성의 출가를 허용했다고 한다. 이후 비구니 교단은 번성하였고 여러 계층의 여성들이 출가하였다.

팔경계가 나타난 정황에 대해서는 여러 가지 논란이 있다. 팔경계란 비구니가 자신을 낮추고 비구의 보호와 지도를 받아야 할 것을 명시하는 여덟 가지 계율 조항이다. 이에 대한 학자들의 해석은 두 가지로 요약할 수 있다. 첫째는 그것은 부처님 자신의 생각을 반영한 것이 아니고 그의 보수적인 제자들에 의해 후대에 만들어졌다는 해석, 둘째는 부처님이 말했을 수도 있고 그의 제자들이 만든 것일 수 있지만 당시 여성들이 집단적으로 출가를 했을 때의 가족들의 반발과 사회적 반감을 감안하여 설한 방편적 발언이라는 해석이다. 당시 불교가 신흥 종교로서 흥기하였을 때 여성의 집단 출가는 불교교단의 안정성을 위협하는 요소였으리라 생각된다. 실제로 천민인 수니타(Sunita)의 출가를 허용했을 때 그 소문이 돌자 교단 내의 다른 출가 수행자들이 크게 동요했고, 특히 교단의 장로 비구 사리불과 목건련이 붓다에게 반대하는 장면이 초기 경전 『불본행집경(佛本行集經)』(T. 190; *Lalitavistara*)에 나온다. 세상 사람들이 이를 어떻게 생각할 것인가, 즉 여론이 들끓고 있다는 것이 그 주된 이유였다. 현재까지 지속되고 있는 인도의 카스트 제도를 생각해 보면 천민의 출가가 교단의 명성에 해가 될 것을 우려했던 이유가 납득되기도 한다.

우선 팔경계의 내용을 살펴보고 그것이 왜 문제가 되는지를 살펴보고자 한다. 팔경계는 『사분율』속에 들어 있는, 여덟 가지의 잘 지켜야 하는 또는 중대한(garu) dharma법(法)이라는 뜻으로 팔중계(八重戒)라고도 한다. 팔경계를 요약해서 현대어로 표현하면 다음과 같다.

(1) 100살이 된 비구니라도 새로 계를 받은 비구를 보면 일어나서 맞이하고 절하며, 방석을 펴서 앉도록 청해야 한다. 즉 인사를 드려야 한다는 뜻이다.

(2) 비구니는 비구가 계를 어기거나 위의를 거스른다 하더라도 욕하거나 꾸짖으면 안 된다.

(3) 비구니는 비구의 죄를 문초하거나 자백하거나 하는 데 관여하면 안 된다.

(4) 비구니는 계를 받은 후 바로 비구에게 인준을 받아야 한다. 즉 당일에 비구니·비구 모두에게 계를 받아야 한다.

(5) 비구니가 죄를 범하면 양쪽에서 보름 동안 참회해야 한다.

(6) 비구니는 2주에 한 번씩 비구에게 가르침을 청해야 한다.

(7) 비구니는 비구가 주위에 있는 곳에서 안거에 들어야 한다.

(8) 비구니는 안거를 마치면 반드시 비구 스님들 앞에서 자자 의식(自恣, 자신의 잘못을 고백, 참회하는 의식)을 행해야 한다.

해주스님은 이전의 연구에서 이 팔경계가 석가모니 부처님 재세 시에 제정하신 계율로 보기엔 무리가 많으며, 팔경계는 아마도 부파 불교 말기에 이루어진 것이 아닌가 고찰한 바 있다.[47] 실제로 많은 해외 불교학자들도 이

같이 주장하고 있다. 즉 팔경계는 부처님 사후 1-2세기 후에 좀 더 봉건적인 장로들에 의해 첨가된 것이라는 주장이다.

계율이란 고대 사회에 제정되어 율장으로 전해 내려오는 것으로 시대가 바뀐다고 하여 수정하거나 선택적으로 지킬 수 있는 것이 아니다. 그러나 실제로 이것을 어떻게 지키는지는 각 불교 전통에 따라 불문율이 있다고 보인다. 대만의 젊은 비구니스님들에게 질문했을 때 자신들은 팔경계를 따르지 않는다고 큰소리로 말하는 모습을 본 적이 있다. 한국의 비구니스님들에게 같은 질문을 하였더니 대부분의 스님들은 비구스님과 만났을 때 서로 맞절을 한다고 대답하였다. 물론 비구니스님이 절을 하면 그 절을 받기만 하는 비구스님도 많다. 어떤 경우, 팔경계가 제정되었을 때는 그 이유가 있었을 것인데 굳이 이제 와서 왜 없애려고 하냐, 비구니가 비구들에게 좀 하심(下心)하고 겸손하고 그들의 보호 속에 있는 것이 그리 어려운 일이냐, 고 답변하는 경우도 있었다. 팔경계의 존재는 알고 있지만 그리 중요치 않은 문제라고 생각하며, 자신은 무시하는 편이라는 대답이 제일 많았다. 하지만 그 문제에 대해 강한 주장을 펴는 것은 모두 꺼려했다. 그러나 이 팔경계는 현대 한국 불교계에서 아직도 적용되고 있는 계율이다. 몇 년 전 중앙종회에서 비구니들의 참종권(參宗權, 총무원장을 비롯한 종단의 주요 직위를 선출하는 투표권)에 관해 논란이 벌어졌을 때 원로 비구스님들은 팔경계를 들어서 참종권을 주장하는 비구니들을 공박했다는 기사가 있다.

4. 경전 속에 나타나는 다양한 교리와 입장

불교 경전에는 교리적으로 차별적 관념을 부정하고 평등한 관점을 지닐 것을 가르치는 한편 여성의 능력과 자질을 폄하하고 남성의 보호 속으로 들어갈 것을 가르치는 경전들이 있다. 불교 경전은 그 내용이 무척 다양하다. 우리가 알고 있는 한역 〈대장경〉이라고 불리는 거대한 경전군에는 붓다 자신의 육성을 담고 있는 『아함경』이나 다른 초기 경전도 있지만 그 외에 붓다 이후 불교의 오랜 사상적·교리적 발전 과정에서 발생한 각종 경전들이 불설과 부합된다는 의미에서 '경'(經)이라는 이름으로 전해오는 것이다. 이 경전들 중에 여성과 관련하여 많이 인용되는 경전들이 있다. 몇 가지 다양한 입장을 예시해 보겠다.

『옥야경(玉耶經)』에 나오는 옥야라는 여성은 시아버지 봉양에 소홀하고 가족들의 화목을 깨뜨리는 여성이다. 붓다가 직접 그를 방문하여 시부모와 남편에게 공손할 것을 가르치고 있다. 이 경전은 불교의 가부장성을 증명하는 예로 종종 사용된다.

한편 인도에서 편찬된 대표적인 대승불교 경전인 『유마경(維摩經)』은 '공'(空)사상을 근본으로 하여, 재가자 유마거사를 내세워 고상하고 거룩하고 탈속적인 삶을 추구하는 승려 중심의 불교를 비판하는 것을 주 내용으로 한다. 이 중 「관중생품」에서는 여성을 예로 들어 공의 관점에서 본 평등적인 시각을 주장하면서 권위적 교단을 비판하고 있다. 이러한 비판의 화살을 받는 것은 다름 아닌 부처님의 첫째가는 제자인 사리불이다. 사리불의 고식적인 태도에 대해 천녀는 다음과 같이 반문한다.

사리불: 당신은 [아주 대단한 사람인 것 같은데] 왜 여자 몸에서 [남자로] 바꾸지 않나요?

천녀: 내가 지난 십이년 동안 이 집에 살면서 여자의 모습(여인상)을 찾아보았지만 그런 것은 없던데요. 그러니 뭘 바꾸라는 말씀이신지요? 만일 어떤 마술사가 마술로 여자를 가짜로 만들어 놓았다면 그 허깨비 여자에게 몸을 왜 안 바꾸시오 하고 묻는다면 말이 되는 질문일까요?

사리불: 물론 말 안 되지요. 환영은 고정된 모습(定相)이 없는데 무엇을 바꾸겠습니까.

천녀: [그렇죠] 이 세상 모든 것도 그와 같아서 고정된 모습이 없습니다. 그러니 어찌 여자 몸을 바꾸지 않느냐고 물으십니까? (이렇게 말하고는 천녀가 신통력을 써서 사리불을 천녀 모습으로 변하게 바꾸고 자신은 사리불의 모습이 된다. 당황한 사리불에게 이렇게 말한다.)

천녀: 사리불이시여, 당신이 지금 당신의 여자 몸을 바꿀 수 있다면 다른 여자들도 그들의 몸을 바꿀 수 있을 것입니다. 마치 사리불께서 여자가 아니지만 여자 몸으로 나타나 있는 것처럼 모든 여자들도 또한 그런 것입니다. 실제로 여자가 아니지만 여자 몸으로 드러나 있는 것입니다. 그래서 부처님께서는 이것을 염두에 두시고 '일체의 현상에 남자·여자가 있는 것은 아니다'라고 하신 것입니다.

여기서 천녀의 목소리로 설파되는 주장은, 여성 또는 남성이라고 하는 현상적 모습은 우리의 차별적 인식에서 초래된 것이며, 본질적으로는 그 실체성이 없다는 것이고, 이것이 바로 공의 관점이라는 것이다. 현상세계의 다양성과 차별의 세계를 공성(空性)의 눈으로 보아서 그 차별적 인식을 초월하라, 이것이 대승불교의 가르침의 골자라고 천명하는 것이다. 한편, 대승불교의 또다른 주요 경전인 『법화경』에서는 여성이 성불하는 것이 여성의 몸으로는 가능치 않다는 교설이 나오는 것으로 유명하다. 오랜 수행을 한 용녀는 결국 남성으로 먼저 몸을 바꾸어서 부처의 몸을 갖게 된다.

2600년의 불교 역사에서 몇 가지 예시를 찾아 볼 때, 방대한 양의 불교 문헌 속에서 여성의 성불 가능성과 여성의 종교적 지위에 대해 서로 다른 목소리가 나타난다. 초기 불교의 『테리가타』와 같이 여성 수행을 극찬하는 문헌과 여성·남성 구별이란 현상적인 것뿐이고 실제로는 그 구분은 없다고 하는 『유마경』, 아니면 성불이 가능하지만 그래도 남자의 몸으로만 가능하다는 『법화경』까지 다양한 관점이 혼재하고 있는 것이다. 이같은 다변적 태도에서 우리는 사회의 가부장적 억압에 대한 비판적 입장을 견지하면서도 불교 내부 승단의 질서는 현상대로 유지하고자 하는 의지력의 존재와 아울러 불교에서 내세우는 보편성의 이념으로 이러한 불일치 내지 간극을 조정하려는 시도를 함께 읽을 수 있다.

불교 경전들에서 나타나는 여성과 여성성에 대한 다양한 관점에 대하여, 알란 스폰버그(Alan Sponberg)는 다음과 같은 해석의 틀을 제시한다. 그것은, "깨달음에 대한 이론의 측면에서는 남녀 모두를 포용하는 포용성을 보이고 있으나, 제도의 측면에서는 남성 중심적이며, 수행법 중 어떤 것은 여성혐오 경향을 보인다"('soteriological inclusiveness', 'institutional androcentrism', 'ascetic misogyny')[48]는 것이다. 젠더와 관련한 불교의 입장에 대한 이러한 해석의 패러다임은 현재 서구의 많은 학자들에게 고전적 정의로 받아들여지고 있다.

젠더에 관한 불교의 관점은 다양하고 다중적이다. 어떤 경우는 서로 반대

되기도 하여서 시간과 공간에 따라 넓은 격차가 있다. 기본적으로 여성과 남성의 존재는 과거 업의 결과이므로 존재론적 위상의 차이가 발생한다. 개인적 결함과 번뇌가 수행에 의해 제거되듯이 남성·여성의 차이도 수행의 결과에 따라 벗어나게 되는 어떤 장애로 생각하는 입장이라 할 수 있다. 그러나 수증론(soteriology)의 관점에서 본다면 그 차이는 중요치 않고 결국은 무화된다. 공 또는 무아 등의 교의를 적용하여 여성과 남성간에 영적인 가능성에 있어서는 차이가 없고 평등하다는 것이다. 하지만 제도적, 사회적으로 나타나는 남성 중심주의를 간과할 수 없다. 비구니에게만 주어지는 팔경법의 존재가 그것이다. 더군다나 금욕적 출가 수행 전통의 기본 전제인 욕망의 부정에 따르는 여성 혐오론이 있다. 여성의 몸 또는 여성성 그 자체를 부정하며, 예를 들어 여성의 몸을 더러운 것으로 관(觀)하여 욕망을 제거하려는 수행법이 있음을 들 수 있다. 그러나 여성의 수행 그 자체와 수행의 결과에 대해서는 원칙적으로 일관되게 긍정적 관점을 보인다. 이러한 두 가지 입장, 즉 현실적 입장과 궁극적 입장의 차이는 불교사에서 각종 다양한 형태를 띠는 불교 교단의 모습으로 나타나고 있다. 이 책에서 제시하는 각종 예시들은 그 두 가지 축을 다양한 스펙트럼으로 보여주고 있다.

5. 비구니 교단의 소멸과 현대의 비구니 승단 복구 노력

인도 대륙에서 불교는 약 5세기부터 소멸의 과정을 거치게 된다. 인도에서 불교가 사라진 이유에 대해서는 여러 이론들이 제시되고 있다. 가장 유력한 것은 인도의 정통 종교 문화인 브라마니즘에서 사트, 치트, 아난다, 즉 존재, 의식, 희열을 특성으로 하는 아트만(Atman, blissful self)의 추구를 교리적 축으로 하는 것에 대해 불교는 이것을 부정하고 무아설을 주장하며, 또한 붓다는 초기 경전 곳곳에서 나타나듯이 인도 사회의 근간이 되는 카스트 제도를 부정하는 언설을 함으로써 사회적으로 비주류로 간주되었다는 점을 든다. 붓다는 사제 계급인 브라만이 브라만 됨은 출신에 의해서가 아니라 브라만다운 행동에 의해 보장된다고 말함으로써 그들의 출생부터 발생하는 본태적 권위를 부정하였다. 그래서 마치 작은 시내가 모여 큰 강이 되듯이 출가 이전에 무슨 계급이었는지는 중요치 않고 한번 출가하여 승단에 들어오면 이전의 계급과 정체성은 버리고 다시 승려로서 태어나는 것이라고 가르쳤다. 또한 이 세상의 윤회적인 삶인 '삼사라'에서 완전히 벗어나는 것을 해탈이라고 규정하는 인도 정통 철학의 입장과 반대로, 윤회 자체를 부정하지는 않았지만 죽음 이후에 대한 관심 보다는 이 세상에서 수행을 통하여 심리적·존재론적 고통에서 벗어나는 길을 찾는 데 있다고 하면서 지금 현재 이곳에서의 마음 수련과 깨어 있음을 강조하였다. 현대 힌두교에서 불교를 자신의 시스템의 일부로 삼고, 붓다를 과거에 등장했던 성인의 한 사람으로 간주하는 것도 이같이 교리적인 면과 종교적 이상의 측면에서 유사한 점이 있으면서도 다르기 때문이라고 할 수 있다.

이 같은 교리적인 측면에서뿐만 아니라 불교 승가의 독특한 경제적 구조에서도 인도 대륙 내에서의 소멸 원인을 찾을 수 있다. 붓다는 출가자들에게 상업이나 농업에 종사하지 못하게 하였다. 당신들은 왜 일을 하지 않느냐는 어떤 브라만의 조롱에 대해 우리는 마음의 밭을 간다고 대답하는 데서 보듯이 탁발과 보시를 승단의 경제적 기반으로 삼았다. 초기 팔리어 경전을 번역할 때 승려를 '홈리스'(homeless) 또는 '베거'(begger)로 번역한 것도 그런 맥락이다. 출가승으로서 속세와 절연하여 마을에서 떨어진 곳에 거주하면서 하루 한번 마을로 내려가서 그들이 제공하는 음식을 받아 돌아와서 먹는 것이다. 만일 종교적 영향력이 쇠퇴하여 더 이상 보시하는 사람이 없으면 그 공동체는 경제적 위기에 처하게 되는 것이다.

이것이 특별히 인도 그리고 스리랑카에서 여성 교단이 빨리 소멸한 이유이다. 앞에서 인용한 낸시 포크(Nancy Auer Falk)의 연구에서 보듯이, 불교가 인도에서 소멸한 시기는 대략 15세기인 데 반해 비구니 교단은 9세기경에 멸실하였다고 한다. 붓다 당시 붓다의 후원과 격려를 받던 여성 수행자의 지위가 그의 사후에 어떻게 변화하였을지를 상상해 볼 수 있겠다. 붓다의 사후 열린 붓다의 가르침을 모으는 결집(結集, saṃgīti) 행사에서 다른 장로들에 의해 아난이 겪은 소외와 비난이 그 증거가 된다. 이러한 소외는 계속되었을 것이고, 이후 인도 불교 역사에서 또 한 번의 교리적 혁신을 이룬 용수(龍樹, Nāgârjuna), 무착(無著, Asaṅga), 세친(世親, Vasubandhu) 등의 '스타'가 나올 사회적 여건이, 특히 여성들에게는 완전히 사라지게 된 것이다. 용수를 흔히 제2의 붓다라고 하는 것처럼 불교의 발전과 성장에는 오랜 전등(傳燈)의 역사가 무척이나 중요하다. 불교가 출가 수행의 전통을 세워 주고 성장의 기회는 주어졌지만 학문적, 제도적 리더십을 확보할 기회는 제공되지 않았다는 것이다.

이것은 인도의 승가는 유행(遊行)하는 승려 집단이었다는 것과도 깊은 관련이 있다. 붓다는 45년간의 이력에 있어서 많은 시간을 길에서 보내며 이 마을에서 저 마을, 이 도시에서 저 도시로 다니면서 길에서 만난 많은 사람들에게 가르침을 주었다. 우기가 다가오면 조건이 좋은 곳을 찾아 그곳에 정착하여 몇 달의 시간을 보낸 것으로 보인다. 이러한 여정은 불교 경전에 등장하는 여러 지명을 통해 확인할 수 있다. 여기에서 지적할 것은 주요 남성 제자들은 붓다와 같이 여행을 하였다는 것이다. 그래서 가르침은 남자들에게 전해질 기회가 많았지만, 반면 여성들의 경우는 그 남성들 또는 다른 여성들을 통해 배웠던 것이다. 즉 여성은 남성에게서 배웠지만, 그 반대는 아니었던 것이다. 교단의 주된 교육 방식인 대면을 통한 가르침의 기회에 있어서 남성보다 훨씬 더 불리함으로써 자신의 지식이나 경험, 또는 수행력을 닦아 나갈 기회가 남성들보다 적은 것이다. 이러한 불평등한 조건이 세대를 넘어 세습되면서 여승들의 교육 수준은 점점 낮아지고 더 이상 내부적으로 지적인 발전과 리더십이 나타나지 않았다고 본다. 또 한편 인도에서 출가 여성인 비구니의 활동에 대한 기록이 사라지는 데 반해 다른 여성 그룹인 재가 여성이 긍정적이고 열정적으로 기술되고 있음이 지적되고 있다. 불교 문헌 속의 가장 위대한 여성은 비구니 교단의 창시자인 마하프라자파티 비구니가 아니라 부유한 상인의 딸이자 후원자인 비사카 부인이며 그의 덕행이 찬양되고 있다. 후대로 갈수록 출가한 여성보다 어머니로서 가정에서 수행하고 보시에 열심인 재가 여성이 이상적인 여성으로 그려지는 것이다.[49]

결국 비구니는 인도에서 9세기경 사라지게 된다. 인도에 갔던 구법승 의정(義淨, 635~713)은 동인도의 탐라립티(Tamralipti)에 머무를 때 비구니를 보았다는 기록을 남겼다. 그는 특히 그들의 가난한 삶에 주목하였다. "그들은 절 밖을 나갈 때는 둘씩 다니고, 재가 신도 집을 방문할 때는 4명씩 다닌다… 인도의 여승들은 중국 여승과 다르다. 걸식 탁발하면서 아주 가난하게 산다. 비구니 승가에 주어지는 물건은 매우 적어서 사찰에 거의 식량이 없을 정도이다"[50]

현재 인도와 동남아시아 지역의 테라바다 불교, 그리고 티베트 불교의 경우는 비구니 승가가 존재하지 않는다. 이러한 상황은 최근 10년 사이에 급격히 변하고 있어서 스리랑카에 현재 5000명의 비구니가 있다는 소식이 있고, 태국도 비구니 교단 회복에 큰 진전을 보이고 있지만 천년이 넘도록 비구니 승단이 재건되지 못했던 그 역사와 이유를 기억할 필요가 있다. 스리랑카의 경우 11세기에 비구니 승단이 소멸한 이래 오래도록 재건되지 못했는데 그 이유는 수계를 줄 비구니가 없기 때문에 비구니계를 줄 수 없다는 악순환의 구조이다. 이것은 비구니 율장에서 정하는 이부승수계 또는 이중수계(二重授戒, 비구 10명과 비구니 10명의 이부 대중에게서 계를 받는다는 뜻)의 규칙 때문이다. 비구 10명은 있지만 수계식에서 계사, 증명 등의 역할을 할 비구니 10명이 없기 때문에 수계식이 있을 수 없다는 것이다. 이런 상황 때문에 스리랑카 등 오랜 불교 전통을 가진 불교 국가에는 출가하여 불도를 닦는, 출가자이지만 비구니는 아닌 여성들이 있다. 스리랑카의 경우 10계를 받는 다사실마타(Dasa Silmata 다사실이라고도 함. 우리의 사미니와 비슷함)가 있다. 태국에는 매치(Maechi)가 있다. 이들도 비구니와 마찬가지로 출가 여성이고 출가자로서의 생활을 하지만, 구족계를 받지 못했기 때문에 비구니가 아니다.

스리랑카의 다사실마타와 태국의 매치 등의 종교적 지위는 성평등 또는 젠더의 문제만이 아니라 그 사회 내부의 경제적 정치적 이유들과 얽혀 있음을 알 수 있다. 태국의 매치의 경우 탁발을 나가지 않기 때문에 보시를 받을 기회도 없고 따라서 비구들에게 의존해서 살아야 한다. 별도의 수행처를 짓고 수행이나 교화에 지도력을 보이고 신도들의 후원을 받는 경우도 있지만, 극히 소수이다. 어떤 사람들은 굳이 비구니계를 받을 필요가 있는가 하고 말하기도 한다. 그 이유 중 하나는, 비구니가 되면 돈을 만지지 못하는 등 비구니 계율이 정하는 제약이 있기 때문에 매치라는 신분이 사회적 활동에 더 적합하다고 한다. 더구나 자신의 현재 위치가 수행자로서 아무 불편이 없으며, 비구니 교단 복원 운동은 서양의 일부 페미니스트들이 현지인들의 의사와 관계 없이 추진하는 것이라고 비난하는 분도 있다.

이러한 교착된 상황을 타개하기 위해 노력하는 여성들이 있다. 스스로 매치가 되어 사회적 편견에 항의하고 비구니 교단이 있는 외국으로 가서 비구니계를 받고 온 담마난다 비구니(Dhammananda Bhikkhuni, 예전 이름 Chatsumarn Kabilsingh, 1944-)가 그런 예이다. 그는 탐마삿트 대학 철학과 교수를 지냈으며 어머니의 뒤를 이어 비구니 출가의 길을 택했다. 20여 년 동안 강의·출판·강연 등 국제적 관심을 환기하기 위한 활발한 활동으로 남방 테라바다 국가 비구니 승가 재건(Re-establishment of Bhikkhuni Sangha) 운동을 이끌고 있는 세계적 불교 지도자이다. 현재 태국 방콕 인근에 비구니 사찰인 송담마칼리야니 사원(Songdhammakalyani Monastery)을 건립하고 그곳에서 출가자들을 교육하는 데 주력하고 있다.[51]

스리랑카의 경우도 소수 여성들의 영웅적인 노력이 시발이 되어 괄목할 만한 변화가 일고 있다. 1996년 12월 8일 인도 사르나트 다멕탑 앞에서 스리랑카 여성 쿠수마(Kusuma, 1929-2021)를 비롯한 열 명의 사미니들이 모인 가운데 비구니 수계식이 열렸다. 이 수계식은 인도의 마하보디소사이어티에서 주최하여 세계불교승가협회의 임원 한국 스님들이 모여 수계식을 거행해 준 것이다. 이들은 당시 스리랑카 불교계에서는 위법으로 간주되었기에 갈등 상황을 고려하여 수계식 후 1년간 인도에 머무른 후 스리랑카로 귀국하였고, 이후 20여 년 동안 많은 비구니들을 교육하고 수계를 주는 비구니 계사로서 활동을 폈다. 현재 스리랑카에는 약 5천 명의 비구니가 존재한다고 한다. 그는 작년 코로나로 사망하기전 했던 인터뷰에서 자신은 인도를 떠난 비행기가 스리랑카에 착륙하였을 때 느꼈던 그 두려움에 대해 아직도 악몽을 꾼다고 하였다.

한편 티베트 불교에는 역사적으로 비구니 계율이 전해진 적이 없다. 그래서 비구니 교단이 존재한 적도 없다. 지금도 그들은 게롱마, 게쉐마 등의 단어로만 사미니와 별개로 비구니가 있다는 것을 들어만 보았다고 한다. 현재 티베트 승단에 출가 여성들이 많이 있지만, 아직 비구니계를 못 받은 사미니('아니Ani'라고 부름)이거나, 한국·대만·홍콩 등지에서 비구니계를 받은 서양 스님들이다.[52] 이 경우는 티벳이 한국과 마찬가지로 대승불교 국가이기 때문에 대승 국가에서 받은 계율에 대하여 저항이 적다고 할 수 있다. 그러나 남방 테라바다 불교의 경우는 해외에서 계를 받고 와도 그것이 인정되지 않아서 방글라데시에서는 얼마 전까지도 해외에서 비구니계를 받고 돌아간 스님들이 투옥되는 일들이 있었다.

한편 남방의 테라바다 불교의 비구니계 수계 문제를 다른 방식으로 돌파한 시도도 있다. 이것은 서양 불교계와 공동 협력으로 이루어진 경우이다. 2009년 10월 22일 호주의 퍼스(Perth)에 있는 보디냐나(Bodhinyana) 절의 주지인 아잔 브람(Ajahn Brahm)스님(영국인으로 태국 아잔차 스님 문하 제자)이 네 명의 여성에게 테라바다 비구니계를 준 것이다. 이것은 국제적으로 큰 파문을 일으켜 논란거리가 되기도 했다. 아잔 브람스님은 소속 교단 본사(本寺)인 태국의 왓 파퐁에 소환되었으나 그 자리에서 앞으로 이런 일을 하지 않겠다는 서약하기를 거부하였고 결국 교단에서 파문되었다. 호주 퍼스에서 열린 수계식은 율장에 나오는 이 중수계의 형식에 따라 세계 각국에서 비구니들이 모여 치러졌다. 당시 비구니 계사로 참석했던 영국인 비구니 타탈로카(Tathaloka Theri)는 그 수계의 결정이 얼마나 어려운 것이었는지, 그것을 위해 얼마나 철저하게 준비했는지(즉 출가예정자를 위한 사전 교육 과정, 이것은 그동안 오랫동안 잊혀져 왔던 비구니 관련 율장을 새로 공부하고 해석하는 것을 말한다)에 대해 밝힌 적이 있다. 세계 불교계는 남방 불교여성의 수계와 비구니 교단의 부활을 놓고 뜨거운 논란에 휩싸였고, 인터넷 블로그 상에서 왓파퐁의 결정을 찬성하는 스님들과 반발하는 서구 여성들 간에 치열한 설전이 벌어졌다. 논지는 대략 다음과 같이 나누어진다. 전통이란 지키기 위해서 있는 것이고 함부로 바꾸면 안 되는 것이라는 "전통 불가침주의" 논변, 수행이나 깨달음이란 초월적인 것이므로 현상적으로 남자·여자 또는 비구·비구니의 외면적인 것은 중요치 않다며 여자들은 왜 그렇게 비구니가 되고 싶어 하느냐는 식으로 문제를 돌려 버리는 "근본주의" 내지 "회피론", 그리고 부처님이 여성도 아라한과를 얻을 수 있다고 했지만 여성이 출가하는 것에 대해서는 실상 주저했던 것처럼 실질적으로 비구니가 되지 않고도 수행하는 태국의 매치 중에도 아라한과를 얻고 잘 수행하는 사람이 있지 않느냐는 "내실론", 그리고 전통이란 하루아침에 바뀔 수 없고 비구니 전통이 소멸되는 데에 천년 이상의 세월이 걸렸듯이 이것을 다시 복원하는 데에 그만큼 신중하게 접근해야 한다는 "중도실용론" 등의 입장 등이다. 특히, 비구니가 아니어도 아라한과를 이룰 수 있지 않느냐, 꼭 비구니가 되어야 하느냐는 어느 태국 스님의 코멘트에 댓글이 폭주했다. 남성들도 비구로 출가하지 않고 집에서 수행하면 될 것 아니냐는 반박글이었다.

6. 남성 중심주의와 남성적 문화

여성의 수계와 수행, 그리고 깨달음 이 세 가지를 둘러싼 다양한 스펙트럼의 논리와 논변은 이미 불교 역사 속에 여러 번 반복되어 등장한 것이다. 동일한 논리가 꼬리를 물고 반복적으로 사용되고 있는 것을 보아 불교의 젠더 문제는 심리적, 개인적인 문제와 사회적 지위, 제도, 법률, 경제 등이 서로 연관된 문제임을 보여준다 하겠다. 알란 스폰버그가 말한 "제도적 측면에서는 남성 중심적"의 예는 현대 사회 불교 교단 내에서도 제도적 차별과 억압적이고 종속적 문화의 형태로 찾아볼 수 있다. 한국의 불교 종단의 경우 근래 비구니들의 정체성에 대한 자각이 두드러지면서 종헌 종법에 명시된 법안의 수정 요구가 지속되고, 출가 승단 구성원 간의 마찰이 계속 증폭되고 있는 것은 이 때문이다.

예를 들어 2004년에 전국의 비구니 교·강사 모임인 교우회 회원 16명이 비구니 수계에는 비구니가 계율을 강의하겠다는 입장을 표명하자 이들 전원에 대해서 [비구] 율사 회의에서 징계를 결의하였다.[53] 행자(行者)에서 사미니로 수계를 받을 때에는 신체검사 절차가 있으며, 비구니 348가지 계율에는 여성에 대한 구체적인 내용들이 나온다. 비구 승려가 이것을 강의하는 것에 대해 막 계를 받는 신참 사미니나 비구니들이 정서적 트라우마를 겪는다고 한다. 징계를 통해 훈육하겠다는 사고방식이 드러나는 대응 방식이었다. 그러나 이 문제는 이후 논의를 거쳐 여자 행자들을 위한 교육에서는 비구니 단독으로 『사미니율의(沙彌尼律儀)』를 가르치는 것으로 바뀌게 되었다.[54]

2004년 『법보신문』 기사에 따르면, 1999년 1월 조계종 승려 수는 사미 2,168명, 사미니 1,811명, 비구 4,077명, 비구니 3,917명으로 사미와 비구가

6,245명, 사미니와 비구니가 5,728명으로 총 11,973명에 이르고 있다. 거의 동수에 가깝다. 이들 비구니는 수행, 교리 연구, 교육, 행정, 예술 활동, 사회 사업 등 각종 분야에서 활동하고 있다. 그러나 아직까지도 종단의 핵심적인 역할에는 비구니들이 항상 배제되고 있는 실정이다. 전국 조직으로 현재 25개의 교구 본사가 있는데 이 중 비구니 본사 사찰은 없다. 상징적 수장인 종정은 물론이고, 중앙정부 격인 총무원의 수장인 총무원장, 그리고 교육원장, 포교원장도 비구이다. 각 부장급 스님들도 거의 비구로 구성되어 있다. 종법에는 "총무원장은… 원만한 덕을 가진… 비구로 한다"고 명시되어 있으며, 비구니에 관해서는, 국장급 이하 비구니 종무원을 둘 수 있다는 규정만이 있다. 1994년 개혁 종단 출범 이후 사부대중의 골고른 참여가 제기되었으나, 현재도 국회 격인 종회의 81명 성원 중에 비구니는 10석이 할당되어 있다.[55]

여성 성직자의 교단 내 지위에 대한 연구에 따르면 세계적으로 볼 때 여성이 남성과 분리되어 교육, 신행, 포교의 공간을 가지는 종교 단체일수록 여성 교단의 발전 정도가 높다고 한다. 여성과 남성이 공존하는 교단의 경우 여성은 남성 스승들에 의해 훈련받고 보호받으며, 어떤 경우 스승을 통해 자신의 지위를 확고히 하기도 한다. 그러나 이러한 남성 스승들의 보호가 오히려 제약으로 작용할 수도 있다는 것을 역사 속에서 찾아볼 수 있다.

7. '치마불교' 논란 - 여성 수행에 대한 제대로 된 평가 필요

과거 한국 불교의 얼굴은 언제나 남성이었다. 고승과 선사들은 모두 남성의 얼굴을 하였고, 전통을 대표하는 주체도 남성이었다. 남성으로 대표되고 상징될 뿐만 아니라, 제도를 통괄하는 의식과 표현 방식도 남성 중심적이며 가부장적인 담론에 의해 지배되고 있다. 따라서 이런 한국 불교의 전통적 그림 속에 여성의 얼굴과 목소리가 등장하고 자신을 평가받고자 한 것은 최근의 일이라 할 수 있다. 그 대표적 사례가 '치마불교' 논란이다. 많은 학자들이 한국 불교가 지금과 같이 기복적이고 비합리적인 종교가 된 것은 여성의 탓이라고 공공연히 말해 왔다. 그것을 상징하는 말이 치마불교이다. '치마불교'라는 표현은 여성의 신앙 행위를 기복적이고 미신적이며, 비합리적이라고 해석하는 고정 관념의 산물이며, 현재의 현실에 대한 깊은 통찰이 내포되어 있거나 또는 반대 급부적 이론이 배태되어 그것을 극복하기를 기대하고 염원하는 표현이 아니다. 기본적으로 발전과 긍정을 북돋우기보다 혐오와 비하와 부정의 정서만이 드러나는 명칭이다. '치마'라는 말 속의 여성됨 내지 여성성 자체가 폄하되고 있으며, 이러한 명칭을 여성들이 내면화하고 체화함으로써 스스로를 비하하는 악순환을 일으키게 된다.

여성 수행은 여성 경험의 다양성과 그 경험의 맥락을 고려하여 평가되어야 한다. 신앙 행위의 주체는 누구이며 신앙의 건전성을 결정하는 잣대는 누가 정하는 것인가. 현대 한국 불교계에서 아직도 회자되는 이 같은 인식에 대해 역사적 연원을 추적해 볼 필요가 있다. 근대기 불교여성은 자신의 개인적 또는 종교적 정체성을 어떻게 정의하고, 이 문제는 그것의 실현을 위해 어떤 활동을 하였는지와도 연관되어 있다.

근대기 여성들이 여성 수행자 조직과 단체를 설립하게 된 동기에 1913년 발표되어 큰 반향을 일으킨 만해 한용운 스님의 『조선불교유신론』이 있다고 생각한다. 만해는 이 글에서 '미신적인 기복 불교 신행 형태'에 대해 신랄한 비판을 가하고 있다. 이 글 속에서 구체적으로 기복 불교를 여성만에 한

정되는 것으로 연관시키지는 않았지만, 그 논조와 맥락을 살펴보면 여성을 그 타깃으로 하고 있다는 것을 확연히 알 수 있다. 당시 이 같은 기복 불교 비판 담론이 등장하면서 그 반동으로 수행의 전통을 되살리고 불교 본연으로 돌아가자는 순수 수행주의 운동이 지식인들을 중심으로 일어나게 된다. 그런데 이러한 기복불교 비판의 담론은 당시 사회 전반에 유행하고 있던 사회 진화론의 입장, 그리고 근대기의 지배 담론인 합리성과 이성주의 선양이 그러한 입장을 선도했을 것으로 짐작된다. 당시 불교학 연구와 사회개혁론의 입장은 남성적·이성적·지성적인 것을 추구하였으며, 반대로 현행의 불교 신행 형태는 여성적·감성적·신앙 중심적이라는 것이다. 이 형태는 나아가 기복이자 미신이며, 그래서 여성 신행은 '치마' 불교라고 하시당하고, 따라서 계몽의 대상으로 정착되는 과정이 일어난 것이다.

그러나 근대기 20세기 초 담론이 21세기 한국 사회에 아직도 적용되어야 하는가? 아니 적용될 수 있는가? 근대가 현대로 넘어가고 시대 사조가 바뀌었으며, 여성의 사회적 역할뿐만 아니라 여성성 자체에 대한 새로운 정의가 등장하고 있는 지금 다시 기복불교 담론을 살펴보게 되는 이유이다. 2011년 12월 불교여성개발원 주최로 산하 단체인 불교여성연구소 창립을 기념하는 학술대회가 "여성 신행의 재조명 - 치마불교, 무엇이 문제란 말인가"라는 주제로 개최되었다. 여기에서 발표된 세 편의 논문 내용을 간단히 소개하면, 조승미는 젠더화된 기복신앙은 가족주의 기반의 현대 사회와 이에 결부된 종교의 산물이라고 주장하였다. 기복신앙이 문제라기보다는 가족주의에 그 원인이 있다는 것이다. 또한 명법스님은 현재 한국 불교계에서 기복이 종단의 주요 재원으로서 그리고 재가 여성들의 현실적인 욕망의 장으로서 도도하게 지속되고 있는 현실을 지적하면서, 기복신앙을 여성주의적 관점에서 재해석하여 신앙 주체로서의 여성을 끄집어내어야 한다고 주장하였다. 그리고 한주영 발표자는 사찰 안에서 그리고 세상 속에서 치마불교에 새로운 변화가 나타나고 있으며, 10년 전에 비해 지금은 신도회나 단체장에 여성들이 증가하고 여성들의 사회 참여가 확대되고 있는 현실을 재평가해야 한다고 말하였다.

이 학술대회의 인사말에서 본 저자는 이 학술대회가 여성 불자들의 신행을 폄하하는 시각의 본질과 그러한 비판이 나타난 사회적·이론적 배경을 분석하여, 현재 한국 재가 불교여성의 종교적 위상과 수행의 현실을 점검하고 평가하기 위한 목적으로 기획되었다는 것을 밝히면서, 한국 불교를 지탱해 온 것은 여성 불자들의 힘이었으며, 여성의 신행 형태에 대한 부정적 평가는 여성의 종교 행위의 다양성에 대한 몰이해와 한국 사회 및 불교계의 보수성에서 비롯된 것이라고 주장하였다. 또한 이 같은 여성 수행에 대한 부정적인 태도는 교단 내에서의 여성 신도들을 주변화시킬 뿐만 아니라, 신진 여성 수행자의 유입을 차단하여 결국에는 교단의 역량을 떨어뜨리는 결과를 낳을 것이라고 주장하였다.[56] 결국 모든 구성원들이 최고의 역량을 발휘할 수 있는 문화를 제공하지 못한다면 불교는 영영 전근대적이고 불평등한 종교로 낙인 찍혀 미래 사회의 대열에 낄 수 없을 것이기 때문이다.

8. 여성하심의 심리적 기제
- 종교적 수행인가, 내면화된 억압의 표현인가?

한국의 비구니 스님들은 전통적으로 자기를 낮추고 은둔하는 태도를 체화하고 있는 것 같다. 외부의 시선과 관찰, 분석에서 자기를 감추는 철저한 은둔과 하심의 이데올로기가 행동의 기준이 되어 왔다. 그것을 관통하는 이념적·심리적 기제는 무엇일까. 겸손과 겸허는 여성의 절대적 행동 규칙이었다. 이것은 비단 비구니 스님들뿐만 아니라 한국 여성 문화 속에서 오래 존재하고 있는 내면적 문제라 생각된다. 묘리 법희스님과 함께 근대 최고의 선객으로 꼽히며 비구 승려들과 법담을 나누고 선문답을 한 것으로 유명한 담대한 조사 만성스님의 경우도 평생 법상에 올라가서 대중 앞에서 법문하는 일은 없었다고 한다. 만성스님은, "설사 공부를 좀 했다 해도 비구니 몸으로서는 등단 법문하지 말고, 누구한테 화두(話頭) 주지 말아라"라는 두 가지를 강조하셨다고 한다. "몸 바꿔서 비구로서 공부를 잘해가지고 등단 법문도 하고 화두도 주고 해야지, 비구니로서는 그거 하지 말라" 했다는 것이다. 여기서 몸을 남자로 바꾼다라는 표현은 한국의 승가에서 많이 쓰는 표현으로, 법화경에서 나오는 "변성성불"의 이야기에서 유래하는 것일 것이다. 그러나 김영미 등 학자들의 연구에 따르면 사리불로 대변되는 부파불교의 비난을 피하기 위한 타협안이었을 가능성이 크다고 한다. 이러한 시각은 자신들의 주체적 결론일 수도 있지만, 오래 문화적으로 축적되어 온 억압의 기제가 작동하는 것일 수 있다. 자신의 흔적을 철저하게 지웠다는 만성스님은 사진도 찍지 않았을뿐더러, 죽을 때 유품도 없애도록 하였다. 그 유지를 받들어 그의 상좌와 손상좌도 같은 태도로 일관하였다. 만성스님은 평생 자신이 교훈으로 지니시던 여러 큰스님들의 게송들을 모은 문집, 「무공적」(無孔笛)을 가지고 있다가 만년에 시봉해 준 젊은 스님에게 주었는데, 스님의 다른 제자들은 그것이 남아 있는 것을 계속 못마땅해 했다는 증언이 있다.[57] 스님들이 열반할 때 평생 소지한 물건뿐만 아니라, 편지나 글, 책 모두 태우는 관습도 그러한 관행의 일부이다. 그러나 끊임없이 자신에게 동기를 부여하고 자신의 장점을 개발할 것을 요구하는 현대 사회에서 이러한 태도는 스스로가 처한 상황에 대한 혼란과 장애를 가져올 것이며, 나아가 그의 발자취를 따르는 다른 후대인들에게 받아들이기 힘든 어려운 내적 갈등을 일으킬 수 있다. 초기 불전 「테리가타」에 나오는 소마는 자기 회의와 두려움, 과거의 아픈 기억을 되살리고 자극하는 마라의 속삭임 때문에 잠시 혼란에 빠지나 결국 그것을 떨치고 자기 확신에 기반하여 자유를 천명하고 있다.

자신의 선조와 뿌리에 대한 확신과 긍지는 현재를 살아가는 후학들에게 큰 힘을 준다. 필자는 2009년 베트남 호치민시티에서 열린 세계여성불자대회 참가 후 그곳의 비구니 사찰들을 여행하면서 베트남 비구니들의 흥미로운 관습을 볼 기회가 있었다. 베트남은 역사적으로 남방 상좌부 계통과 대승불교(특히 선불교) 양쪽을 받아들여서 사찰에 따라 신행되는 불교의 형태에 큰 차이가 있다. 전통적으로 비구니 교단이 존재했다고 하나 근대 이후 그 존재감이 미미하던 중 여성불자대회를 계기로 비구니 교단이 부활하게 되었다고 한다. 실제로 베트남 비구니 교단은 이후 폭발적인 성장세를 보이고 있다.

그곳의 사찰에는 대웅전과 별도로 붓다 당시의 최초의 비구니로 비구니 교단을 이끈 붓다의 이모이자 양모인 마하프라자파티를 주불로 모시는 독립된 불당이 있었다. 그 불당에는 마하프라자파티 이외에도 그 사찰의 역대 (여성) 큰스님들의 사진이 모셔져 있었다. 여성 조사의 영정이 모셔지고 보존되는 불당 - 이것을 '여성조사전(女性祖師殿)'이라고 이름 붙이고 싶다 - 은 세계 어느 곳에서도 유례를 찾아 볼 수 없는 것이 아닌가 생각한다.

또한 사미·사미니들을 위한 승가대학이 설립되어 젊은 스님들이 여성과 남성으로 이루어진 교수진에게서 현대식 교육을 받고 있었으며, 개별 사찰에 설립된 전통 강원이나 선원의 경우는 여승은 여승이 지도하고 있었다. 이것은 베트남의 불교가 오랜 역사를 가지고 있지만 근·현대기에 전통의 단절을 겪었다가 다시 전통을 재건하면서 새롭게 자신의 정체성을 가꾸어 나가는 모습으로 보인다. 사찰의 불상도 여신의 모습을 한 관음상이 많이 있었고, 관음상의 광배를 네온사인으로 장식하였는데, 이것은 매우 실용적 옵션으로 보였다. 자신이 모시는 신을 빛나고 아름답게 하고 싶은 단순하고도 순수한 마음의 표현으로 생각된다.

결론적으로 말하면, 한국 불교계에서는 '하심'(下心)이라는 것을 여성의 문화적 코드로 삼고 있다. 하지만 반면에, 한국의 수행 전통을 대표하는 선불교에서는 선을 수행하는 수행자는 '대장부'가 되어야 하고 대장부처럼 행동하라고 한다. 비구니 스님도 가슴을 부여매고 걸음걸이는 남자와 같이 걷는다. 결국 수행자라면 여성이라도 대장부가 되어야 하면서 동시에 사회적 관계에서는 하심해야 하는 것이다. 이러한 상반된 관점이 요구될 때 개인의 행동에 갈등과 불일치를 일으키지 않을 수 없다. 이같이 모순적인 두 가지 행동 강령을 따라 행동하기 위해서는 결국 이원화하는 방식이 그 결론이 될 것이다. 자신의 공동체의 내부와 외부의 가치관을 두 가지 다른 방식으로 받아들이는 것이다.

하심과 겸손은 특히 수행자에게는 특별한 미덕이고 그것은 칭찬의 대상이 된다. 그러나 그렇다고 해서 남성 선 수행자에게서 하심과 겸손이 동일한 정도로 권장되고 칭찬되는가? 2013년 자서전을 펴내어 세간의 이목을 집중시켰던 비구니 불필스님의 경우, 그분의 은둔적 삶 이면의 그의 내면과 개성은 철과 같이 강하고 용맹하다. 그의 화두 참구는 분심에 가득차서 세상을 툭 터트릴 만한 높은 기개의 것이었지만, 그는 그러한 자신의 수행에 대해서조차 다른 사람에게 알리고 싶어하지 않았다. 그의 자서전이 나오게 된 것도 그분의 글 솜씨와 평소의 인품을 흠모한 출판사 사장이 삼고초려하여서 결정한 것이며, 책을 낸 이유도 스님 자신을 알리기보다 언제나 자식으로서 아버지에게 누가 될까 염려하고 살았던 자신의 존재에 대해, 아버지의 사상에 대해 빚을 갚는다는 마음에서였다고 한다. 한편 성철스님의 제자들이 그를 대하는 태도는 참으로 미묘하였다.

불교의 무아 사상을 여성주의적 행동 윤리로 결합할 방법을 찾아야 한다. 불교계에서 만난 여성들은 자신들이 어떤 과업에 나선 동기가 야망이나 명예욕이나 개인적 이익을 얻기 위한 것이 아님을 강조하는 경우가 많이 있다. 현대의 사회적 규범을 고려하는 불교 윤리학, 특히 젠더 심리학을 고려한 새로운 여성주의 윤리가 필요한 이유이다.

붓다가 가르친 초기 교설의 핵심을 이루는 무아설은 강화된 자아의식에서 비롯하는 자아 영속적 실체관을 부정한다. 이러한 실체적 사고방식과 세계관은 결국 개인에게 심리적 고통을 유발하기 때문이다. 붓다에 따르면 세상의 어느 것도 실체를 가지고 자기 주체성을 가지면서 영원히 변치 않는 존재는 없다. 그런데도 이 세계와 세상의 모든 것이 항상하고 영원하다고 생각하여 집착하게 되며, 그러한 자아와 세계를 지속하려 애쓰고 나아가 그러한 것이 불가능에 봉착할 때 커다란 심리적 고통과 좌절을 맛보게 되는 것이다. 이러한 집착과 고정된 관념에서 자유로워지라고 가르치는 것이 무아설이다. 이것은 또한 공(空)으로도 표현된다. 세계의 사물들은 서로 연기의 관계로서 얽혀 있으므로 따라서 자기 스스로 생겨나거나, 스스로 존재하거나, 또는 자신만의 개체와 개성을 영원히 지속할 수 없는, 실체가 없이 공한 존재이다.

불교에서의 사회적 실천은 공과 무아의 입장에서, 전체와의 관계를 생각하며 그러한 관계 속에서의 자신의 행동의 가치를 찾는 것이다. 나의 현재의 행위는 나 혼자에 대한 배려나 고려에서 일어나서도 안 되며 그렇게 될 수도 없다. 나의 행동은 나뿐만 아니라 다른 모든 이들에게 영향을 준다. 나의 생각, 결정, 말, 행동 하나하나가 다른 사람과의 관계 속에서 그들의 생각과 말, 행동과 관련을 갖게 된다. 따라서 관계성에 대한 고려 속에서 이루어지는 나의 행동은 자기중심적인 것이라기보다 원심력을 갖고 밖으로 향하는 것이다. 결국 내가 성취한 결과는 "관계"가 성취한 것이지 "내"가 성취한 것이 아니다. 자신과 자신의 성취에 대한 집착에서 벗어나고 그의 행동은 지혜와 자비의 행동이 된다. 이것이 자아 없이 하는 행위이며 이러한 행위 속에서 내가 하는 일의 가치는 관계 속에서 드러나고 같이 그 가치를 공유함으로써 재삼 긍정된다. 무아의 윤리학은 이러한 공유된 가치와 실천으로 나를 나아가게 하는 데에 있다.

자신이 여성이라는 문제를 해결하기 위해 출가하는 비구니는 보지 못했다. 비구들이 남성들의 문제를 해결하기 위해 출가하지 않는 것과 같은 이치이다. 비구니들의 승려로서의 출발점은 비구들의 출발점과 동일하다. 출가를 선택하는 당시에는 자신의 처지나 성별과 관계없이 자신이 지향하는 최고의 이상만을 바라보기 때문이다. 한국의 선불교 전통에서 보자면 그들의 불교적인 이상은 깨달음이다. 깨달음에는 성별의 차이가 있을 수 없다. 여자라고 해서 이상이 바뀔 수도 없고 비구니이기 때문에 수행의 방법이 달라지지도 않는다. 하지만 출가 이후의 비구니들이 겪어야 하는 승가 안팎의 조건들이 여성의 조건과 깊은 관련이 있는 것은 의심의 여지가 없다. 즉 여자라고 해서 모두 페미니스트인 것은 아니지만 비구니로 살아가면서 불평등한 현실적 조건 하에서 여성이 안고 있는 문제에 대해 깊은 인식을 얻게 되는 것 같다.

우리가 앞으로 찾아볼 한국의 과거 비구니들 중 많은 이들은 이중 삼중의 소외를 극복하고 독자적인 세계를 형성하여 '영웅적인 여성'의 삶을 살았다. 그러나 그들은 자신을 '영웅적인 여성'으로 의식하지 않았고, 스스로가 여성임을 부정하는 것도 부정하지 않는 것도 아니면서 그것에 개의치 않고 '새로운 인간'의 가능성을 열어 놓고자 했다. 그들은 기존의 남성 중심의 수행 시스템에 도전했고 그것과 상관없이 수행의 결과를 입증해 보였으며 승속을 넘어 보편적인 수행의 결과를 얻었던 것이다.

비구니 승단의 역사와 조직, 수행 전통을 이해하고 또한 그들 개개인의 삶을 이해한다는 것은 곧 한국의 과거 수행 전통 및 역사를 정립하는 문제와 연결되어 있다. 여기서 우리가 연구 대상으로서 비구니를 보는 관점과 비구니들이 그 자신의 전통을 보는 관점은 반드시 일치하지 않을 수도 있음을 짐작하게 된다. 이것은 어느 한 문화 전통을 연구할 때 바깥에서 보는 연구자의 시선과 그 전통 속에 사는 사람이 자신의 삶을 인식할 때 흔히 나타나는 괴리이다. 서구의 학문의 영향 하에서 등장한 비구니에 '대한' 연구와, 동아시아의 불교 전통 속에서 실제로 수행하고 있는 비구니가 보는 자신의 문제와 자신의 전통은 그 문제에 접근하는 기본 전제와 방법론, 그리고 그 내용은 여러 면에서 다를 수밖에 없다. 하지만 이러한 연구가 결국은 한국 불교사 이해에 새로운 빛을 가져오고 나아가 현재와 미래에 나올 수행자들에게 자신의 존재와 역사에 대해 자부심을 갖게 해 줄 것임은 분명하다.[58]

제3장

한국 불교사 속의 여성

—삼국시대에서 조선시대 말까지

1. 삼국시대

이 책의 초점을 맞추는 근대 시기의 불교계와 여성의 특징을 좀 더 잘 알기 위해 이전 시대에 대해 간단히 살펴보고자 한다. 불교가 한국에 전해진 것은 4세기경이다. 당시 삼국은 불교를 통해 이전의 주술적인 세계 이해를 대치하는 고등적인 종교적 세계관을 접하게 되었다. 신라는 불교를 홍포하여 불교의 업과 윤회설에 기반을 둔 윤리관을 백성들에게 교화하고 사회의 정신적 수준을 끌어 올림으로써 삼국 통일의 동력을 얻게 되었다. 삼국시대와 고려시대에는 불교가 국교로서 숭상되면서 여성들의 신행 활동도 그러한 외호 속에서 권장되고 칭송되었다.

한국의 불교여성의 자취는 불교의 초전 시기부터 나타나고 있다. 최초의 기록은 고구려를 통해 신라에 불교가 전해졌을 때 후원자가 되어 출가하였다는 신라인 모례(毛禮)의 여동생 사씨(史氏) 부인이다. 『삼국유사』에 따르면,[59] 고구려 승려 아도(阿道)가 시자(侍者) 3인을 데리고 신라로 왔을 때 모례는 이들을 자기 집에 머무르게 하고 불교 신도가 되었다고 한다. 또한 그의 누이 사씨도 아도에게서 계(戒)를 받고 승려가 되었고, 후에 영흥사(永興寺)를 창건하였다고 한다. 저자 일연(一然, 1206-1289)은 연대가 맞지 않음을 들어 신빙성을 논하고 있다. 그러나 1639년에 간행된 「도리사(桃李寺) 사적

(事蹟)」에 아도가 모례에게 시주를 받아 신라 최초의 사찰인 도리사를 창건하였다는 기록이 나오는 것을 보면 아도 화상과 모례 장자가 신라에 불교를 받아들인 것에 대한 이야기는 오랫동안 역사 속에 이어왔음을 알 수 있다. 이후 527년 법흥왕 때 이차돈의 순교를 계기로 하여 불교가 공인된 이후 신라에는 불교가 번성하였다. 그중 특히 법흥왕과 진흥왕의 왕비는 각각 묘법과 법운이라는 법명을 지닌 비구니가 되었다는 것 또한 『삼국유사』에 나오고 있다.

한편 고구려와 백제에는 신라보다 약 200년 일찍 불교가 들어왔으므로, 왕실을 통해 전해지고 승인된 불교가 사회에 널리 퍼져 많은 불교 승려들과 신자들이 나왔을 것은 짐작할 수 있다. 백제의 경우는 577년 여승을 포함한 일군의 승려들이 일본에 파견되어 왔다는 기록이 『일본서기』에 나타나고, 655년에는 법명(法明)이라는 백제 비구니가 쓰시마 섬으로 건너가 어떤 대신에게 『유마경』을 독송하여 병을 고쳐주었다고 기록하고 있다.[60] 일본에 불교가 전파되는데 비구니가 큰 역할을 하였음을 말해준다. 몇몇 일본 여성들은 백제로 와서 비구니계를 받고 돌아갔다는 기록도 있다.[61] 백제의 비구니들이 일본 니승들의 전통 설립에 영향을 주었을 뿐만 아니라 일본에 불교를 전파하고 불교가 널리 퍼지는데 역할을 하였음을 말해 준다. 8세기경의 일본 천태종 승려 엔닌(圓仁)이 쓴 당나라 여행기 『입당구법순례행기(入唐求法巡禮行記)』를 보면 비구니 승려들이 해외에 나간 기록이 나온다. 중국 법화원에 신라 비구니 3명이 살고 있다는 기록이다.[62] 고구려의 경우 사료가 남아 있지 않지만, 고구려를 통해 불교가 전해진 신라에서 모례의 누이 사씨가 출가했다는 사실로 미루어볼 때, 고구려에도 이미 비구니가 존재했을 것으로 보인다.[63]

『삼국유사』에는 비구니뿐만 아니라 재가 불교여성들이 무수히 등장한다. 저자인 고려시대 승려 일연은 집필 당시 전승되어 내려오던 삼국시대 여성들의 수행과 깨달음의 이적(異蹟)을 기록함으로써 그들의 이야기를 직·간접적으로 들려주고 있다.「감통」편에 나타나는 노비 욱면의 이야기는 당시 여성 수행의 또 다른 모습을 보여준다. 『삼국유사』에 등장하는 불교여성은 대략 네 갈래로 나누어 볼 수 있다. 재위를 마치고 출가하여 비구니가 된 왕비, 불교를 후원하는 귀족 부인들, 일반인으로서 불교의 진리를 깨달아 그것을 행동과 말로 시현해 보이는 여성들, 그리고 천민으로 태어나거나 세속에서의 어려움을 신앙의 힘으로 극복하는 여인들이다. 욱면은 네 번째 경우에 속한다. 그는 깊은 신앙심을 가진 노비로 그의 수행을 시기하는 주인에 의해 많은 어려움과 학대를 겪지만 결국 아미타불이 반야용선을 타고 와서 서방정토에 데려간다는 이야기이다. 여기서 서방정토로 간다는 것은 죽음에 이른다는 것이지만 많은 사람이 보는 앞에서 이루어진 죽음은 찬탄받았으며, 그것을 통해서 신앙의 깊이가 증명되어 결국은 정토 왕생으로 보상받은 것으로 그려지고 있다. 천민 여성의 지극한 신앙이 이같이 인구에 회자될 만큼 신라 사회에서 불교 신앙이 사회 저변으로 확대되었다는 것을 보여준다. 나아가 불교가 당시 계급 사회에서 귀족들뿐만 아니라 기층민에게까지 보편적인 구원 신앙으로 작용하였다는 것도 알 수 있다. 이들 여성들에 대한 이야기들은 설화의 형식을 띠고 있어서 역사적 사실로서 그대로 받아들이기는 어렵지만, 고대 여성의 불교 신행의 행태와 그 참여 정도를 짐작할 수 있게 해 준다.

2. 고려시대

고려조에 들어서 불교는 태조 왕건의 「훈요십조」에 의해 국가적 지원과 후원을 받게 된다. 불교가 국교로서 숭상됨에 따라 많은 비구니와 불교여성들이 존재하고 그들의 신행 활동이 사회적·종교적 외호 속에서 칭송되었음을 짐작해 볼 수 있다. 특히 왕실의 여인들은 불교 신행에 유력한 지원자가 되었고, 왕비들이 후에 출가하는 경우도 다수 발견된다. 고려 건국조인 태조 왕건의 비인 신혜왕후 유 씨와 소서원비 김 씨의 경우가 대표적이다. 고려 말의 공민왕의 비인 혜비 이 씨와 신비 염 씨도 출가하였다고 한다. 그러나 신라 때에 설치되었던 비구니 승관(僧官)인 도유나랑(都維那娘)이 없어진 이후 여성에게 승과(僧科)와 승계(僧階)가 허용되지 않았다는 점에서 볼 때, 불교 수용 초기에 비해 교단 내에서 비구니들의 위상은 떨어진 것으로 보인다.[64]

고려 문종의 부인이자 대각국사 의천의 어머니인 인예 왕후는 고려 불교 발전에 큰 영향을 끼쳤다. 인예 왕후는 화엄종과 법상종 그리고 천태종 등 여러 종파를 모두 후원하였고, 넷째 아들인 의천을 출가시켰으며, 또한 불경을 사경(寫經)하고 사찰을 창건하며 불탑을 조성하는 등 불사에 폭넓은 지원을 보냈다. 인예 왕후가 가장 크게 지원한 종파는 역시 천태종이었다. 비록 그의 생전에 완성을 보지는 못했지만, 그녀의 발원에 의해 셋째 아들 숙종의 후원과 넷째 아들 의천에 의해 천태종이 개창되고 국청사가 창건되어 고려 불교사의 새로운 전개를 가능하게 하였다.[65]

고려시대 비문 중에 진각국사(眞覺國師) 혜심(惠諶, 1178-1234)의 비에 비구니들의 이름이 나온다. 이것이 가장 이른 기록이다. 혜심은 보조 지눌의 대를 이은 송광사의 7대 국사 중 한 명이며, 선승이다. 그의 비는 월남사지(月南寺址)에서 발견되었는데, 그의 비에 제자들의 명단을 다음과 같이 나누어 기록하였다: 대선사(大禪師), 승통(僧統), 선사(禪師), 수좌(首座), 양가승록(兩街僧錄), 삼중(三重), 대선(大選), 그리고 비구니(比丘尼).[66] 또한 그의 부도에 새겨진 제자 명단에도 비구니와 재가 여신도의 이름이 새겨져 있다. 혜심은 재가 여신도들에게 화두를 주었으며 그들과 개별적인 서신을 주고받으면서 선불교의 교리와 수행 방법을 가르쳤다. 구체적 행적을 알 수 있는 사람은 왕도인(王道人)으로 그는 최충헌의 부인이자 강종의 서녀(庶女)이다. 그가 혜심에게 수행에 대해 토로하고 조언을 구하는 편지들이 남아 있으며, 비석에는 '우바이 정화택주 왕씨'(優婆夷 靜和宅主 王氏)라고 기록되어 있다.[67] 고려시대에 그 이름이 드러나는 또 다른 불교여성으로는 진혜(眞慧, 1255-1324) 대사를 들 수 있다. 진혜는 사후 추증된 시호이다. 그는 고려의 문벌 집안 출신으로 14세에 결혼하여 4남 3녀를 두었다. 47세에 남편과 사별한 후 불심이 더욱 돈독해져서 61세에 출가하였으며 70세로 일생을 마칠 때까지 수행 생활을 하여, 그의 비문에는 천년에 한 번 나올 정도의 훌륭한 비구니라고 찬탄하고 있다. 고려시대 상류층 여인들의 불교 신행 형태의 한 단면을 알 수 있다. 특히 그는 '여대사'라는 칭호로 불린 것으로도 유명하다.[68]

3. 조선시대[69]

불교는 삼국시대와 고려시대를 거쳐 국가 불교로서 비교적 안정적 기반 속에 존속해 왔다. 그러나 성리학의 이념을 표방한 사대부들에 의해 일어난 조선왕조에 들어서 불교는 혼란에 빠지게 된다. 불교 교단과 신앙은 여러 면에서 도전을 받게 되었다. 도성 내의 사찰들은 폐쇄되었고 산중 불교라고 불리듯이 사찰은 결국 산중에서 그 명맥을 유지할 수 있었다. 승려들은 천민으로 신분이 강등되고 도성 출입이 금지될 뿐만 아니라 과도한 부역에 시달리는 등 사회로부터 많은 멸시를 받았다. 조선왕조는 단일 왕조로서 거의 500년을 이어 오면서 억불 정책을 지속함으로써 불교는 내적·외적인 여러 측면에서 많은 쇠퇴가 진행되었다. 그러나 조선시대 불교에 대한 이같은 전통적인 이해는 수정되어야 한다는 학계의 연구가 있다. 우선 이러한 억불 정책은 전체 왕조를 통틀어 일어난 것은 아니라는 점이다. 한국 역사에 대한 서술, 특히 해외의 한국 관련 서적에는 조선시대에 불교를 '억압'(suppression)했다고 표현하는데, 서구에서 한국 역사를 배운 독자들은 종종 서양 중세 역사에서 나타난 종교 간의 갈등으로 인해 지도자들이 처형되는 정도의 극단적 탄압을 연상하게 된다고 한다. 한국 불교에 대한 정확한 소개가 외부에 이루어지지 않아 일어나는 현상이며, 나아가 500년의 시간을 하나로 기술하는 데서 비롯되는 일반화의 오류를 범하는 것이다.[70]

조선시대 초기의 왕들은 불교의 문화와 종교적 심성 속에서 성장한 사람들이었기에 불교에 대해 가혹한 정책을 쓰지 않았다. 당시 불교에 대해서 끊임없이 상소를 올리며 국가의 공식적인 공간과 정책에 불교가 들어올 것을 염려하는 유학 사상으로 무장한 젊은 유생들과 관료들의 극렬한 불교 혐오와는 구분해야 한다. 그들의 비판은, 주로 불충과 불효에 대한 것이고, 무엇보다도 '허(虛)', '허망(虛妄)', '허탄(虛誕)', '환망(幻妄)' 등의 표현으로 불교의 가르침을 허황되고 세상 일에 관심을 두지 않는 비사회적인 것으로 생각했다. 국가를 새로 건립하는 입장에서는 출가와 세속 삶에서 중요하게 생각되는 인간 관계, 도덕 등의 기본 가치를 폄하하는 것을, 사회적 질서 내지는 국가의 백년대계와 존속을 위협하는 것으로 본 것은 당연하다고 할 수 있다. 하지만 상소라는 것은 유교적 사회에서 주요한 의사 표현 내지 여론 전달 방책으로, 잘못된 것이 있으면 바로 잡고 국가의 안위를 위해 국왕이라 하더라도 잘못된 것이 있으면 비판해야 한다는 것은 유교적 지식인의 사명 의식의 표현이었다.

　하여간 조선시대의 불교에 대해서는 그동안 꾸준히 새로운 연구가 나타나면서 많은 점이 밝혀지고 오류가 교정되었다. 예를 들어 조선시대 불교경전은 금지되었는가? 물론 아니다. 초기 왕들의 경우는 훈민정음을 시험하고 사용을 권장하기 위해 부처님의 일생(석보상절) 등의 책이나 언해본 불교경전들(지난 고려왕조 시기에 이미 유통되던 번역본)을 인쇄하고 유포하였다. 특히 특정 불교경전은 계속적으로 인쇄되고 유포되었다. 조선 후기에는 특히 현실적인 복락을 구하고자 하는 다라니 진언집 출판이 유행했다.[71] 조선시대의 불교 활동은 우리가 알고 있는 것보다 훨씬 많이 있었다. 경제적·사회적 곤란과 유학자들의 끊임없는 사상적 공격 속에서도 사찰은 존속해 나갔고, 공적 영역에서의 불교 신앙 활동은 금지되었으나 사적 공간에서의 신앙은 여전히 중요한 부문으로 남아 있었다. 특히 여성들에게 불교는 종교적으로 중요한 생활의 일부였다. 여성뿐 아니라 낙향한 선비들이 승려들과 교류하거나 사찰을 순례하고 참배한 기록도 많이 발견되고 있다. 한 예로 금강산의 유점사는 그 당시 식자들의 대안적 종교 귀의처였다고 볼 수 있다. 선조대의 인물 이율곡이 어머니 신 씨가 돌아가자 19세에 금강산 유점사에 가서 출가했다가 일년 후 환속한 것도 좋은 예이다. 이후 그는 선조 왕에게 올린 글에서 참회하였지만 많은 고초를 겪었다. 그리고 조선 중기 17세기 이후 불교와 관련된 법령들이 모두 폐지됨에 따라 불교의 공적 공간에서의 제도적 위치는 더욱 낮아졌지만, 승려들의 저술 활동이나 여성들의 사찰 불사 참여 등의 개별적 활동은 약하게나마 지속되고 있었다.

4. 기록 속에 나타나는 여성 신행

유교적 사회질서 속에 편입되어 살아가는 남성에 비해, 사회적 공간에서 소외된 여성들에게 종교적 신앙은 삶의 중요한 일부였다. 불교는 생활의 한 부분이자 정신적인 안식처로서 여성들과 늘 함께하였다. 그러나 유교 국가를 표방한 조선에서 여성들이 불교를 신앙하는 것은 다양한 사회적·법률적 기제에 의해 통제되거나 금기시되었다. 불교를 신앙하는 여성은 불교 박해와 남존여비 사상의 이중(二重)의 희생물이 되었다고 할 수 있다. 『조선왕조실록』에 나타나는 불교 관련 기록을 보면, 여성과 관련된 이야기도 많다. 부녀의 사찰 출입을 금한 나라의 원칙을 어겨 문초를 받은 여성들, 양가집 아녀자로서 출가하여 사회적 물의를 일으켰거나, 음행을 저질렀다고 붙들려 온 비구니 등이다. 한편 정업원(淨業院) 등의 궁궐 내 불당에서의 불교 행사를 비판하는 상소와 사원 혁파를 주장하는 대신들의 제청들이 끊이지 않았다. 그러나 여성에 대한 부정적 기록들은 배불론이 높아져서 불교 배척의 새로운 정책이 등장하거나 또는 유교적 여성 통제가 강화되는 시점을 보여주는 기록일 뿐이다. 실제로 사회 속에서 불교가 어떻게 신행되었는지 여성들의 신행 활동이 어땠는지를 알기에는 너무 편향된 자료이다. 또한 조선조 내내 이런 사건 기록이 끊이지 않았다는 것 자체가 불교 전통이 존속했다는 반증이기도 하다. 유생들 스스로가 불평하듯이 이들 여성들은 "금령을 무서워하지 않고 마음대로 행동하여 꺼림이 없는" 모습을 보였고, 그들의 불교 신앙은 지속되었다.

민간에서의 불교 신앙이 어떠했는가를 알아보기는 어렵다. 일반 민중들의 종교 생활이 어땠는지를 기록을 통해 알기란 무척 어려운 일이다. 그러나 불교 신행을 금하는 계속되는 상소와 사찰을 방문하여 처벌당한 여성들의 기록을 통해 역설적으로 불교가 민간에서 여전히 활발하게 신행되었음을 알 수 있다. 여성의 불교 신앙은 다양한 사회적·법률적 기제에 의해 통제되거나 금기시되었다. 당시 국법에 "부녀가 중과 같이 절에 올라가면 실절(失節)한 것으로 논죄한다"는 조항이 있었는데, 실절한다는 말은 남성 중심의 전통 사회에서 많이 나타나는 표현으로, 말 그대로 정조를 잃었다는 말이다. 여성이 빗을 잃어버리면 실절한 것으로 여기거나 전쟁에 끌려갔다 돌아온 여성은 실절한 것으로 여겨 받아주지 않았던 것과 같다. 여성의 사찰 출입은, 남녀부동석이라는 사회적 관습을 어긴 것으로 특히 남승이 거주하는 사찰에 가서 유숙했다는 것은 바로 그 자체로 정절을 잃은 것으로 간주한다는 것이다. 사실 남자와 여자가 한 하늘 아래 같이 어울러 사는 것이 이 세상인데, 한 장소에 남성과 같이 있었다고 무조건 정조를 잃었다고 간주한다는 것은 억울한 일이다. 이렇듯 정절 이데올로기는 여성의 불교 신앙을 탄압하는 데 유효한 틀로 사용되었다. 『숙종실록』에 들어 있는 다음과 같은 대신들의 상소를 보면 이들 여성에 대한 혐오가 어느 정도였는지 알 수 있다. "국조(國朝) 이래로 승니의 도성 출입을 금단한 것은 음란하고 간특함을 징계하여 민속을 바로잡으려는 것입니다.… 그런데 이제 부녀로서 지아비를 배반하고 주인을 배반한 자와 일찍 과부가 되어 실행(失行)한 무리가 앞을 다투어 밀려들어 모이는 장소가 되었는데, 거기서 이들은 간음을 행하며 간사한 짓을 하는 등 현혹시켜 어지럽히는 정상이 한두 가지가 아닙니다"[72]

　그러나 그럼에도 불구하고 사찰을 방문하여 불공을 드리는 여성들은 끊이지 않았다. 실록에 나오는 무수한 예들이 그것을 증명한다. 성종 25년에 성종의 형인 월산대군의 부인이 흥복사를 창건하여 불사를 여는데, 이때 사대부, 사족의 부녀자들이 구름처럼 모였다고 한다. 그런데 이들이 남승·여승들과 뒤섞여 머물다가 유숙하고 돌아왔다는 것이 문제가 되어 사헌부와 사간원에서 불사를 이끈 승려를 국문하고 절에 간 부녀자들을 처벌하자고 요청하였다. 이에 대해 성종은 "부녀자가 지아비를 위하여 혹은 부모를 위하여 불도를 받들고 믿는데, 어찌 사찰을 다 헐어 버릴 수가 있겠으며, 또 어찌 능히 금지할 수가 있겠는가? 이 절은 다른 절과 비교할 수 없는 것으로 월산대군 부인께서 창건하신 것이다. 부인들이 몇 명이나 되는지도 모르는데 이것을 이끈 중이 누군지 어찌 알겠는가? 지금 만약 이를 따진다면 큰 옥사가 일어날 테니 추국할 수 없다"고 하면서 신하들의 요청을 거절했다.

　그런데 여기서 흥미로운 사실은, 실록에 나타나는 사원 철폐나 불교 혁파 등과 관련한 상소나 왕실 내의 비구니원에 사는 비구니들을 환속시키고 서울의 비구니 사원에 한데 모아서 통제하자는 신하들의 청에 대해 이들을 비호한 것은 왕이나 왕비였다는 것이다. 조선조 초기 세종 16년에 대왕대비의 원찰이고 태조 때부터 조선왕조와 인연이 깊은 경기도 회암사에서 중수와 낙성을 기념하는 법회가 열렸다. 그런데 이 낙성식에 참석하고 나서 사대부 부인들이 절에서 자고 온 것이 크게 문제가 되었다. 결국 승려는 장을 때리는 형에 처했지만, 세종 비 소헌왕후의 어머니도 포함되었으나 묻지 않기로 하고 다른 부녀자들에게는 속전을 거두는 것으로 마무리되었다. 그런데 후

락한 회암사를 중수하는 일을 국가에서 지원해주기로 하거나, 지방 호족들의 절에 대한 포악질을 금하게 하거나, 이 법회에 참석하고 절에서 유숙하고 돌아온 사대부 여인들과 승려들을 처벌할 것을 주장하는 상소에 대해 이것을 완화하도록 노력한 사람은 바로 왕 자신이었다.

조선시대의 불교 문제는 단순히 불교와 유교의 갈등만이 아니라 성리학적 정치관에 따른 왕과 신하 간 권력 견제의 관점에서도 해석되어야 할 것이다. 즉 불교와 유교라는 종교 간 관계뿐만 아니라 왕과 신하라는 세력 간 관계도 함께 고려해야만 이해될 수 있다. 국왕들도 암묵적으로 이러한 신행 활동에 참여하고 있었던 경우도 나타난다. 불교여성에 대한 인식과 그에 대한 대응을 둘러싼 정치권 내에서의 공방을 분석해 보면 조선왕조의 성격에 대해 새로운 이해를 할 수 있을지도 모른다. 하여간 승니와 부녀자들의 사찰 집회를 막자는 탄원은 실록에서 계속 이어졌으나, 부녀자가 절에 다니는 일은 이러한 처벌을 통해 막을 수 있는 일이 아니었다.

조선시대 불교를 살펴볼 때 가장 관심을 끄는 것은 출가 여성인 비구니의 존재이다. 유교적 가족관에서 볼 때 결혼을 하지 않은 여성이란 그 자체로 불안한 존재이다. 더구나 불도를 따르겠다고 집을 나가 출가하여 여승이 되었다면 무엇보다도 사회 체제에 도전하는 위험한 존재라고 할 수 있다. 그들은 상류층 여성들과 종교적 친교 관계를 유지하기도 하고 왕실에서 물적 지원도 받았지만, 편견과 비난 속에서 경제적 어려움에 시달렸다. 몇몇 비구니 사원은 극도로 궁핍하였지만, 다른 사원들은 부유한 후견인들의 시주를 받기도 했는데 이들 후견인들은 대개 서울 출신이었다. 그러나 유교적 가부장제에 따른 혐오와 비난 속에서도 비구니들은 조선시대 내내 존재해 왔으며, 그들을 가로막는 장애물들을 잘 견뎌내었다.

비구니들의 출신 성분을 살펴보면 남편이 죽은 후 출가한 경우가 대부분이고 그 외 가난으로 인해 결혼하지 못하고 출가하는 경우 등 여러 종류의 여승이 있었던 것 같다. 귀족층의 사람들은 가족 곁에 절을 짓고 살기도 하였다. 고려시대뿐만 아니라 조선시대에도 남편이 죽은 후 수절과 명복을 빈다는 이유로 출가하는 여성들이 많았다. 세조 때의 사람인 윤 씨 부인은 남편이 죽고 출가하였는데 그에 대해 실록의 기록을 거꾸로 읽어 보면, 사대부 집 부인이 출가할 기회만을 찾다가 남편이 죽고 나서 발인하는 날 도망가듯이 집을 떠난 것으로 볼 수 있다. 윤 씨 부인은 훗날에 사찰 '정업원'의 주지가 되었다는 것을 보면 수행의 도력도 높고 다른 비구니들과 신도들의 존경을 받았던 분인 것 같다. 그는 과부가 된 후, 열녀로서의 삶을 택하기보다는 수행자가 되기 위해 집을 떠난 것이다. 이들 여인 중에는 과부도 있고 처녀도 있었다. 그들은 함께 불공을 드리러 절에 올라가고 거기서 스님에게 법문을 들었다. 그러나 실록에는 수절을 명분으로 여승이 되어서는, '중과 섞여 음란하고 추악한 행위'를 일삼는 과부들에 대한 비난이 이어지고, 이에 대해 유학자들은 적나라한 혐오감을 드러내고 있다. 또 같은 『성종실록』에 나오는 "지금의 여승들은 서인(庶人)뿐만이 아니라 사족(士族)의 딸에 이르기까지 그 남편이 죽은 지가 얼마 되지 않는데도 곧 머리를 깎고 여승이 되며, 또 나이 젊고 시집가지 않은 여인도 다투어 스스로 머리를 깎으니 온당치 못한 일입니다. 무릇 남자는 아내가 있고 여자는 남편이 있는 것은 인지상정인데 나이가 젊어 여승이 되어 배필을 가지지 않는다면 이것도 또한 화기(和氣)를 손상시켜 재앙을 초래하는 이유일 것입니다. 청컨대 세속으로 불러들여 돌아오도록 하소서"[73]하는 것은, 사족(士族)의 부녀자는 출가하는 것을 허가하지 않았지만 단속이 엄하지 않은 때에는 처녀가 출가하는 경우도 많았던 것을 보여준다. 결혼하지 않은 여성이 독신으로 사는 것도 천지조화를 거스르는 일인데 수행한다고 모여서 집단생활을 하는 이 비구니 여성들은 그들에게 무엇보다도 불편한 존재였을 것이었다. 여성들의 이런 삶의 방식은 유교적 질서와 규범에서 일탈하는 것일 뿐만 아니라 우주의 질서도 거스르는 것이었다. 그래서 조선시대를 통틀어 여승 중에서 남편이 죽어서 절개를 지키기 위해 중이 된 자를 제외하고는 나이가 젊은 사람은 환속시켜 머리를 기르고 시집가도록 하자는 상소가 끊이지 않았다.

조선시대의 여승들에 대해서 최근 몇 년간 몇 사람의 행적이 밝혀지는 성과가 있었다. 왕실 여성에 대한 것뿐만 아니라 귀족층의 여성이 출가한 경우로 이예순(李禮順, 1587~1657)스님에 관한 연구가 그것이다.[74] 이예순은 당시 최고 권력가 이귀(李貴)의 딸로 태어나 비슷한 집안의 자제(子弟) 김자겸(金自兼)과 혼인하였다. 남편이 일찍 죽고 아버지의 정치적 활동 때문에 많은 모략을 받았다. 그는 투옥에서 풀려나 내불당 자수궁에 머물렀다고 하는데 인조반정에 연루되기도 하였다. 이후 궁궐을 나와서 그가 있었던 곳이 바로 동대문 밖 청룡사이다. 그는 왕실의 지원을 받아 중창불사를 하였다고 한다. 예순 비구니의 삶은 중국의 승려 바오창이 쓴 『비구니전』에 나오는 초기 중국 불교의 많은 여승들을 떠올리게 한다. 그들은 출세간의 종교적 이상을 지향하였으나 자신의 출가 전 가족 배경 등을 이용하여 왕실이나 귀족들과 교류하면서 정치적 판단에 조언을 주기도 하고 그것을 통해 자신의 종교적 입지를 넓혀 가기도 하였다.

5. 왕실과 불교

조선시대의 불교 정책은 왕에서 왕으로 그 양상을 달리한다. 조선 초에 이루어진 많은 언해 불경 간행 사업은 대부분 여성을 겨냥한 것으로 볼 수 있다. 세종의 한글 창제 이후 세종, 세조, 성종 연간에는 왕이나 또는 대비의 명에 의해 많은 불경들이 한글로 번역되었다. 이들 경전들은 여성과 평민을 겨냥한 것으로 교리적인 내용보다는 내세에 정토에 나거나 기도하여 복을 비는 경전들이 주를 이루었다. 불경 간행을 전담하던 간경도감이 없어진 후에도 조선 중기까지 불경 간행은 지속적으로 이루어졌다.

성종의 어머니 인수대비나 명종의 어머니 문정왕후 등 왕실의 여성들을 중심으로 지속되던 불교 신앙은 유명한 이야기이다. 임금의 어머니, 부인, 또는 돌아가신 선왕의 후궁들이 노년에 홀로 불심을 닦아서 마음을 달래거나 또는 선왕들을 위한다는 명목으로 불사에 종사할 때, 자신을 키워준 이들에 대해 애틋한 심정이 남아 있는 왕으로서는 어떻게 할 수 없었을 것이다.

국가의 공식적인 숭유 정책에도 불구하고 불교는 사적인 영역에서 궁중의 지속적인 후원을 받았다. 조선시대를 통하여 왕실 여성들은 여러 종교 활동을 하였으며 불교 미술에 대한 후원은 그중 하나로 볼 수 있다. 경전을 사경, 혹은 인경하여 배포하거나 불상과 회화의 조성을 발원하였는데, 이 중 지장보살을 다룬 경전과 회화 작품이 어느 불보살들보다 많이 제작되었다. 지장보살도나 시왕도 등의 불화와 불상을 조성하고 관련 경전을 유포하기 위해 시주한 기록들을 보면 왕실 대비, 궁인들 또는 사대부 집안의 여성들이 주된 시주자였다. 지장보살은 이 지상세계뿐만 아니라 특히 지옥에서 고통받는 중생들을 구원하는 보살로 알려져 있어서, 돌아가신 부모님의 명복을 빌기 위해 지장보살의 그림을 그린 것이다. 이것은 효라는 유교적 도덕 이념과 불교적 신앙이 결합하는 형태라고 할 수 있다. 아마 이들 부인들은 자신의 불심을 표현할 방법으로 사찰의 보수나 경전 간행, 불화나 불상 등을 조성하는 데 시주하는 방식을 찾았던 것 같다. 그러나 이런 큰 시주는 자신이 혼자 결정할 수 있는 일이 아니고, 적어도 남편의 동의가 있어야 가능한 일이었을 터이니, 이들 양반 유학자들이 부모에 대한 효심이라는 틀 속에서 불교의 신앙을 받아들인 예로 보인다. 즉, 조선시대의 사회 분위기에서 종교 간의 갈등을 피하기 위해 나타난 새로운 신앙 형태였을 것으로 생각된다.

16세기 이후 왕실의 불교 후원은 점차 쇠퇴하기 시작한다. 조선 전기에는 국가 이념으로서 유교를 공식화했음에 불구하고 왕실이 불서 간행과 불화 제작에 주된 공헌을 했지만 연산군이 다시 불교에 대한 대대적 탄압을 주도한 이래, 왕실의 불교문화 후원은 점점 사라지기 시작하였다. 18~19세기 불교미술의 주요 시주자는 궁인들이었다. 특히 궁중의 여성들 중 높은 지위의 상궁들은 상당수의 시주를 했으며 어떤 경우 왕의 비빈들과 함께 발원하기도 하여 지장보살도 제작에 많은 영향을 미치기도 하였다. 이것은 금강산 유점사 등에 보관된 사지에서 확인되는 바이다.

6. 원찰과 원당

조선시대 불교가 왕실 또는 귀족들과 관련을 가지고 있었음을 말해주는 중요한 근거가 바로 원찰과 원당의 존재이다.[75] 궁궐 내의 원당과 (바로 다음에서 서술할) 정업원의 장소와 기능을 두고 학자들 간에 논란이 제기되고 있어[76] 앞으로 더 연구가 나오는 대로 새로운 사실이 나타날 것 같다. 원찰(願刹)은 유교 중심 사회인 조선에서 불교는 어떤 위치에 있었는가를 좀 더 다각적으로 그리고 섬세하게 살펴볼 수 있는 자료가 된다. 원찰이란 선왕들의 명복을 빌고 왕실의 번영을 기원하기 위해 왕실에서 지원하여 유지되는 사찰이다. 이것은 귀족 집안에서 선조를 위한 제사의 목적으로 지원하는 형태로도 존재하였다. 왕실의 원찰로는 남양주의 용주사나 봉선사, 그리고 서울의 봉국사 등을 들 수 있다. 즉 조선에서 '국가 불교'는 배척되었으나 '왕실 불교'는 그대로 존속되었다. 즉 왕실 불교와 국가 불교는 구분되어야 한다. 국가적으로 배불의 입장을 취했지만, 왕실 불교는 그와 별개로 진행되었던 것이다. 사회를 유지하는 가치관이나 규범 등에 관심을 두는 유교 대신에 사후세계에 대한 불안을 해소하고 현실적 고통에 위안을 주며 복을 빌고 극락 왕생을 빌어줄 곳은 사찰이었던 것이다.

조선 중기까지 왕실의 궁인들을 중심으로 여전히 불교가 신행되고 있었다. 조선시대 왕실에는 비구니들 사원으로는 정업원, 자수원(慈壽院), 인수궁(仁壽宮) 등이 있었다. 이들 비구니원들은 궁궐 바로 밖에 위치하여 예불을 드리거나 재를 지내고 관등회를 여는 등 불교 행사를 주관했고, 왕실 조상의 위패를 모시기도 했다. 이 중 정업원은 고려시대부터 이미 있었고, 자수원과 인수원은 조선시대에 들어와서 주로 선왕의 후궁들이 출가하여 살던 곳으로 후대까지 존속하였다. 왕이 승하하면 선왕의 후궁과 왕실 여인들의 거취를 위해 궁에서 가까운 도성 내에 집을 마련하여 이들을 옮겨 살도록 하였는데, 이들 비구니원들은 예불과 의식을 행하여 거의 사찰 성격을 띠고 있었다.

이들 비구니원의 주지는 대개 왕대비의 임명에 의해 왕실의 친족이 역임하였다. 이들은 주로 왕실의 친족이거나 왕실과 관련된 여인들이어서 조선의 왕들은 이들의 예우에 각별한 관심을 보이는 반면, 유생들은 이것이 혹시 불교가 흥하는 길이 될까봐 강력히 반발하여 끈질기게 철폐를 요구하였다. 따라서 국가 시책과 유생들의 견제 속에 이들 비구니원들은 철폐와 복립을 반복하게 되었다. 정업원은 연산군 대에 문을 닫는다. 어머니의 폐비와 관련하여 선왕의 후궁들에 대한 미움이 극도에 달한 연산군은 정업원 여승들을 내쫓고 성 밖에 있던 여승들도 노비로 보내어 문을 닫게 되었다. 인수원은 자수원과 함께 현종 대에 완전히 철폐되었다. 40세 이하의 비구니는 모두 환속시켜 내보내고 늙어서 갈 곳 없는 자들은 도성 밖 비구니원으로 보냈다. 이때 자수원 절을 헐어 나온 재목으로는 성균관 학사를 수리하도록 하고, 그 터에는 북학(北學)을 창건하였다고 한다.

7. 사지에 보이는 여성 시주자

사찰에서 전해지는 사찰 역사의 기록인 '사지'(寺誌)에 조선시대 말 여승들의 시주 활동과 관련한 정보가 나타난다. 존 조르겐센의 연구에 따르면 조선 후기부터 일제강점기까지의 사지를 조사하면, 재가 여성, 그리고 여승들이 사찰을 건축하거나 중창하고 불상을 조성하는 데 참여하고 시주한 기록이 나온다고 하면서, 이것은 조선시대 불교에서 여성의 공헌을 실질적으로 보여 주는 자료라고 하였다.[77] 아래에서 조르겐센의 연구 내용을 정리하여 소개하겠다.

문경 대승사(大乘寺), 봉선사(奉先寺), 건봉사(乾鳳寺), 유점사(楡岾寺) 등의 사지에는 비구니와 여성 시주자에 대한 많은 언급이 있다. 문경 대승사의 「대승사지」(大乘寺誌)에는 부속 암자인 윤필암(潤筆庵)과 묘적암(妙寂庵)의 시주에 대한 기록도 나온다. 이것은 사찰 건축과 관련된 비구니 및 재가 여성 시주자들의 이름, 그리고 시주 기록, 불교 의식에 사용되는 도구들 또는 사찰에 딸린 전답에 대한 기록도 포함되어 있다.[78]

예를 들어 전등사 사지에는 1798년에서 1908년 사이에 포염(包謙), 근훈(根訓), 채화(采華)와 선명(善明) 등 비구니들이 재가 여성들과 함께 강화도와 인근 개풍군에 있는 청련사(靑蓮寺), 정수사(淨水寺), 원통사(圓通寺), 그리고 비구니 사찰인 원통암(圓通庵), 내원암(內院庵)을 짓고 증축하는 데 큰 공헌을 하였다고 기록하고 있다. 어떤 사람들은 탱화를 조성하고 불상 도금의 불사에 참여하였다고 한다.

금강산에서의 비구니들의 다양한 활동에 관해서는 건봉사와 유점사의 본사 및 말사의 사지에 그 기록이 남아 있다. 삼우스님의 사지 기록 연구 노트를 참고하겠다.[79] 1819년부터 1833년까지의 「유점사지」에는 비구니와 상궁들이 관음암과 청련암의 보수를 도왔다는 기록이 총 32건 기재되어 있는데, 이 중 4건이 상궁이고 나머지는 모두 비구니들에 관한 기록이다. 금강산 표훈사(表訓寺)의 청련암(靑蓮庵)이라는 암자 또한 1838년과 1878년에 비구니 정근(淨根)과 지심(知心)이 여성 신도들의 시주에 힘입어 개축한 것이다. 1881년에는 비구니들이 금강산 장안사 개축에 참여한 기록이 있다. 1882년에는 신림암(神琳庵)이 비구니에 의해 다시 지어졌다. 강원도 심원사(深源寺)의 몇몇 건물들은 1860년부터 1891년 사이에 왕실 여성들을 포함한 평신도들의 시주에 힘입어 비구니들에 의해 다시 지어졌다. 또한 유점사 사지에는 당시에 큰 공덕을 쌓은 비구니에 대한 기록도 있다. 이전 시기의 인물로 금강산 신계사(神溪寺)의 사신(思信, 1694-1765) 비구니는 사찰 중창에 많은 공헌을 하여 그 공덕을 기리는 비가 세워졌다. 비명(碑銘)에는 그의 생애에 대해 이렇게 적고 있다. "사신 비구니는 종남산(終南山, 오늘날의 남산)에서 선배 비구니인 법찬(法贊)에게 삭발 출가하였다. 법찬은 그녀에게 염불 수행을 권했다. 사신 비구니는 출가할 때 가져온 재산으로 신계사의 중창에 큰 기여를 했다. 사후에 화장하여 그 유골을 절의 동편에 있는 부도에 모셨다" 이미 이전에도 유점사에는 여성 불사 참여 기록이 무척 많아서 조선시대만 볼 때 1497년에서 1798년까지 총 21건의 시주 기록이 있으며 시주자는 인혜(仁惠) 대왕대비, 인수(仁粹) 대왕대비, 혜인(慧仁) 왕후, 인목(仁穆) 대비, 공주, 상궁, 비구니 등 다양하다. 이들이 시주한 것은 건축, 토지, 그림, 불상 등이다. 또한 건봉사의 시주자 목록을 살펴보면 1602년에서 1905년까지 기록 총 20건이 기재되어 있고, 그중에서 18건이 대왕대비, 왕후, 왕비, 귀빈, 상궁의 시주이고 2건이 비구니(性允과 淨心 비구니가 대원암 중수한 기록)에 의한 시주 기록이다.[80]

왕실의 지원은 특히 중요한 역할을 하였다. 왕실은 국가적으로 공적으로는 억불 정책을 시행하면서도, 국왕과 왕실이 개인적인 차원에서 사찰의 불사를 지원하기도 하고, 불경을 간행하는 등 이중적인 모습을 보였다. 왕실에서 내탕금을 하사하거나 공명첩을 발행하는 것 등도 여기에 해당한다. 또는 사대부 집안에서 원찰의 경우 법회나 기도를 통해 금전이나 전답을 헌납하는 경우도 있었다.

조르겐센은 이러한 사지 분석을 통해서 적어도 다음의 지역에서 비구니와 여성 시주자들이 불교를 유지시키는 데 있어 중요한 역할을 했다고 주장한다. 그 지역은 한양, 강화도, 개성 인근 개풍군, 경북 대승사 인근, 그리고 금강산 전역이다. 다른 지역도 있을 수 있지만, 이곳들이 가장 중요한 곳이었다. 한양 도성 근처의 사찰들은 왕실 여성들의 영향력과 부유한 시주자들 때문에 부흥하였을 것이다. 한편 강화도나 그 이외 지역의 사례는 1661년경 왕실의 비구니 사원이 철폐되고 난 후 비구니들이 서울에서 추방되어 지방으로 옮겨온 결과인 것으로 생각된다. 그 이유는 1800년이 되어서야 활동의 기록이 나타나기 때문이다. 몇몇 비구니 사찰은 극도로 궁핍하였지만, 어떤 사찰은 부유한 후견인들의 시주를 받을 수 있었고 이들 후견인들은 대개 서울 출신이었다. 금강산을 둘러싼 강원도의 경우는 비구니들의 활동이 더 이른 1728년부터 시작되는데, 이것을 보면 이들 비구니들은 명문가 출신이라서 시줏돈을 끌어 모을 수 있었기 때문이라고 추정하고 있다.

또한 황인규는 이지관의 『한국고승비문총집-조선조·근현대』를 인용하여 또한 다음의 정보를 제공하고 있다.[81] 1875년(고종 12)에 세워진 비구니 영기 스님의 비문을 보면, 서울 봉은사의 비구니 자휴(自休)·완벽(完璧)·향연(香蓮)·완역(玩域)·성명(性明)·성윤(性允)·공안(恭安)·대희(大希) 등의 스승인 남호 영기(南湖永奇, 1819~1872)는 청정하게 수행을 한 고승이었다고 나온다.[82] 1893년(고종 30) 신계사의 비구니 화공(知洪)·보화(普和)·두현(斗玄)·대전(大典) 등의 스승인 대응 탄종(大應坦鍾, 1830~1894)은 신계사 보운암(普雲庵)에서 개강하여 화엄종주(華嚴宗主)라고 불렸던 고승이었다고 한다.[83]

8. 조선말기

조선시대 중기 이후 불교 세력은 급격히 약화되었고, 민속 신앙과 결합되면서 그 사상적 활력을 많이 상실한다. 그러나 서민들이 사찰계(寺刹契) 등을 통해 경제적 어려움을 극복하기도 하고, 신앙과 의식을 기반으로 하는 서민 불교가 있었음이 조금씩 알려지고 있다.[84] 이 시기의 불교는 아미타불에게 빌고 극락왕생을 기원하는 정토 수행과 선 수행이 대종을 이루는 것 같다. 하여간 조선 후기 다산 정약용이 강진에서 귀양살이 하던 중 들은 이야기를 서사시로 옮겨 썼다는 '도강고가부사'(道康瞽家婦詞)에는, 강진의 한 여자 아이가 술주정뱅이 아버지의 강압으로 중매쟁이에게 속아 늙고 포악한 남성에게 시집가게 되는데, 남편의 매질과 구박을 견디지 못하여 도망쳐 절에 들어가 머리를 깎고 여승이 되었지만, 남편의 고발로 관가에 끌려간다는 이야기를 담고 있다. 사찰이 여성에게 일종의 은신처로 이용되고 있었음을 알 수 있다. 가부장적 질서로 통제된 사회 속의 여성에게 불교란 종교적 영성을 실현하고 삶의 어려움을 이겨내며 다가올 내세를 준비하게 하는 정신적 안식처였다고 볼 수 있겠다.

─── 제4장 ───

근대 개항기

근대 개항기는 한국사에서 중요한 시기이다. 역사학계에서는 1876년 개항을 전후하였다고 하여서 '개항기'라는 말을 쓰지만, 불교계에서는 '개화기 불교'라는 말을 선호하는 것 같다. 흔히 '개화기 불교'라고 지칭되는 것은 근대 초기 1870년 무렵부터 1910년까지 40여 년의 불교를 말한다. 이 시기는 불교계에도 큰 변화가 일어났다. 그러나 불교여성과 관련하여 이 시기에만 한정된 특별한 사항을 분리하는 일은 쉽지 않다. 어떤 기술은 그 이후의 일제강점기에도 계속 해당한다.

개화기에 등장한 새로운 사상을 이끌어 갔던 개화사상가들은 주로 불교인이었으며 이들의 개혁 사상이 형성되는 데에 불교가 영향을 미쳤을 것으로 학자들은 보고 있다. 특히 유대치는 중인 계급의 한의사로, 동갑의 역관인 오경석이 중국에 드나들며 가져온 도서와 최신 문물들을 김옥균 등 개화파 젊은이들을 탑골 승방에 모아 공유하며 새로운 사상에 눈을 뜨도록 하였다. 그는 수행이 깊었으며 이들 젊은이들에게 인격적 측면에서 그리고 종교적으로 감화를 주어 그들의 멘토로 역할하였다. 젊은이들이 그를 스승으로 대하였다고 알려져 있다. 이 외에 개화파의 일본 망명을 주도하면서 파란만장한 삶을 살았던 이동인이나 무불과 같은 승려들의 존재도 알려져 있다. 한편 이 시기는 1876년 개항 이후 외국의 근대 문물과 사조가 들어오면서 평등·인권 등에 대한 담론이 지식인들 사이에서 일어나고 나아가 1894

년 갑오경장을 기점으로 신분제가 폐지되면서 승려의 신분도 달라지기 시
작한 시기였기에,[85] 따라서 불교계 전반뿐만 아니라 비구니계에도 큰 변화
가 진행되었을 것으로 짐작해 볼 수 있다.

1. 도성 출입 금지의 해제

　1876년 조선은 해외 열강에게 문호를 개방하였으며 이후 큰 사회적 변화
를 겪게 된다. 개항은 특히 일본 침략의 길을 열어주었다는 점에서 한국사
의 중요한 사건이다. 개항기 조선 불교계의 가장 큰 사건은 도성 출입 금지
가 해제된 것이다. 조선시대 중기 이후 계속된 승려들의 도성 출입 금지가
1895년 일본인 승려의 탄원으로 해제되었다.[86] 그 경위는 이렇다. 일본의 일
련종(日蓮宗) 관장 대리의 자격으로 조선으로 건너왔던 일본 승려 사노 젠레
이(佐野前勵)는 대원군을 비롯한 고위 관리들을 만나 조선의 승려들도 일본
승려처럼 자유롭게 도성을 출입할 수 있도록 해 줄 것을 교섭하여, 사전에
묵인을 받은 후 건백서를 제출하였다고 한다.[87] 이에 따라 조선시대 불교 탄
압의 상징으로 대표되던 '승려 도성 출입 금지'는 마침내 해제되었다.
　그런데 최근 학계에서는 도성 출입 금지의 해제를 이끈 주체가 누구인지
에 대해 이견이 등장하고 있다. 일본인 승려의 건백서 제출 이전에 이미 스
님들의 도성 출입 금지 해제에 대한 논의가 충분히 진행되었기 때문에 사노
의 공으로만 돌리기 어렵다는 시각이다. 최병헌을 비롯해 이이화, 박희승
등은 도성 해금이 사노의 건의 이전에 이미 개화파에 의해 추진됐다고 반박
하고 있다. 도성 해금은 1895년에 단행됐지만 공식적인 논의는 이보다 한

해 앞서 1894년 동학혁명을 수습하는 과정에서 설치된 군국기무처의 제도
개혁 안에 이미 들어 있었고, 이것이 대원군의 반대로 실현되지는 못했지만
이미 사회적으로 공론화되어 있었다는 것이다. 다만 사노가 그 기회를 포착
하고 민첩하게 움직여 고종으로부터 도성 해금 윤허를 받게 했다는 것이 이
들 학자들의 주장이다. 서재영은 나아가, 도성 해금은 사노의 건의나 개화
파의 결정으로 단행된 것이 아니라 당시 역사적 상황의 변화, 불교계의 자
각, 기독교의 팽창에 대한 한·일 불교계의 위기의식 등, 복잡한 인과관계와
맞물렸던 것으로 봐야 한다고 주장하였다.[88]

2. 1800년대 말 비구니 중심지

구한말 서재필에 의해 1896년부터 발간되기 시작한 최초의 민간신문인
《독립신문》에 1897년과 1898년에 세 번에 걸쳐 서울과 전국의 호구조사 결
과를 보도하는 기사가 실렸다. 1896년부터 조선 정부는 새로운 형태의 호적
인 '광무호적'을 작성하는 작업을 시작하였다. 호(戶)별로 남녀 숫자와 가옥
형태를 적어내서 남녀 인구수, 와가 및 초가에 대한 통계를 낸 것이다. 그런
데 승려와 백정은 일반 백성과는 구별되게 '승호적'과 '도한호적'을 따로 만
들었다. 1897년 3월 16일에 한성부의 승려 수에 관한 보도가 처음 나오고,[89]
1897년 3월 25일에 다시 서울의 승려와 사찰 수를 보도하였는데, "서울의 동
서남북 서(署)에 도합 절이 36사(寺)가 있으며, 인구 수는 남승이 442명, 여승
이 204명, 도합 646명"이라고 보도하였다. 이듬해 1898년 2월 26일 자 기사
에는 "…전국의 승려와 백정의 수를 기재하겠다. 중은 6,435구(口)인데, 남승

이 5,021구이고 여승이 1,414구이고, 백정은 2,106구이다"라고 보도하였다.

1899년 《독립신문》이 폐간될 때까지 실린 불교 관련 기사는 이것뿐으로 보인다. 그다음 해에 발간된 1898년 9월 15일 자 《황성신문》에는 다음과 같은 불교 관련 기사가 실렸다. '요승우부'(妖僧愚婦)라는 제목 하에, "남문외동의 전골에 사는 박초사가 탑골의 한 여승에게 생재(生齋)를 올리면 내생에 극락세계에 간다는 말을 듣고, 우매하게 4천여 금을 허비했다"고 보도하였다. 『조선왕조실록』에 실린 여승들 이야기와 유사하다. 구한말 신문들은 한동안 공적이고 객관적인 내용보다 개인간의 분쟁이나 비위 사실 등 가십거리를 보도하는 경우가 많았다. 언론의 공정성에 대한 의식이 나타나기 시작한 것은 1910년대부터인 것으로 보인다.

그러면 1898년 전국 호구조사에서 나타난 1,414명의 여승들은 어디에 있었던 것일까. 실제로 1898년 전국에 비구니가 그 정도 있었다고 한다면, 이전 조선시대 전체를 통해 대략 그 정도의 여승이 언제나 존재했다고 보는 것이 타당할 것 같다.

조선 사회가 1800년대 말에 극적인 변화를 겪고 또한 불교계 전반에서 변화가 일어날 때, 불교여성들이 그러한 변화를 어떻게 받아들이고 영향을 받게 되었는지 그 일상과 그들의 삶에 대한 기록은 남아있지 않다. 사미니 또는 비구니 수계(受戒)가 어떤 식으로 이루어졌는지에 대한 기록도 찾을 수 없기에 승려의 제도적 삶을 파악하기도 마찬가지로 어렵다. 하지만 조선시대 말에 불교계는 점점 피폐해져 갔고 여성 출가자들의 삶에도 제도, 수행법, 이념 등의 면에서 이전과 다른 많은 변화가 있었을 것으로 짐작된다.

제5장

식민지 시기
한국 불교와 여성

대한불교조계종 교육원 불학연구소에서 편찬한『한국근현대불교사연표』에 보면, 일제강점기 승려의 수는 1930년 수준을 유지하였다고 한다. 당시 대략 사찰 1330사, 비구 5,600여 명, 비구니 1,000여 명이 있었다고 한다.[90] 2015년 기준으로는 비구 7,500여 명, 비구니 7,000여 명 수준이다.

조선은 1910년에 일본 정부의 식민지가 되었다. 그러나 이러한 상황은 불교계에 상당히 어려운 선택의 기점을 제공하였다. 앞에서 살펴본 대로 조선시대의 도성 출입 금지가 개화 시기에 해제되었을 때 남대문에 운집한 군중들과 승려 중에는 일본과 일본 불교도의 도움에 대해 감사를 표하는 사람이 많았다고 한다. 그러나 초기의 혼돈 시기가 지나고 식민지 통치자로서 점령자로서의 일본 존재를 다시 깨닫게 되면서 불교계는 여러 혼란한 행보를 보인다.

개항 후에 일본인들은 조선에 조계를 설치하였고 이 조계 지역에 일본 거류민들의 포교를 이유로 일본 승려들이 와 있었다. 그들은 포교 활동 외에 개항 초기에는 조선 정부와, 그리고 1910년의 합방 이후는 일본 총독부 등과 밀접한 관계를 맺고 조선 사회에서 활발한 활동을 벌였다. 한국 승려들은 일본 승려들이 대신들과 교류할 정도로 사회적인 지위가 높은 것을 보고 충격을 받았다. 어떤 한국 승려는 부산의 일련종 사찰에 찾아와 일본 불교로 개종하겠다고 했다는 기록도 있다. 그것은 조선시대 말 천민으로 분류되었던 한국 승려의 지위를 생각해보면 이해되는 정서였다. 일본 승려, 일본 불교 내지 불교와 관련된 일본 식민지 관료들에 대해 친밀감을 느끼고 (같은 불교도로서), 자신의 어려운 처지를 앞으로 도와줄 우군으로 생각한 것은 당연한 현상이라 보인다.

그러나 초기의 혼돈 시기가 지나고 식민지 통치자로서 점령자로서의 일본의 존재를 다시 깨닫게 되면서 불교계는 여러 혼란한 행보를 보인다. 일제가 만주를 지나 중국 대륙으로 진출하려는 계획을 보인 1930년대 이후 불교계는 친일과 반일이라는 두 가지 입장을 분명하게 인식하게 되는 것 같다. 이같이 식민지 상황이 전개되면서 조선의 불교 지도자들은 이후 각자 다양한 행보를 펼친다. 이러한 점 때문에 근대 불교사에서 일제강점기의 불교사는 아직까지 매우 민감한 부분이다. 1935년 이후가 되면 지도급에 있는 한국 승려라면 일본 정부와 연결을 갖지 않기가 어려울 정도로 식민지 정치와 제도 문화는 불교계 곳곳에 퍼지게 된다.

현대 한국의 불교계나 학자들이 일제강점기를 설명할 때 '친일'과 '항일'의 두 가지 이분법만으로 설명하는 것은 이러한 맥락 속에서 나온 현상이라고 생각된다. 왜냐하면 일제강점기의 불교 승려 숫자가 7천 명이라고 하는데 실제로 언급되는 몇십 명 외에 나머지 사람들에 대한 언급이 없기 때문이다. 몇몇의 대표적 친일 인사를 거명하고, 다른 몇몇을 반일과 항일 쪽으로 분류하는 데 머무는 것은 어쩌면 그 사이에 있던 사람들이 누구였고, 무엇을 했는지는 더 이상 드러내고 싶지 않다는 태도를 보여준다. 이런저런 기록을 엮어 정황을 상상해보면, 일제강점기의 불교계의 많은 사람들은 불교의 발전, 즉 사찰을 정비하거나 늘이거나, 종교 포교 활동을 활발히 하기 위해서는 일본 관료의 우호와 후원이 필요했을 것이며 그러기 위해 무척이나 노력했을 것이다. 이것이 친일-항일의 두 가지 이분법이 아닌, 제3의 새로운 해석의 틀과 관점이 요구되는 이유이다.

또 한 가지 이 시대와 관련하여 학계에서 해결해야 할 문제는 이 시대에 나타난 대처(帶妻) 또는 취처(娶妻)의 습속의 문제이다. 이 습속은 주로 일본의 점령과 관련하여 일본의 영향으로 생긴 것으로 흔히 간주하지만 그와 다른 주장도 있다. 이 문제를 해외의 불교학자들이 주로 연구하는 이유는 한국 불교계와 불교학계에서는 이에 대해 깊이 관여하기 어려워하기 때문이다. 대처 제도를 실제로 일본 정부가 강요한 것인지, 아니면 이미 그 이전 조선시대부터 나타난 현상이었는지, 아니면 강요에 의한 것인지 자발적으로 이루어졌는지 하는 것이 중요 쟁점이다. 일제강점기 때 대처의 기록을 가진 불교 지도자들이 현재 다시 공적 지평에 등장하고 그 제자들에 의하여 선양되기도 한다. 한국 현대 불교는 일제강점기 불교의 연속이라고 극단적으로 표현하는 학자들도 있다. 이런 빈 곳을 가지고서 전체 그림을 완전히 그리기는 어려울 것이다. 그러기에 더욱더 일제강점 시기의 불교는 가해자와 피해자, 친일과 반일의 이분법적인 해석으로만은 설명하기 어렵다. 그들이 살았던 시대와 공간, 그리고 그들의 삶에 대한 정당한 평가가 필요하다. 학문적 관심에 기반한 객관적이고 과학적인 분석이 요청된다 하겠다.

1. 사찰의 모습과 경제적 기초

19세기 말 한국에 대한 생생한 기록을 남긴 것으로 유명한 이사벨라 비숍은 1894년 금강산 장안사를 방문하여 탁발에 대한 다음과 같은 기록을 남겼다. 당시 한국의 사찰에서 행하는 탁발에 대해 상세한 정보를 알 수 있다.

> 많은 수의 사람들은 산 아래 사원의 토지 임대료와 생산품 그리고 절을 찾
> 는 신도들의 헌금 그리고 일종의 종교적 수행으로 승려들이 멀리 서울의 사
> 대문까지 탁발을 다녀 모아온 시주 쌀로 부양하고 있었다. 얼마 전만 해도
> 승려들이 사대문 안을 들어선다는 것은 곧 죽음을 의미했지만, 민비의 포고
> 령에 의해서 최근에는 점점 출입이 자유로워지고 있다.… 높은 지위에 있
> 는 고승들을 빼고는 누구나 바가지를 들고 전국을 돌아다니며 탁발을 하는
> 데, 그들이 이집 저집에서 염불을 하면 음식이나 숙박, 얼마간의 돈이나 곡
> 식을 내주지 않는 사람은 거의 없다.[91]

금강산에서 서울까지 왕래하며 탁발을 행하였다는 것이다. 이 외에도 장
안사의 재정 수입이 토지 임대료, 생산품, 현금 그리고 탁발에 의한 시주에
서 나온다고 기록하고 있다.

한편 1900년 초 한국 불교의 모습은 의외의 곳에서도 발견된다. 미국 윌
리엄스 컬리지의 철학 교수 제임스 프랫(James Pratt)은 1920년경에 한국
금강산을 방문하였고 그때의 경험을 *The Pilgrimage of Buddhism and a
Buddhist Pilgrimage*라는 저술을 통해 기록하였다. 그는 당시 조선 사회에
승려와 사찰이 곳곳에 있었고, 그들이 민중 속에 존재하고 있음을 기록하였
다.[92]

승려들은 산중의 사찰이나 마을의 절에 살고 있으며 일반 백성들의 보시
로 살아가고 있었다. 전통적으로 사찰 운영은 신도들이 제공하는 시주나 보
시에 의해 이루어진다. 이것을 얻기 위한 활동으로 탁발, 화주 등이 있다. 탁

발이란 신도나 마을 사람들의 집을 방문하여 일상생활에 필요한 쌀 등을 얻는 전통적인 습속으로, 동시에 승려들에게는 수행 활동이 되었다. 반면 화주는 전각을 중수하거나 불상과 탑 등의 불사에 소용되는 큰 재원을 마련하기 위해 비교적 장시간에 걸쳐 행하는 모금 활동이다. 이 외에도 사찰이 직접 경제 활동에 참가하는 경우도 있었다. 유휴지를 개간해서 농토를 마련하거나 사찰에서 직접 상품을 제작 생산하여 팔거나 종이를 제작하는 일 등이다. 사찰계를 통해 사찰의 재원을 늘리는 활동도 있었다.[93]

조선조 말에서 일제강점기에 걸치는 시기의 여승들의 생활에 대해서는 〈삼우스님 아카이브〉의 구술 인터뷰에 나오는 내용이 많은 정보를 담고 있다. 앞으로 좀 더 체계적 연구를 수행해야 하겠으나, 당시의 생활상이 어떠한 것이었는지를 보이기 위해 그 내용을 대략적으로 소개하겠다.

우선 이 인터뷰에 나오는 노스님들의 증언을 통해서, 앞서 사지 등에서 언급된 사찰들이 비구니들의 활동의 중심지였음을 확인할 수 있었다. 당시 전국에서 비구니들이 주로 거주하고 수행을 하던 중심 지역과 사찰로, 삼우 스님 인터뷰에서 확인되는 곳은 금강산 신계사와 유점사 인근, 서울 동대문의 청룡사, 보문동의 미타사 등이다.

금강산은 오래전부터 불교의 중심지로 신계사, 장안사, 유점사 그리고 표훈사의 4대 사찰 주위에 비구니들이 많이 있었으며, 함경도의 환희사도 그들의 주요 사찰이었다. 이후 1900년대 초부터 일제강점기와 관련한 구술 내용 속에는 좀 더 다양한 장소들이 등장한다. 당시 불교계의 중심 사찰인 마곡사, 수덕사, 운문사, 통도사, 해인사, 백양사, 갑사, 동학사, 법주사, 월정사 일대에 여승들의 작은 사찰과 암자가 있었다는 것이 인터뷰 내용 속에 등장한다. 물론 그때가 되어서야 비로소 이들 비구니 암자들이 만들어진 것은 아니다. 다만 그들의 존재를 알려주는 기록이 등장한다는 것이다.

그들의 경제 생활은 신도들의 보시와 탁발에 의존하였으며, 출가 전에 가져온 재산이나 전답 등이 없는 경우는 무척 가난한 생활을 하였다. 그들의 주거 형태는 떼로 된 초가집이 대부분이었다. 또한 당시 비구니 사찰이 존재한 곳은 산 속이나 마을 바깥 쪽이어서 다른 곳으로 이동할 때는 산을 넘어야 했기에 다른 곳으로의 이동이 무척 어려웠다. 이동은 주로 도보로 하였기에 이들이 사찰을 짓거나 보수하기 위한 중요한 불사를 위해 권선문을 써서 들고 서울이나 다른 장거리 지역에 있는 시주자들을 찾아 몇 달씩 걸어 가기도 했다. 비구니 사찰이 몇 군데 중심지를 따라 발생하였던 것은 이런 지형적 문제와 교통의 어려움에 그 원인이 있는 것 같다.

이들 구술에서 나오는 공통된 이야기는 대부분 '각방살이'를 했다는 것이다. 법당은 공동으로 사용하였지만, 은사와 그 상좌들끼리 한 방씩 쓰며, 살림을 따로 운영하였다. 매일 일정량의 쌀을 걷어서 같이 밥을 지어서 나눈 후에 (당시 연료와 밥솥의 형태를 고려하면 합리적이라 보인다) 각방으로 가져가서 각자 반찬을 가지고 먹었다고 한다. 사찰에 큰 행사가 있을 때는 쌀을 염출하였다. 이 비구니 스님들은 또 큰 절의 남자 스님들의 바느질과 빨래를 해주고 곡식을 얻는 경우도 많았다. 사찰에 전답이 딸린 경우는 거의 드물어서 언제나 식량은 부족하였고, 곡식이 떨어지면 탁발을 하러 나가는데 그것이 얼마나 부끄럽고 싫은 일이었는지를 증언하기도 한다. 수행은 주로 염불을 많이 했으며 그럴 때 아미타불 등을 불렀다. 사찰에 들어오면 예불용 의식문을 배우는데, 서로 글을 모르는 경우가 많아 무조건 따라하기도 했다.

이들은 당신들의 생애 60-70년을 통하여 전국의 각지를 옮겨다니는데 그 이동의 원인과 경로는 당시 사회에서 일어난 일들과 연관이 있거나, 개인적인 인연 또는 인생의 단계에서 수행에 대한 새로운 신심을 발견하고 새로운 스승을 찾아가면서 끊임없는 이동의 자취를 남기고 있다. 따라서 시대마다 새로운 중심지가 발생한다고 할 수 있다. 이러한 이동을 통해 새로운 사상과 풍조가 퍼져나가고 섞이고 새로운 사조가 나타나게 되었다.

또 근대 초기에 승려들은 수행하러 갈 때 자신의 식량을 가지고 갔다. 이 점은 선경 스님의 자서전에서 확인된다. "당시[1936년]에는 비구·비구니 스님은 세 달간 선을 수행하는 결제(結制)를 나기 위해서는, 한 달에 쌀 한 말씩 모두 세 말을 가지고 와야 했다. 이런 식으로 양식을 바치는 제도가 내가 견성암에서 도착하고 나서 곧 없어졌다. 참선하는 비구·비구니 스님들은 거의 돈이 없었기 때문에, 쌀 한 말을 못 가져 온다고 해서 그분들을 선방에 들이지 않는 것은 옳지 않다고 만공스님께서 생각하셨던 것이다. 그래서 재가 신도들에게 선방에서 참선하는 스님들의 양식 정도는 시주할 것을 요청하셨다. 그 후 견성암과 정혜사 선방에는 세 말의 쌀을 가지고 오는 제도가 폐지되었다. 다른 절도 이러한 제도를 따랐다. 절에 딸린 논이 없거나 신도가 적어서 수입이 거의 없는 절들에서만 이런 제도가 한동안 더 지속되었다…"[94]

이제 위에서 소개한 선경스님 등을 포함한 근대기의 비구니 지도자들의 행장을 역사자료들을 통하여 살펴보겠다.

2. 비구니 선사의 등장 - 법희·만성·선경·본공

1) 법희스님

묘리 법희(妙理 法喜, 1887-1974)스님은 근대기에 최초로 등장하는 선사(禪師)이다. 조선시대에 내려오던 선 수행의 전통이 단절되었던 것을 다시 이음으로써 조선시대에 희미하고 애매하던 비구니 수행의 맥을 되살렸다고 평가된다.

그의 제자들의 증언으로 이루어진 법희스님의 전기에 따르면[95] 그는 1901년 비구니 귀완스님을 은사로 출가하였고, 14세에 사미니계를 받고, 23세에 비구니 구족계를 받았다. 만공스님(1871-1946)과의 만남은 그의 일생에서 중요한 전기를 제공한다. 수덕사에 주석하던 만공스님을 스승으로 참선 수행하여 깨침을 얻고 전법게(傳法偈)를 받아 인가를 받았다. 1916년 1월 수덕사에서 만공스님이 "복사꽃잎이 눈에 흩어지도다"라는 만해스님의 게송을 읽어 주면서 대중들에게 "복사꽃 흩어진 이파리는 어디에 있느냐?"라고 물었을 때 법희스님이 "눈이 녹으면 한 줌의 흙만 남지요"라고 대답했다. 이에 만공은 "법희 수좌가 한 조각 땅을 얻었구먼"(즉, 알아들었다는 뜻)이라 하였다고 한다. 만공스님은 묘리(妙理) 법희(法喜)라는 법명을 주시고는 다음과 같은 전법게를 써 주었다.

묘리 법희 비구니여,
만상이 적멸함은 석가의 얼굴이요
적멸이 멸하여 다함은 진귀조사의 면목이로다.

부처님이 가신 지 어언 이천 오백년인데

묘한 이치의 참다운 빛은 영원토록 어두워지지 않는구나.

이때가 법희스님의 나이 서른이었고, 만공스님의 당부대로 스님은 평생 단 한 번도 법석에 오르지 않았다고 한다. 따라서 그분의 법문도 없고 어록도 전해지지 않는다. "법희선사는 스스로 남긴 기록이 아무것도 없다. 오도송도 열반송도 법어도 남아 전해지는 것이 없으며, 유별난 행적도 특기할 만한 일례도 없다. 그림자조차 거두어 가 버린, 자신의 자취를 철저히 지워 버린 법희스님의 일생"[96]이라고 전기는 적고 있다.

법희스님은 다른 기록 속에도 종종 등장한다. 선경스님은 그의 자서전 속에서 다음과 같이 기술하고 있다. "법희스님께서는 여러 처소를 다니시면서 수행을 하시다가, 70이 되셔서 수덕사로 돌아오신 후, 견성암의 선원장이 되셨다. 내게 특별히 자상하게 대해 주셨고 여러 깊은 가르침을 주셨다. 나같이 어린 비구니가 부처님의 길을 닦겠다고 온 것에 대해서 흡족해 하셨다."[97]

법희스님은 일제강점기 견성암 비구니 수행 도량을 시작하는 등 근대 비구니 승가 성립의 제1세대 지도자로서 괄목할 만한 노력을 보였다. 그는 선사로서 많은 제자들을 키웠지만 스승의 말을 그대로 따라 평생 법상 위에 올라가 설법을 하지 않았다. 비구 큰스님들과의 관련성에 대한 고찰 없이는 비구니의 삶을 이해하기 어렵다. 한국의 비구니 교단은 비구 큰스님들의 영향력과 보호 아래 성장하고 존립한 점이 있기 때문이다.

2) 만성스님

비구니 만성(萬性, 1897-1975)스님은 농촌의 어려운 환경에서 태어났지만 남달리 총명하여 오빠들이 서당에서 글을 배우고 와서 외우면 어깨 너머로 듣고는 줄줄 외워 오빠들이 도리어 물어볼 정도였다고 한다. 당시 여느 집 규수와 다름없이 일찍이 혼례를 올리게 되었다. 그런데 남편이 일찍 돌아갔고 몇 년을 비통해 하다가 우연한 기회에 강원도 오대산 상원사에 있던 방한암(方漢岩)스님의 법문을 듣게 되었다. 크게 위안을 얻은 그는 자신의 심경을 이렇게 털어 놓았다. "절에 가면 초혼법(招魂法)이 있다고 들었는데 죽은 남편을 한번만이라도 만날 수 있으면 원이 없겠습니다" 한암스님이 유심히 보더니, "중이 되면 만날 수 있지"라고 했다. 그래서 덕숭산 수덕사에 도인이 있다는 말을 듣고 만공스님을 찾아갔다. 첫눈에 그릇임을 알아보고 선방에서 공부하게 해주어 화두 공부를 시작한 지 5년 만에 인가(印可)를 받게 된다. 그러나 이때까지도 수계를 하지 않은 속인의 신분이었다. 그래서 1936년 39세 되던 해 만공스님 주선으로 만공스님의 돌아가신 어머니 의선(義善)스님의 위패상좌(즉 살아 있는 사람이 아닌 이미 돌아가신 분의 위패 앞에서 상좌가 되는 것)가 되어 만성이란 법명을 받고 수계하였다. 그 후 일념으로 정진하였다. 1946년 만공스님 입적 후 수덕사를 떠나 운수행각에 나서서 이후 여러 뛰어난 선사들을 만나 자신의 수행을 점검해 나갔다. 59세 되던 1955년에 행각을 접고 부산 범어사 근처 대성암으로 가서 입승으로 주석하면서 제자를 양성했다. 가난하고 모든 것이 힘들었지만 스님이 보여준 엄격한 모범을 따라 안일한 삶을 살지 않으려고 제자들이 무척 노력했다고 한다.[98]

1975년부터 1985년까지 송광사에서 비구니로 살았던 마르틴 배철러

(Martine Batchelor)에게 초대 전국비구니회 회장을 지낸 혜춘스님(1919-1998)은 만성스님에 대해 다음과 같이 증언하였다. 당신이 1950년에 출가하여 1951년에 사미니계, 1952년에 비구니계를 받고는 십년간 만성스님 지도 하에 범어사 대성암에서 참선 공부를 하고 있던 중이었다. 만성스님이 젊어서 견성암에서 정진하고 계실 때 이런 일이 있었다고 한다. 절에 여러 가지 행사들과 제사가 많아 그때마다 신도들이 절에 많이 왔다. 스님들은 행사 준비 때문에 매일 목탁소리가 들리면 울력 하러 나가야 했다. 그러나 만성스님은 조용히 혼자서 화두를 들고 싶은 생각뿐이었다. 그래서 다른 사람에게 말하지 않고 조용히 좌복을 들고 산으로 올라갔다. 그때 소임을 맡은 두 스님이 만성스님을 따라 뛰어올라오면서, "스님, 스님, 목탁소리 났어요. 지금 울력하러 가야 하세요"라고 외쳤다. 언제나 공부 좀 하려고 하면 뭔가 일이 생기는 것이다. 그래서 만성스님이 냅다 소리를 질렀다. "스님들, 보시오! 정진하려는 사람을 막는 사람들이 가는 곳이 따로 있소. 바로 지옥이오!" 하고는 산 위로 올라가 버렸다고 한다.

후에 만성스님 자신이 대성암에 선방을 열었을 때는 그분은 수행자 한 분 한 분을 극진히 챙겨주었다고 한다. 그리고 참선하고자 하는 사람들에게는 원없이 수행할 수 있도록 해주었다. 같이 울력하자고 목탁을 쳐서 다른 사람들을 불러내는 대신 자신이 모든 일을 다 맡아 했다. 하루종일 혼자서 일을 하였다. "만성스님은 수행을 통해 큰 힘을 얻으셨기에 이같이 다른 사람과 마음 씀씀이가 달랐다. 한번은 내가 혼자서 일주일간 잠자지 않고 철야 정진 수행을 할 때였다. 그때 만성스님이 옆에 다가오더니 이렇게 말씀하였다. '혜춘스님은 지금 이 생에서 꼭 진여자성을 깨치실 것이오. 지금 하시듯이 계속 가행 정진하시오'"[99]

이 이야기는 만성스님의 치열한 참선 수행을 보여줄 뿐만 아니라 후배 수행자들에 대한 깊은 배려의 마음과 지도자적 자질을 보여준다. 여성과 여성 간의 연대, 여성끼리 나누는 격려의 힘이 그 어려운 상황에서도 비구니 수행 전통이 이어진 원동력이 되었다.

헤춘스님은 인터뷰에서 이렇게도 말한다.

> 만성스님은 우리가 잡초풀을 뽑고 있을 때, 갑자기 소리를 질러서 '잡초 뽑고 있는 그 주인공이 누군지 말해보라'고 하셨다.(즉 일상 속에서도 계속 화두를 점검을 하여 제자들을 교육시켰다는 뜻) 우리가 선방 청소를 마치고 일어서면 스님께서는 때로는 아무 말 없이 좌복을 들고 그것을 툭툭 치셨다. 그분이 말씀으로 하시건 아니면 몸동작으로 하시건, 하여간 우리는 답을 해야 했다. 그러나 우리는 생각이 막혀서 대답을 하지 못했다. 그런 날이면 대답을 못한 그 답답한 마음에 우리는 분심을 일으켜 참선방에서 밤을 새면서 정진하곤 했다.

이같이 선문에서 전해 내려오는 일화는 그녀의 삶과 수행에 관해 많은 이야기를 들려준다. 치열하게 수행하고 깊은 종교적 수행으로 칭송을 받았으나 그의 삶은 소박하고 검소하였다. 그리고 자신이 스승의 지위에 오른 후에는 제자들의 교육에 대한 관심을 한시도 늦추지 않았다.

3) 선경스님

선경(禪敬, 1904-1996)스님은 마르틴 배첼러가 쓴 'Women in Korean Zen'

에 실려 있는 회고록의 주인공이다.[100] 1903년 가난한 농부의 집에서 출생하였는데 9세 때 어머니가 돌아가시고 형제 많은 집안에 가난에 찌든 인생이 힘겨워 목숨을 끊을까도 생각하였다. 그때 하늘에서 "너와 부처님의 인연이 남다르다"는 말이 들려 여승이 되라는 말로 알아듣고 출가를 결심하였다고 한다. 18세 되던 해 1921년에 마곡사 근처 영은암을 찾아가게 되었다. 키가 작고 못났다고 안 받아준다는 것을 어떤 키 큰 스님이 나와 보시고 작지만 괜찮아 보인다고 받아주셨다. 그분이 바로 은사 명덕(明德)스님이었다. 책에 따르면 명덕스님은 당시 마곡사를 비롯한 인근 사찰을 후원하는 큰 집안 출신으로 한학에 능한 분이었다고 한다. 상당한 수준의 전통 교육을 받은 규수, 즉 양반집 처녀였으며 또한 집안이 마곡사를 비롯한 다른 절을 후원한 지방의 유지였다는 것으로 보아 당시 조선시대 말에도 이런 후원자들도 있었음을 알려준다.

그러나 명덕스님은 결제철마다 윤필암 등 당시 유명 선방에 수행 정진하러 다니셔서 같이 지내거나 그분에게서 수행을 배울 시간이 거의 없었다. 대신 그분의 은사 스님인 노스님을 시봉해야 했다. 노스님은 비구니가 왜 공부를 해야 하는지 이해가 없으셨고 자신의 수발을 드는 일을 주로 시켰다. 나이 서른둘이 되었을 때 근처 마곡사 주지로 부임해 오신 만공스님의 법문을 들을 기회가 있었다. 그때 '중이 되어서 수행 정진하지 않고 인생을 허비하고 있는가?'라는 만공스님의 일갈을 듣고 수행이라는 것이 있다는 것을 처음 알았다. 그리고 '못나고 보잘것없는' 자신이지만 참선공부를 해서 도를 트겠다는 큰 결심을 하게 된다. 노스님에게 공부하러 떠나겠다고 하자 가지 못하게 무척이나 말리셨다. 나흘 밤낮을 빈 끝에, 휭하니 가서 한번 둘러만 보고 돌아오라는 허락이 떨어졌다. 그리고 만공스님을 찾아 수덕사로 왔을때의 심경을 다음과 같이 말한다.

> (수덕사 옆의 비구니 사찰) 정혜사는 마치 다른 세계 같았다. 처음 선원에 당도
> 해 보니 그곳이 마치 부처님이 사시는 곳같이 느껴졌다. 근처에 있는 비구
> 니 선원인 견성암에서 살고 싶었지만 그곳에 살기 위해 필요한 양식을 댈
> 돈이 없었다.… 나는 쌀도 없고 돈도 없었기 때문에 일 년간 부엌에서 반찬
> 을 준비하는 일을 하게 되었다. 나는 이 일을 하면서 다른 스님과 같이 선방
> 에서 참선할 수 있었다. 그때 만공스님의 법문도 들었고, 그리고 견성암에
> 사시는 노비구니 스님인 법희스님의 말씀도 들을 수 있었다.[101]

그곳에서 평생 도반(道伴)이 될 본공스님을 만난다. 선경스님은 정혜사에
서 수행하면서 깨침의 경험을 하게 된다. 어떻게 화두(話頭)를 들었고 그것
을 어떻게 깨쳤는지 공부의 단계와 결과에 대해서 회고록에서 자세히 서술
하고 있다.

> 결제철이 시작되었다. 모든 대중 비구니 스님들이 모여서 회의를 갖고 앞
> 으로 결제 기간 동안의 일과에 대해 의논하고 어떤 식으로 소임을 나눌지
> 의논했다. 30일 동안 용맹정진을 하는 것으로 결정하였다. … 그러나 나는
> 참선에 집중할 수 없었다. 화두도 없는데 참선하면서 도대체 내가 무엇을
> 하고 있는지 모든 사람들이 궁금해 여기고 있을 거라는 생각에 부끄럽고 쥐
> 구멍에라도 들어가고 싶은 생각이었다. 다음 21일 동안 이러한 자책의 마
> 음은 없어지지 않았다. 자고 싶은 생각도 없어졌고 아무에게도 말도 하지
> 않았다. 그러다가 나는 머리가 맑아지는 상태에 들어가게 되었다. 열한시

반에 다른 스님들은 선방에 각자 자리에서 잠에 들지만 나는 옆방으로 가서 밤을 새고 참선을 했다. 아주 천천히 성성적적한 마음의 상태가 드러났다. 모든 망상들은 없어지고 그 명징하고 조용함만이 남았다. 때로는 '이뭐꼬' 하는 질문도 떠오르고 모든 근심이 없어지고, 마음은 맑고 순수해졌다. 내 생각이 바뀌고 자신을 탓하는 마음도 사라졌다. 갑자기 한 생각이 내 마음을 꿰뚫어서 머리 끝까지 올라갔다. 그 생각은 너무나 강력한 것이어서 나는 저절로 이런 말을 읊었다. "원래 머리도 꼬리도 없는데 어디에 그것들이 있을손가?"

얼마 안 되어 청암스님께서 윤필암에 오셨다. 다음날 그분이 선방 벽에 글을 써붙이셨다. '밑 없는 철로 만든 배를 타니, 육지를 건너가는 데에 거침이 없구나.' 이것을 읽는 순간, 사람의 마음은 본래 걸림이 없는 것이라는 생각이 단박에 들었다. 그 순간 화두만 남고 화두 그것도 사라지고 있었다! 다음번에 뵈었을 때 나는, 철로 만든 밑 없는 배라는 것은 바로 마음을 가리킨다고 말씀드렸다. 또 근본적으로 마음에는 장애가 없는 것이기 때문에 땅을 건너는데도 어려움이 없는 것이라고 했다. 스님께서는 내가 의단(疑團)이 터졌고 공부가 잘 되고 있다고 답하셨다. 그 스님은 그 길로 정혜사로 돌아가셔서 더욱더 가일층 공력을 내어 만공스님 밑에서 수행하셨다. 아마 비구니에게 공부하는 데에서 꿀리는 것이 싫으셨던 것 같다.

해제철이 시작하자 본공스님이 달려오더니 나에게 미안하다고 했다. 그때까지 본공스님은 내가 못 생기고 아둔하여 공양간에서 밥이나 지을 만한 사람이라고 생각했던 것이다. 그런 잘못된 생각들을 했으니 자신은 틀림없이 업보를 받을 것이라고 했다. 그러면서 어떻게 내가 자기를 앞질렀는지 물

었다. 내 이야기를 듣더니 스님은 밤을 새고 절을 하면서 이제부터 같이 수
행하자고 제안했다. 이제 나는 더 이상 망상을 갖지 않았다. 내 마음은 완전
히 맑고 조용했으며 커다란 신심이 솟아올랐다. 이같이 신심이 넘쳐 나오
는 것이 좋아 참선 공부 외에는 다른 아무 것도 생각나지 않았다. 나는 그때
너무 환희심에 가득차서 한순간도 헛되이 보내지 않으려고 잠도 잘 수 없었
다. '일체의 것들이 하나로 돌아오는데, 그 하나는 어디로 돌아가는가?' 하
는 화두를 들고 있었다. 의단이 깨지고 나니 화두가 스스로 드러났다. 일을
할 때나 밥 먹을 때나 화두를 들 수 있었다.[102]

자세하게 수행 체험을 밝히는 부분이라 길게 인용하였다. 선경스님의 수
행법은 근대 이전의 보조 지눌국사가 강조하던, 의단을 먼저 깨고 그 후에
보림하는 돈오점수의 전통을 따르는 것 같다. 이것은 그가 처음 참선을 배
운 만공스님의 방식이기도 하다. 아마 당시 만성스님을 비롯한 여러 선사들
은 같은 방식을 따르고 있었던 것 같다. 그 후 선경스님은 문경 윤필암 선방
에서 입승을 살면서 평생 수행하는 선승(禪僧)으로서 그리고 다른 비구니들
을 가르치는 스승으로서 일생을 보냈다.

4) 본공스님

본공(本空, 1907-1965)스님은 선경스님의 기록 속에 등장하는 도반으로, 많
은 제자를 배출한 것으로 유명하다. 본공스님이 남긴 다음과 같은 게송은
비구니에 대한 당시의 편견과 차별에 항의하는 목소리가 담겨 있다.

어찌 불법(佛法)에 비구 비구니가 있으며

세간과 출세간이 있겠는가

어찌하여 북(北)이 있고 남(南)이 있으며

어찌 너와 내가 있을 수 있으리오.

위 게송은 본공스님이 1935년 28세 무렵에 지은 게송이다. 이 게송에서 남과 북이란,『육조단경』에 나타나는 일화 중에, 5조 홍인대사가 자신을 찾아온 혜능에게 "남쪽에서 온 오랑캐가 무슨 불법을 구하려 하는가" 하고 떠보자 혜능이 "불성에 남북이 있습니까"라고 답한 구절을 은유한 것이라 생각된다. 대승불교의 근간을 이루는 불이(不二)사상에서는 염정, 미추 또는 깨달음의 세계와 미혹의 세계 사이의 근본적인 차이를 부정하면서, 이원론적이며 차별적인 생각을 버리라고 한다. 마찬가지로 남과 북의 구별이 없듯이, 여성과 남성의 차별, 나아가 너와 나의 차별도 깨달음의 세계에서는 존재하지 않는다는 뜻이다. 상대적인 진리의 세계인 이 세상에서 통용되는 진리를 뛰어넘어 궁극적 진리의 세계를 추구하고자 하는 수행자의 결의가 드러나고 있다. 짧은 게송이지만 한국 비구니의 투철한 수행력과 생명력을 느낄 수 있다.

본공스님은 1907년 봄 강원도 고성군 수락면 덕산리에서 7남 2녀 중 맏딸로서 독실한 불교도 집안에서 태어났다. 19세에 금강산 유점사 홍수암에서 상운스님을 은사로 모시고 사미니계를 수지하였고, 22세에 유점사 동선스님으로부터 구족계를 받고 그해 가을 만공스님의 법문을 듣고 재발심하여 선문에 들어가게 되었다. 은사스님에게 만공스님의 문하생이 되고자 말씀드렸으나 은사스님이 허락하지 않았기에 차비도 없이 빈손으로 나와 밤낮을 가리지 않고 며칠을 걸어 만공스님이 있는 충남 수덕사로 왔다. 그로부터 수덕사의 부속 암자인 견성암에서 10년 기한을 정해 놓고 피나는 노력을 기울여 용맹정진을 하여, "온 우주가 열리고 삼라만상이 하나가 되는 이치를 터득"했다고 한다. 만공스님에게서 본공(本空; 그 본성이 공하다는 뜻)이라는 법호를 받았다. 스님은 그때부터 전국 방방곡곡을 도보로 구법행각을 다녔다.

선경스님의 자서전에는 젊어서 도반 본공스님과 함께 월정사 한암스님의 명성을 듣고 그를 만나러 오대산을 넘어가는 이야기가 감동적으로 그려져 있다. 수행자로서의 자신의 가능성을 더 확장하기 위해 계속해서 선지식과 스승을 찾아 나서는 영웅적 모습이다.[103] 본공스님은 윤필암에서 입승을 지냈으며 해방 직후엔 해인사 효봉스님 회상에서, 그리고 범어사 대성암, 통도사 부도암, 내원사 등에서 수행을 하였다.[104]

5) 비구 만공 선사

당시 비구니에게 가장 큰 영향을 끼친 두 남성 선사로 만공 월면(滿空 月面, 1871-1946)과 한암 중원(漢巖 重遠, 1876-1951)을 들 수 있다. 특히 만공은 수덕사 견성암에서 많은 비구니들을 지도하여 앞에서 본 법회를 위시하여, 만성, 선경, 본공, 선법, 지명, 그리고 앞으로 살펴볼 일엽 등 근대기의 뛰어난 비구니 선사들을 이곳에서 제접하였다. 이러한 공로로 그를 흔히 근대 비구니의 (선맥을 부흥시킨) 아버지라고 부르기도 한다. 그가 덕숭산(수덕사 정혜사 견성암 금선암 등이 모두 덕숭산에 있음)에서 선을 가르치기 시작한 것은 1905년이라고 한다. 그때 참선 수행하겠다는 "제방(諸方) 납자(衲子)들이 구름 모이듯 했다"고 한다. 한편 비구니 제자들이 모여들어 정혜사에서 가르

만공과 함께 한 비구니 스님들(1942년)
(출처: 법보신문 http://www.beopbo.com/news/articleView.html?idxno=202371)

치기 시작하면서 이후 비구니 선원이 별도로 필요하게 되어 인근 견성암(見
性庵)에서 본격적으로 비구니 제자들을 가르쳤다. 법희스님이 견성암에서
전법게를 받은 것이 1916년이다.

　만공은 근대 선맥을 다시 일으켰다고 하는 경허스님의 제자로 이미 당시
선사로 널리 이름을 떨치고 있었다. 만공이 비구니들에게 선을 가르치기 시
작했다는 것은 시대적으로 큰 의미가 있다. 조선시대의 단편적인 자료들을
맞춰 보건대, 선을 수행하는 여승들이 없었다고는 할 수 없겠으나 비구니
스님들이 모여서 체계적으로 같이 수행하는 선방의 시스템은 존재하지 않
았던 것 같다. 조선시대 500여 년간 피폐한 불교계에 사상적·종교적 활기를

되살린다는 것은 상당한 과업이었을 것이고, 이 같은 역사적 상황 속에서 당시의 선승이자 지도자로서 존경받던 만공스님이 비구니에게 수행을 가르쳐야겠다는 의지를 세우고 이들을 훈련시키고 양성함으로써 이후의 세대에 참선 수행의 전통이 되살려지기를 기대한 것이다. 박해당은 이렇게 평가한다. "한국불교의 전통을 지키고 이어가려 한 만공의 노력은 후학들에 대한 적극적인 지도로 나타났다. 특히 남성 중심의 가부장적인 여성관을 벗어나지 못하고 있던 시대 상황 속에서도 만공은 비구 제자와 똑같이 비구니 제자들을 길러냄으로써 이후 한국 비구니 교단의 든든한 주춧돌을 놓았다"[105]

선경스님의 자서전 기록을 통해서도 당시 불교계에서 만공스님의 위상에 대해서 그리고 첫 만남에 대해서 알 수 있다.

나는 서른세 살이 될 때까지 영은암에 살았다. 당시 조선 땅은 일본 사람들이 점령하여 식민지로 만들어 버린 때라서 불교 집안에도 많은 어려움이 있었다. 그래서 불교계에서는 불법을 정비하기 위해서 큰스님들이 본사의 주지가 되도록 제안하였다(이전까지는 理判僧과 事判僧의 구분이 명확해서 수행하는 스님인 이판승들은 행정직인 주지 소임을 살지 않는 것이 전통이었으나, 불교계의 기틀을 바로 잡기 위해 이판승들이 사판 직분을 하기로 했다는 뜻이다). 이런 새로운 제도에 따라 수덕사 근처 정혜사에 주석하고 계시던 만공스님께서 3년간 마곡사 주지로 부임하게 되었다. 실제로 그분은 18개월밖에 살지 않았는데, 절의 행정을 맡아 하는 사판의 일이 너무 번거로우셨기 때문이다. 그분이 오셔서 계신 스님들한테 선원을 세우자고 제안했다. 그리고는 법문 자리에서 대중들에게, "너희들은 승려로서 어찌 수행 정진하지 않고 인생을 허비하고 있는가?"라고 큰소리를 치셨다. 내가 그 법문을 들었을 때가 서른두 살이었는데, 그 전에는 그런 말을 들어본 적이 없었다. 그 말씀은 너무나 큰 충격으로 다가왔고, 나는 정진 공부해야 되겠다는 큰 서원을 세웠다. 그리고 승려의 역할이라는 것이 내가 지금까지 알고 배운 것과는 다르다는 것을 알게 되었다.[106]

그는 속가의 성이 송씨라서 흔히 송만공(滿空)이라고 부른다. 1883년 김제 금산사에서 불상을 처음 보고 크게 감동한 것이 계기가 되어 출가를 결심하였다. 근대 선불교의 중흥조로 추앙받는 경허(鏡虛, 1849-1912)로부터 법을 전해 받았다. 서산 천장사(天藏寺)에 있을 때 함경북도 갑산으로 가던 길에 천장사에 들른 경허로부터 전법게(傳法偈)를 받았다. 경허스님은 이때 함경도로 간 후에 다시 돌아오지 않았다. 그는 이후 대부분의 생애를 예산 덕숭산 수덕사의 부속 사찰 정혜사에 주석하며 제자를 양성하였다. 경허스님이 한국 선불교를 중흥하는 불꽃을 지폈다면 만공스님은 그 불꽃이 꺼지지 않도록 이어서 한국 불교계에 하나의 큰 법맥을 형성케하였다.

만성스님이 참선 수행하는 수좌였음에도 1937년 마곡사 주지를 일 년간 살게 된 것은 1890년대부터 시작된 일본 불교의 한국 진출과 연관이 있다. 초기에 한국 승려들은 일본 불교의 진출을 같은 불교인의 포교 노력으로 긍정적으로 보았지만 점점 경계심을 품게 되었다. 1910년 합병 이후 일본 불교의 한국 진출이 더욱 노골적으로 진행되었기 때문이다. 1930년대에 들어서는 전국 본사의 주지들이 친일파로 임명되는 등 일본 총독부의 강압 정책이 본격적으로 시작되었고, 일부 한국 불교계의 지도급 인사들은 완전히 일본과 등을 돌리게 되었다. 일본은 불교를 지원하는 국가였기에 한국 불교계에 외형적이고 제도적인 지원은 있었으나, 식민지 상황이 갖는 타율성 속에서 한국 불교의 수행 전통이 저절로 되살아나는 것은 아니었음을 알게 되었던 것이다. 이제 한국 불교계는 각성과 변화의 힘을 모아야 했다. 그리하여 승려들 사이에 주요 본사의 주지로 실력 있는 고승이 가야 친일파 승려들과 맞설 수 있다고 하여 만공스님을 마곡사 주지로 보내게 된 것이다. 만공스님은 후에 1937년 3월, 당시 조선총독 데라우치와 각도 지사가 동석한 31본산 주지 회의에 참석하여 한국불교를 일본불교화하려는 총독부의 종교 정책 방침에 정면으로 반대하며 총독에게 일갈을 했다는 일화로 유명하다.

화원사 선원장을 지낸 월주 지명스님(1921-2013)은 『달빛은 우주를 비추네』라는 문집 속에서 당시 만공스님이 비구니들이 1940년대 비구니 암자 견성암을 늘이기 위해 육체노동을 하는 모습을 보고 안쓰러워하며, '지게를 금란가사로 생각하라'며 격려했다는 것을 적고 있다.[107] 만공스님의 비구니 제자들로는 법희, 만성 외에도 앞으로 살펴볼 일엽 등 당시 많은 수행자들이 만공스님에게서 계를 받거나 그의 지도하에 수행하였다.[108]

6) 비구니 선원과 강원의 설립

강원과 선원, 그리고 수계의 전통을 되살리고 부활하려는 움직임은 불교 여성의 근대적 대응으로 볼 수 있다. 그런 노력의 시초로는 앞서 소개한 법희스님에 의해 1916년에 수덕사 견성암에 비구니 선원이 세워진 것을 들 수 있다. 이것이 최초의 비구니 선원이다.[109] 법희스님은 만공스님에게 전법게를 받고 1916년 수덕사 견성암에 비구니 선방을 세워 후학을 배출함으로써 단절되었던 비구니 법통을 다시 이어 근대 비구니 선맥을 중흥하였다.

또한 문경 대승사 윤필암에도 비구니 선방이 있었음은 앞서 인용한 선경스님의 은사 명덕스님의 경우에서도 확인할 수 있다. 선경스님은 회고록에서 1930년대 후반 본공스님과 함께 당시 최고 선승의 한 분인 한암스님이 계신 월정사를 찾아갔다가 그 인근의 지장암에서 수행하였다고 한다. 지장암은 오대산 월정사 소속으로 그곳의 기린선원은 북방 최초의 비구니 선원이라고 한다. 후에 석남사를 중창한 인홍스님도 이곳 지장암에서 출가하였다. 그리고 만성스님은 부산 범어사 대성암에 비구니 선방을 개설하였다.

비구니 선원 외에도 비구니가 되기 위한 교학적 훈련 기관인 강원에 대한 자료도 밝혀지고 있다. 조선시대에도 강원이 존재하였지만 비구만을 위한 강원이었다. 비구니 교육기관을 설립하여 체계적 교육을 시키겠다는 의식이 나타났고, 그런 제도의 단초가 기록 속에 보인다. 1918년 7월 20일 자 「조선불교총보(朝鮮佛敎總報)」에 '니생강당(尼生講堂)'이란 제목으로 다음과 같은 내용의 기사가 실렸다. "경상남도 양산군 불찰대본산 통도사에서 대정 7년도 위시하야 니생강당을 산내말사 옥련암에 설립하고 해담율사(海曇律師)를 강사로 정하였는데, 사방 니생이 운집한다 하니 이로 인하여 장래 여승 교육이 크게 발전되리라고 일반이 기대하더라"[110] 통도사에 비구니 강당(현재는 강원이라는 말을 쓰며, 사미와 사미니들을 위한 불교경전 교육기관이다)을 시작한다는 예고이다. 그러나 이런 공지 기사가 나왔지만 실제로 이 비구니 강당이 열렸다는 기록은 발견되지 않는다.

일제강점기의 대표적 강원의 하나가 일제 말기에 설립된 남장사 관음강원이다. 제 6, 7대 비구니회 회장을 지낸 광우스님에 따르면,[111] 남장사는 원래 비구 도량이었는데 광우스님의 속가 부친인 혜봉스님이 조실로 주석하면서 비구니 강원을 개설하게 되었다. 강사는 비구니 수옥스님이 맡았다. 20여 명의 비구니들이 입방했고, 교과목도 지금의 전통강원과 다르지 않았으며, 일하고 공부하는 방식 등도 거의 같았다고 한다. 1941년에 설립되어 3년 만인 1944년에 제1기 졸업생을 배출하였는데, 광우스님을 포함해 세 명의 졸업생이 있었다고 한다. 관음강원은 첫 졸업생을 배출한 후 문을 닫았는데 일제 말기 정신대 징집을 피해 비구니 스님들이 흩어졌기 때문이라고 한다. 한편 〈삼우스님 아카이브〉에 따르면 남장사 강원 이전에도 해인사 국일암, 통도사 옥련암에 비구니 전문 강원이 있었다고도 한다. 수경스님도 광복 이전 비구니들이 강원교육을 받았던 사찰로서 동학사, 통도사, 해인사 국일암, 서울 웅선암, 청암사, 법주사, 운문사, 보문사, 남장사 관음암을 들고 있으며, 이 가운데 국일암·남장사·보문사는 비구니들만 따로 공부했던 곳이라고 밝히고 있다. 그리고 비구니 교육의 필요성을 일찍이 절감하고 비구니에게 전강한 비구 강백으로, 운허, 만우, 대은, 경봉, 고봉, 성능, 호경, 관응, 지관 등을 들고 있다.[112]

　이와 같이 비구니 학승들이 양성되기 시작하여 비구니 중에서 경전에 대한 실력을 갖춘 소위 '강백'(講伯)들이 등장한다. 근대기 비구니 삼대 강백으로 월광당 금룡(月光堂 金龍, 1892-1965)스님, 정암당 혜옥(晶岩堂 慧玉, 1901-1969)스님, 화산당 수옥(華山堂 守玉, 1902-1966)스님을 든다. 이러한 강백들이 생김으로써 교육 시스템에 큰 변화가 일어나는데, 즉 비구니가 비구니를 교육할 수 있게 된 것이다. 오늘날 비구 강원과 견주는 비구니 전문 강원이 개설되고 비구니 강맥(講脈)이 전승될 수 있도록 단초를 마련한 것이 바로 이들이다. 이후 1950년대와 1960년대에 들어 운문사, 봉녕사에 비구니 강원이, 그리고 내원사, 석남사에 비구니 선원이 설립됨으로써 본격적으로 스님들을 위한 경전 교육과 연구, 그리고 참선 수행 지도 교육이 체계적으로 이루어지게 된다.

7) 함경도 환희사의 비구니

북한불교는 한국 근대 불교 연구에서 심각하게 공백으로 남겨진 분야이다. 앞에서 언급한 〈삼우스님 아카이브〉는 이러한 공백을 메꿔 줄 중요한 자료이다. 삼우스님의 인터뷰에 응한 원성택 거사와 한일생 보살의 증언, 그리고 어린 시절을 금강산에서 보낸 석정스님의 구술 등에 의해 북한 불교의 일단이 드러나고 있다. 이 방대한 자료에 대한 분석이 끝나고 학자들의 본격적 연구가 나오기를 기다려야 할 것이나, 북한 불교를 간과하는 우를 조금이라도 피하기 위해 여기서 간단히 소개한다.

삼우스님은 원성택 거사로부터 환희사에서 스님들과 같이 월남해서 쭉 함께 생활했던 한일생(韓一生, 1922-) 보살에 대한 이야기를 듣고 서울 환희사로 찾아오게 된다. 함경도 환희사에서 월남한 스님들이 남한에서 어떻게 정착하게 되었는지를 자세히 묻고 있다. 환희사는 일제강점기 31본산 중의 하나였던 함경남도 안변의 석왕사의 말사로는 상당히 오래된 절이다. 당시 70-80명의 비구니들이 모여 살았다고 한다. 환희사는 각방살림 체제였으며, 이 각방살림 체제는 한 명의 주지스님 하에 큰절, 가운뎃 절, 새절의 세 군데로 나뉘어 있어 대웅전만 같이 쓰고 권속은 따로 부엌을 썼다. 큰 법당엔 아미타불을 모셨다. 천축암이라는 비구니 암자도 있었다. 함흥 운흥리 관룡산 밑에 능인학원이라는 포교당이 있어서 비구들이 와서 마을의 아이들을 가르치고 교육했다고 한다. 논밭을 상당히 많이 가지고 있어서 길쌈과 베짜기, 누에 명주, 목화 삼베를 많이 해서 돈을 벌었기 때문에 탁발할 필요가 없이 자급자족의 형태를 띠었다. 신도들은 절에 자주 왕래하지는 않았고 일년에 한 번 정도 절에 다녀갔다고 한다. 주로 원족(소풍) 온 젊은 학생들, 그리고 고시 공부하는 학생들을 받아서 사찰 경제를 꾸려 나갔다.

한 씨 노보살님의 증언에 따르면, 이북에서 비구니들은 상고머리를 했고 법당에 들어갈 때 승복을 입고 머리에 두건을 썼다고 한다. 그러나 이러한 증언은 그가 19세가 될 때까지 15년간 환희사에 살았을 때의 기억에 의한 것으로 실제로 그러한 머리 형태가 언제 시작되었는지 등은 알 수 없다. 당시 환희사의 비구니 스님들은 범패와 어산을 잘했던 것으로 알려진다. 비교적 경제적으로 부유했으며 스님들은 개방적이고 교육열이 높았다. 한일생 보살의 증언에 따르면 당시 석왕사는 전부 대처승이 살았다고 한다.

북한 함경남도 정평군에 사찰이 다섯이 있었는데 남승은 9명이고 여승이 70명 정도로 여승이 압도적으로 많았다고 한다. 삼우스님은 여기에 더해서, "함경남도 전체에서 그 절에 비구니들이 많이 살았기 때문에 그쪽에서는 비구니 숫자가 남스님들 숫자 보다 더 많았다 그래요. 그래서 총독부 기록에 보면은 유일하게 환희사 주지를 여성으로 신청하는 그런 서류가 남아 있는 게 있어요"라고 구술하였는데, 그 내용은 본 저자가 확인해 보지 못했다.

한편 불화 화가로 유명한 석정(石鼎, 1928-2012)스님의 증언에 의하면 일제 시대 강원도와 금강산 일대 암자에 사는 사람은 주로 대처승들이라 가족들이 밖에 있어서 절에 출퇴근하는 방식으로 살았다고 한다. 반면 비구니들은 결혼을 하지 않았고, 당시 금강산 신계사 신림암 등을 중심으로 비구니 암자들이 많이 있었으며 이들은 금강산에 기도를 하는 신도들이 많아 경제력도 더 좋았고 정진력이 대단했다고 증언한다.

해방 후 인민군이 와서 환희사 스님들을 내쫓았고, 일사후퇴 흥남 철수 작전 때 환희사 비구니 스님이 남하하게 된다. 빨리 배를 타라는 신도의 권유로 한일생 보살은 형락, 자영, 지광, 형을, 형엄, 수동스님 등 6명과 함께 흥남 부두를 통해 월남한다. 이들은 거제도 수용소를 거처 부산에 머물다 청량리의 청량사, 남산의 절을 거처, 지금의 서울 환희사에 정착하게 된다. 이들 보다 먼저 월남한 천축암 주지 복선스님은 육지로 나와서 서울의 한 절에 정착해 있었다.

이처럼 일제강점기-해방공간-6.25전쟁을 거치며 남하한 환희사 비구니들은 부산에서 또는 서울 등으로 각자 경로를 달리하여 이동하여 정착하였다. 이들의 이동을 통하여 북한 불교 문화가 남한으로 전파되었을 것을 짐작할 수 있다. 그들은 예를 들어 육식 등에 너그러웠다고 하고, 이것을 남한 비구니들이 못마땅해 했다고 한다. 또한 이북 출신 보살들이 지었던 서울 팔정사도 있다.

3. 불교 신여성의 등장과 근대의식

이 장에서는 근대기에 나타난 불교 이념을 가진 신여성들을 "불교 신여성"으로 분류하고 이들의 활동에 대해 살펴보겠다. 또한 부인선우회 등 식민지 시기의 여성불교 단체의 기록들을 조사하여 20세기 근대적 사유의 도입과 함께 여성이 자아의식에 눈뜨고 자기 정체성을 확립하며 자아실현의 의지를 표현하는 다양한 방법을 밝히고 그 역사적 의의를 고찰하고자 한다.

1900년대 초부터 1960년대까지의 근대 형성기에 활동한 불교여성들의 의식과 실천은 크게 세 집단으로 가시화된다. 첫째는 불교에 자신의 정체성을 둔 비구니 지도자들이 있다. 이 시기 여성들은 오랫동안 방치되어 온 자신의 수행 전통을, 승려로서 또는 재가자로서, 자신의 정체성으로 삼고 그 전통을 회복하고자 하였다. 수행 도량을 확립하기 위해 사찰을 복구하고, 선방을 마련하여 결제 안거를 지내고, 불교 교학을 배우고 또 교육할 방책을 마련하고자 했다. 또 하나의 집단은 흔히 신여성으로 분류되는 인물들로 그들은 저술 활동을 통해 자신의 불교관 내지 내면 세계를 표현하였다. 이 시기의 대표적인 불교 신여성으로 김일엽과 나혜석을 들 수 있다. 김일엽은 후에 출가하였으며, 출가 수행승으로서 자신의 삶과 깨달음의 길에 대해 자서전적 글을 쓴 아마 한국사 최초의 인물이다. 또 한 사람의 신여성 나혜석의 경우도 불교와 연관하여 연구되어야 할 인물이다. 마지막은 불교여성 단체를 결성하고 조직화를 통해 근대적 동기를 실현하고자 했던 재가 여성들이다. 그들은 신행 조직을 결성하고 기복적 신앙 행태를 극복하고 근대적 지적 수행 운동을 지향하였다. 1931년 부인선우회가 창립되고 1932년에 금강산 표훈사에 '표훈사 부인선원'이 창립되었다. 이러한 여성 단체들이 등장하는 양상은 전근대를 극복하고 근대를 추구하는 동력이 어떻게 일어났는가에 대한 중요한 지표를 제공한다.

19세기 말 이후 조선에서 대한민국으로 국체가 바뀌고 한국 사회에는 큰 변화가 생겼다. 일반 여성들의 생활과 의식에도 많은 변화가 일어나게 되었다. 이들의 삶의 변화는 여러 곳에서 알 수 있겠으나, 여성의 목소리가 대중 매체, 즉 신문과 잡지를 통해 유포되기 시작하는 것이 이전 시대와 비교하여 가장 뚜렷한 변화라고 할 수 있다. 당시 불교계 잡지에 나타난 최초의 여성 관련 담론은 조선의 마지막 상궁이라 알려져 있는 천일청(千一淸, 1849- ?) 상궁의 글이다.

1) '불교를 믿는 부인들에게 고함'

엘리트 여성들 사이에 여성주의 의식이 고취되면서, 대 사회적 목소리, 특히 불교여성들의 의식을 일깨우고 고취시키는 내용의 글이 잡지 등에 기고되기 시작한다. 1912년 유명한 불교학자 퇴경(退耕) 권상로(權相老)가 창간한 『조선불교월보』는 진보적 불교 잡지로, 여기에 여성들의 글이 실리는 것을 볼 수 있다.[113] 제목에서 알 수 있듯이 이 잡지는 월간으로 시작하였으며, 특이하게 '언문란'을 잡지 뒤쪽에 따로 마련하고 있다.[114] 이 잡지는 당시 최고의 권위를 가지고 있었다고 하나 2년 후 1914년 19호를 마지막으로 폐간되었다.

이 잡지에 실린 여성이 쓴 최초의 글은 천일청 상궁이 1912년 제3집에 기고한 「불교를 믿는 부인들에게 고함」이라는 글이다.[115] 천일청 상궁은 조선조 마지막 궁녀로 알려져 있는데 근대 불교사에서 아주 흥미로운 인물이다.[116] 14세에 헌종의 계비로 책봉된 효정왕후(1830-1903)가 5년 후에 헌종마저 죽고 자식마저도 없어 천일청을 데려다 돌보았다고 한다. 당시 청일청은 『조선불교월보』를 재정적으로 지원하고 있었다.

이 글은 그의 여성주의적 의식과 당시의 불교계의 상황을 잘 보여주고 있다. 글의 내용을 정리해 보면 다음과 같다. 첫째로, "우리 여자 동포여" 등의 표현으로 여성 간의 연대감을 표시하고 단결을 촉구한다. 둘째, 여성의 삶의 고단함을 지적한다. 예절은 감옥이고 남녀 간에 사회적 차별이 있음을 지적하고 그 원인이 사실은 유치한 것이기에 분개하지 않을 수 없다고 한다. 셋째, 그 원인으로 성인이 여자를 대상으로 경계한 것은 인간이 가진 감각적 욕망 다섯 가지, 특히 남성의 여성에 대한 욕망 때문이지 진실로 여성을 배척한 것은 아니다. 최고로 높은 진리인 불교에서는 모든 사람에게 불성이 있다고 하였고 여자도 예외가 없는데, 어찌 남녀의 구분을 두었겠는가. 넷째, 그러나 최근 몇백 년 이래 불도가 쇠퇴하여, 조선 여자들은 아들 낳고 장수하고 부귀하기만을 부처님 앞에 구하는 어리석은 행동을 보여 왔다. 다섯째, 이제 문명 시대가 와서 불교의 종풍이 다시 일어나고 일월광명이 밝았으니, 이제 여성 동포들이여, 이전의 습관은 버리고 새로운 사상을 고취하자. 여섯째, 절에 가서 설법을 듣고, 집에서 그 내용을 연구하고, 그리고 자선 사업에 힘쓰며, 가정을 잘 가꾸라. 일곱째, 이렇게 수행해 나간다면 도솔천 내원궁, 즉 미륵불의 정토에 날 수 있다. 수행을 많이 한다면 남성의 몸 받는 "전녀성남(轉女成男)"도 가능하다.[117] 즉, 전통적으로 여성이 성불하기 위해서는 남성이 먼저 되어야 한다는 변성성불을 믿었음을 알 수 있다.

또한 1912년 5월호 『조선불교월보』 제4호에 실린 「불교와 녀자」라는 글도 주목할 만하다. 이 글은 필자의 실명을 밝히지 않고 '기자(記者)'가 쓴 논설이라고만 되어 있다.[118] 『조선불교월보』는 제3호부터 잡지의 뒤쪽에 〈언문란〉을 따로 마련하여 여성 독자를 배려하였다. 이 글은 국·한문 혼용으로 되어 있는데, 그 분량이나 논지의 치밀한 전개가 〈논문〉이라고도 할 만하다. 이 글에서 다음과 같은 점이 특기할 만하다.

우선 여성 문제에 관해 소위 '평등'이 무엇인지 문제를 제기하고 자신의 관점을 제시한다. 이 필자가 말하는 남녀 평등이란 여성과 남성이 같다고 하는 것이 아니다. "불교의 남녀 평등은 남녀가 같다는 것이 아니다. 일괄같은 길로 하자는 것이 아니다. 비유하면, 산은 높고 들은 낮고 꽃은 붉고 버들은 푸르고 학의 다리는 길고 오리의 다리는 짧은 것이 평등이라, 다만 여성을 사람으로 대우하지 않던 관습을 타파하여 그 활동과 처우에서 평등하게 하자는 뜻이다. 그래서 부처님도 4부대중으로 나누어 비구 남승, 비구니 여승, 우바새 재가 남성, 우바이 재가 여성과 같이 하여, 평등한 중에 차별이 있고 차별 중에도 평등이 있었다"[119]고 주장한다. 즉 각자의 차이점을 인정하면서도 평등할 수 있어야 한다는 것이다. 서양 페미니즘의 변천사에서도 여성과 남성이 모든 점에서 동일하다는 주장이 우세한 적이 있었으나 현재는 여성과 남성의 차이를 인정하면서 동등함을 주장하는 쪽으로 변해왔다. 이 글에서는 그 점을 강조하여 그동안 "여자를 인류로 대우하지 아니하던 습관을 타파하여 그 활동과 대우를 평등하게 하자는 것이다"라고 표현하고 있다. '활동'과 '대우'의 측면에서 차별을 두지 말자는 것이다. 즉 여성과 남성의 역할 내지 활동의 영역은 다를 수 있지만, 그에 따른 대우와 그것에 대한 보상은 동일해야 한다는 주장이다.

한편으로 이 글은 불교 경전에서 나타나는 여성에 대한 두 가지 시각을 소개하고 그것을 분석하고 있다. 요약하면 다음과 같다. 불교 경전에서는 여성을 찬탄도 하고 훈계도 한다. 차별관즉 여성과 남성을 달리 봄과 평등관으로 나눌 수 있다. 첫째, 차별관에는 선과 악으로 나누어 여자를 악하다고 본다. 이런 경전으로는 『아함경』·『출요경』·『보적경』·『화엄경』·『법화경』·『옥야경』·『삼매경』 등이 있다. 이들 경전에서는 여성은 욕심이 많고 온갖 악의 으뜸이라는 등을 말씀하셨다. 그러나 이것은 여인을 모욕하신 말씀이 아니다. 이것은 남자들이 욕망이 많기 때문에 출가하여 수도하는 남자들에게 이같이 경계하여 공부를 잘 할 수 있도록 하기 위한 것이다. 여자를 마귀로 보고 절대적으로 배척한 것은 아니다. 한편 평등관에 대하여, 『열반경』은 일체중생이 다 불성이 있고 『원각경』에서도 중생이 본래 깨달아 있다고 한다. 『열반경』에서도 불성이 있음을 아는 것이 중요하다 하고, 『종경록』에서는 이 몸에는 남녀의 모습이 있을지라도, 깨친 성품에는 생멸하는 남녀의 모습이 없다고 한다.

이상과 같이 불교 경전에서 나타나는 여성을 비하하는 내용과 찬탄하는 내용의 두 입장을 고루 소개하면서, '차별관'과 '평등관'으로 분류하여 표현하고 있다. 여기서 차별이라는 것은 여성을 선 또는 악으로 묘사하는 것을 말한다. 그런데 여기서 여성을 악하게 묘사하는 경전 구절은 여성 그 자체가 그렇다는 것이 아니라 "출가하여 수도하는 남자들에게 경계하여 공부를 잘 하도록 하게 하기 위한 것"이라고 하는 점은 특기할 만하다.[120]

그리고는 평등의 관점이 무엇인지를 구체적으로 제시한다. 그것은 남자와 여자는 불성을 가지고 있고, 깨달음의 가능성을 가지고 있다는 점에서 동일하다는 것이다. 『열반경』에서는 남녀뿐만 아니라 사회적 귀천 등의 모든 계급과 조건을 떠나서 모든 사람에게는 불성이 있고 따라서 성불이 가능하다고 말하고 있다. 이러한 해방적 메시지 때문에 『열반경』이 5세기에 중국에서 한문으로 번역되었을때 큰 반향을 일으켰던 것이다.

이들은 나아가 불교는 해탈과 해방, 그리고 평등의 종교라고 외치고 있다. 여성을 속박에서 해방시키고 여성에게 해탈을 말하는 종교는 불교밖에 없다는 것이다. 그런 점에서 조선시대 500년 동안 여성이 질곡에 갇혀서 자신의 가능성도 알지 못한 채 수신과 교육, 자기 성찰의 기회를 갖지 못하고 세상에 쓸모없는 존재로 여겨져 왔다는 것에 대해 통탄하고 있다. 시대가 나빠서 불교를 믿지 못하게 하니 여성이 수신하고 자신의 해방을 위해 노력할 기회조차 박탈당하였기에 분하다는 것이다.

그렇다면 미래 여성의 모습은 어떻게 될 것인가. 저자는 "이제 시대가 변하였다"고 한다. 그러면서 불교의 근본정신이 자비의 정신이니, 일체중생을 제도하는 것이 불교의 근본 취지이며, 만일 자비가 불교의 근본이라면 이제 여성이 앞장서야 할 때라고 한다. 그래서 저자는 결론적으로 이렇게 말한다; "여성이 일체중생에게 친절한 자모(慈母)가 되어서 불교를 잘 신앙하고 가정을 잘 챙기고 보살행으로 일체중생을 유익하게 한다면, 누가 여자를 모욕하며 남존여비를 주장하겠는가?"

한편 저자는 불교와 유교, 그리고 신도(神道)를 비교하고 있다. 중국과 일본의 각종 여성 훈육서 가운데 『여사서』, 『여대학』, 『여논어』, 『내칙』의 제목을 들고, 그리고 신도에서는 여성을 부정한 존재로 꺼리는 데 반해 불교는 여성 친화적이며 여성의 교육에 관심이 있다는 것을 강조한다.

결국 여자와 남자는 모습은 다를지언정 불성과 도덕은 조금의 차별도 없이 평등하다고 다시 한번 강조한다. 일곱 살 용녀도 성불하였다. 그래서 불교와 여성이 긴밀한 관계에 있다고 하는 것이다. 그러니 결론적으로, 그동안의 질곡과 여성에 대한 폄하의 시선을 벗어던지고 여성의 능력과 가능성, 그리고 장점을 가지고 평등한 사회를 만들어 가야 할 것이라고 제창한다.

이 글의 논지 전개는 상당히 논리적이며 또한 여성과 관련된 입장을 찾을 수 있는 불교의 여러 경전들을 망라하고 있을 뿐만 아니라 그 내용을 아주 상세히 해설하고 있다는 점에서 근대 시기 불교여성에 대한 중요 담론으로 기록되어야 할 것이다. 글의 수준을 볼 때 필자는 불교의 교리와 교학에 상당히 익숙한 사람인 것 같다. 또한 그러한 시각과 전거를 제시하면서 불교 여성에 대한 일종의 이론화를 시도하고 있다는 점이 더욱 놀랍다. 한편 여기서 거론되는 담론은 현재까지 한국 불교계에서 여성에 관한 대표 담론으로 작용하고 있다는 점도 지적해야 할 것이다.

그로부터 17년 후 1929년 『불교』(佛敎) 제62호에 여성의 자주성과 여성의 수행을 다룬 김태흡(金泰洽, 1899-1989)의 「불교여성관」(佛敎女性觀)이라는 글이 실리게 된다.[121] 총 6쪽에 달하는 긴 글로, 서두에서 입센의 희곡 「인형의집」을 언급하며 서구 여성의 지위를 예시를 들어 말하고 있다. 소제목으로 1. 불교의 남녀 평등관, 2. 부처님의 남녀에 대한 교훈, 3. 여성에 치우친 부처님의 동정, 4. 여자가 본래 갖춘 열 가지 덕, 5. 여자의 열 가지 악한 성격의 다섯 가지를 들어서 전개하고 있다. 그런데 결론 부분에서 여자는 본래 열 가지 덕을 갖추고 있으나, 가정생활을 하다 보니 후천적으로 열 가지 나쁜 덕을 갖게 된다고 서술하고 있다.

> 첫째, 탐욕이 많다, 둘째, 집착이 많다, 셋째, 화를 잘 낸다, 넷째, 근심이 많아 잘 운다, 다섯째, 원한이 많다, 여섯째, 한이 많아서 한숨을 잘 쉰다, 일곱째, 오만심이 많다, 여덟째, 변덕이 많다, 아홉째, 말이 많다, 열 번째, 믿음이 많아서 여러 종교를 믿어 여기도 묻고 저기도 묻는 미신이 많다. 부처님께서 이것이 여자의 약점이라고 했으니 여자들은 이 열 가지 십불선덕(十不善德)만 끊으면 본래 갖춘 십덕(十德)이 나타나서 가정으로부터 천하가 모두 정화될 것이다. 성모 마리아나 관세음보살은 이런 십불선덕을 끊은 사람들이다…자매부인 여러분들도 이 교훈을 의지하여 마리아가 되고 관음성모가 되어 조선을 빛나게 힘써 주십시오.[122]

이 글의 필자는 속명 김태흡으로 알려져 있으나 1906년 출가한 대은(大隱)이라는 스님이다. 일제강점기 일본 도요(東洋)대학과 니혼(日本)대학에서 학사학위를 받았으며, 일제강점기 최고의 지식인으로 간주되는 사람이다. 그는 귀국 후 포교와 불교 대중화에 헌신하여 당시 한국 불교계를 대표하던

『불교』지에 많은 논문과 글을 발표하였다. 1933년 7월에『불교』가 종간되자 그것을 대신하는 잡지로 1935년 8월에『불교시보(佛教時報)』를 창간하였고, '조선불교의 기관지'임을 자처하였다.

김태흡은 대중 포교가이고 라디오 방송국에서 포교를 위한 프로그램을 오래 운영한 사람으로서, 위에 소개한 글은 여성주의의 입장이라기보다는 여성을 잘 교화하여 불교의 대열에 이끌어야 한다는 계몽주의의 입장을 견지하는 것 같다.

이후 김태흡 스님이 1935년 창간한 불교잡지,『불교시보』의 체재는 '부인란', '포교지도란', '수양강화(修養講話)', '아동란' 등의 고정란과 심전개발운동·황도불교에 관한 논설, 교리 해설, 불교계 소식 등으로 구성되어 있다. 〈부인란〉〈아동란〉 등을 고정적으로 출판하여 불교 대중화에 힘썼다는 점에서 근대 불교계의 다른 잡지들과 구별된다.『불교시보』의 '불교부인란'은 창간호부터 87호(1942.10)까지 8년 동안 거의 매호에 빠짐없이 실려 있는데 주로 불교 교리의 해설, 여성 불자의 역할에 관한 논설, 신앙 체험담, 불전에 나오는 설화 등이 그 내용이다. 김태흡이 대부분의 글을 썼으며, 신앙 체험담의 경우는 간혹 여성 필자의 글을 싣기도 하였다. '불교부인란'은 내선일체와 총후보국과 관련된 몇몇 기사를 제외하면, 대체로 기복적이고 미신적인 신앙을 버리고 경전과 염불을 통해 올바른 믿음을 가질 것을 당부하는 내용으로 되어 있다.[123]

그러나 그는 잡지를 통해 불교계 소식의 보도와 심전(心田) 개발 운동의 고취 등을 내용으로 하는 노골적으로 친일적인 성향과 활동을 보였다. 그러한 행적으로 인해 친일 지식인으로 분류되었으나, 해방 후 봉은사 주지를 지내기도 하였다. 그는 즉 비구니 교육에 관심이 많아, 수옥스님이 다닌 남장사 비구니 강원을 운영하였으며 나중에 지명스님의 용인 화운사 비구니 사찰도 이분이 원래 강원으로 운영하던 곳이다. 그의 활동의 궤적에 대해서는 앞으로도 더 많은 연구가 필요하다고 생각된다.

2) 불교 신여성의 등장과 활동

근대 교육기관에서 신교육을 받은 신여성들이 증가함에 따라 여성들의 사회 진출이 시작되었다. 그들은 서구의 남녀 평등사상을 알게 되었고, 여성의 사회 참여를 주장하게 되었다. 그런데 흔히 말하는 '신여성'을 일괄적으로 규정하기는 어렵다. 일반적으로 그들은 근대 교육을 받았으며, 글을 읽을 줄 알고 단발머리에 구두를 신고, 봉건적인 강제 혼인과 축첩제를 비판하고, 자유연애와 자유결혼을 주장하면서 여성해방을 제창했다는 점들을 공통적으로 지적할 수 있겠다. 이들 가운데는 외국에서 유학한 사람들도 있었고, 교사·화가·음악가·기자·문필가·의사 등과 같은 전문 직업을 가지고 있었다. 이들은 자신들의 신념을 사회적으로 표출하여 여성 계몽운동을 전개하였다. 아래 소개할 여성들은 종교 활동에 종사한 사람들이라 세속적 활동의 측면에서는 신여성의 정의에 꼭 맞지는 않으나, 그들의 사회 개혁적 의식과 여성 평등 사상의 측면에서 '불교 신여성'이라고 명명해 보았다.

(1) 박원희(1898-1928)

최근 미디어의 주목을 받은 운암 김성숙(雲巖 金星淑, 1898-1969)에 대한 자료를 통해 그의 동지 김사국(金思國, 1892-1926)과 그의 부인 박원희(朴元熙, 1898-1928)의 존재가 알려지게 되었다. 운암은 김성숙의 법명으로 봉선사 출신 승려였다. 상해 임시정부 국무위원을 역임하고 독립운동 열사로 해방 후 혁신정당을 조직하여 정치인으로 활동한 사람이다. 그의 독립운동과 사회주의 운동에서 가장 가까운 동지로서 언급되는 인물이 바로 김사국이다. 그런데 1926년 김사국의 생애에서 두 명의 여성이 언급되고 있다.[124] 김사국의 어머니 안국당(安國, 1868-1938, 당이라는 글자는 스님이 되기 전 불교 신자일 때 불명으로 썼던 것 같다.)과 그의 동지이자 반려자였던 부인 박원희이다. 그의 어머니는 1904년 남편이 사망하자 아들 둘을 데리고 금강산 유점사에 들어가 스님이 되었다. 김사국은 1921년 7월 사회주의 운동 동지였던 박원희와 결혼하였다. 그 후 만주 소련 등지에서 활동하다가 병으로 1924년 귀국하였고, 1926년 사망하게 된다. 김사국의 부인 박원희 역시 초창기 여성운동의 중심인물로 김사국 사망 2년 후 사망한다. 그의 사망 기사는《동아일보》1928년 1월 7일 자 기사로 실렸는데, 그의 일생을 자세히 소개하고, 근우회 발의로 사회단체연합장으로 장례가 치러진다고 보도하고 있다.[125] 박원희는 경성여자사범학교를 졸업하고 보통학교 교원을 지내다가, 결혼 후 일본 유학을 하였다고 한다. 귀국 후 여성운동에 참가하였으며, 만주 간도에 가서 교사생활을 하면서 독립운동을 위한 후진 교육에 힘쓰다가 투옥되었다. 귀국하여 조선여성동우회(朝鮮女性同友會)와 근우회(槿友會)의 창립 발기인이 되고 이어 경성여자청년회를 조직하는 등 여성운동에 적극 참가하였다.[126]

박원희의 죽음에 대해 우봉운도 다음과 같은 기사를 『삼천리』에 기고하였다. "부음을 듣고 박형병(朴衡秉), 이병의(李丙儀), 임봉순(任鳳淳), 송내호(宋乃浩), 이항발(李恒發), 임윤재(任允宰) 등 여러 사람이 달려왔다. 와서는 너무도 애처러운 최후에 모두 얼굴을 숙일 뿐이었다. 우리들은 그날 밤 시체 곁에서 철야하였다. 추억하고는 울고 울고는 추억하면서 기구한 일생 속에서 먼저 간 동무를 조상하였다. 그중에도 나는 서른다섯을 먹기까지 남을 위하여 그렇게 울어 본 적이 없었다. 생각컨대 내가 연전에 블라디보스톡[海參威]으로부터 나와서 북간도에 오니 그곳에 그녀가 있었다. 그는 서울청년회의 쟁쟁한 투사로 또 무산자동맹회원으로 그의 족적이 국내와 국외에 멀리 미치어 매우 꾸준한 활약을 보이고 있었다. 날더러 서울청년회의 입회를 권유하면서 조선의 운동 사정을 소상히 이야기하여 주었다. 그때 나는 사회주의 학설에 대하여 좀 더 연구하고 싶은 생각만 하고 그가 속하여 있는 단체에는 가입하지 않았지만 그와 가까운 벗이 되었다. 그 뒤에 나는 서울에 올라와 북풍회(北風會)에 들었다. 파벌을 따진다면 그와 나는 딴 파에 속하나 모든 운동을 위하는 데서는 일치하여 그는 나를 믿고 나는 그를 여간 믿은 것이 아니다. …그럴 때 그의 남편 김사국이 병으로 죽었다. 그 후 더 그녀를 괴롭힌 것은 사은이라는 두 살짜리 딸아이가 병약한 것이었다. 이것이 그의 건강을 지치게 하여 일찍 죽은 것이 아닐까 한다"[127]

그는 당시 사회주의 사상을 가진 여성 운동가로 불교적 영향 속에서 사회 활동을 한 것으로 보인다. 특히 남편이 죽고 난 후에 남편이 하던 불교계 일까지 겸행하려고 애써 왔다고 한다. 한편 남편 김사국의 언급이나 그의 동지 김성숙과 그 외 사람들의 언급을 통해 박원희가 불교계에서 활동했음도 알려져 있으나 구체적이고 자세한 사항은 앞으로의 연구를 기다려야 할 것 같다.[128]

(2) 우봉운(1889- 몰년 미상)

우봉운(禹鳳雲, 1889- 몰년 미상)은 〈조선불교여자청년회〉 초대 회장으로서

1922년부터 30년 중반까지 불교 여성계를 대표하는 인물이다. 〈조선불교여자청년회〉가 소멸한 후에 〈부인선우회〉를 창립하여 불교계 여성운동을 이어갔다. 그의 생몰연도를 파악할 수 없는 이유는 그에 관한 자료가 많지 않기 때문이기도 하고, 그가 해방 후에 북으로 넘어갔기 때문이라 생각된다. 최근 불교계의 신문 기사 등을 통해 그의 존재가 알려지게 되었다.

한국역대인물종합정보시스템에 따르면 그는 "1923년 2월 불교여자청년회 대표 자격으로 전조선청년당대회 준비위원에 선출되었고, 1924년 5월 조선여성동우회 발기인으로 참여하였으며, 1925년 1월 경성여자청년동맹 발기인으로 가담하였다. 1927년 반일통일전선조직인 신간회(新幹會) 경성지회 회원이 되었으며, 같은 해 5월 29일 개최된 근우회(槿友會) 창립대회에서 집행위원 및 재무부위원에 선출되었다. 또한 1928년 7월 15일 김활란(金活蘭)·최은희(崔恩喜)·유각경(兪珏卿) 등과 함께 근우회 중앙검사위원으로 활동하던 중 11월 30일 일본 경찰에 체포되어 근우회 활동상 등에 대한 취조를 받았다. 1929년 7월 근우회 제2차 전국대회 준비위원회의 접대부 책임자가 되었으며, 전국대회가 개최되었을 때 중앙집행위원에 선출되었다. 1930년 4월 근우회 재정부장에 선임되었으며, 같은 해 12월에는 근우회 정문부장(政文部長)에 선출되었다. 1948년 황해도 해주(海州)에서 남조선인민대표자대회가 개최되었을 때 제1기 최고인민회의 대의원직에 선출되었다"고 한다.[129]

우봉인의 불교 운동은 그의 남편이자 정신적 반려자인 기태진과의 인연과 관련하여 흔히 설명된다. 우봉인은 기독교 미션스쿨인 정신여고를 졸업하였으며 졸업 후에는 계성여고 교사로 일하고 있었다. 또한 한국 사회의 새로운 종교로서 기독교가 가지는 사회개혁 정신을 바탕으로 사회운동에 활발히 참여하고 있었다. 그의 진보적인 사상은 기독교 학교에서 서양의 문화와 신학문을 배우면서 형성된 것으로 판단된다. 기태진과 편지를 주고받으며 그녀는 일제 치하의 민족이 당면한 현실에 대해 깊이 인식하기 시작했고, 민족의 미래와 민족을 위해 무엇을 할지에 대한 고민도 깊어졌다. 두 사람의 교류는 5년간 이어졌고 수백 통 편지를 주고받은 끝에 결혼하게 된다. 그 후 남편 기태진이 불교로 개종하고 출가를 하게 된다. 그의 출가 시기는 1915~1921년 무렵으로 추정된다.[130] 남편 기태진은 본명보다 '기석호'라는 법명으로 더 알려진 인물이다. 그녀는 남편이 출가한 후에도 해외에서 기독교인으로 활동하다가 1922년 국내로 들어온 뒤 본격적으로 불교 운동에 나선다. 우봉운의 개종 동기에 대해서는 알려진 것이 없다. 그 이전에 기독교 여성운동가였던 그가 불교 여성 단체의 회장을 하기까지에는 개인적, 종교적, 사상적인 면에서 큰 변화가 있었으리라 짐작할 뿐이다. 남편의 출가가 그 원인 중의 하나였을 것이라는 점도 분명해 보인다.

우봉운은 1920~1930년대 불교여성 운동의 구심점이라 해도 과언이 아니다. 우봉운은 1922년 4월에 재가 여성불자들을 결집해 〈조선불교여자청년회〉 창립을 주도하고 초대회장을 맡았다. 〈조선불교여자청년회〉는 불교 여성운동의 시발이자 최초의 재가 불교여성 조직이라는 점에서 중요한 의미가 있다. 그녀는 기독교계 신여성 중심으로 움직이던 당시 여성운동계에 불교여성의 존재감을 드러냈다.[131] 그는 이후 각종 강연회와 토론회, 부인강좌, 불교연구 등을 통해 여성 불교인들의 계몽운동에 나섰다. 동년 9월에는 서울 종로구 사간동에 회관을 임대해 능인여자학원을 운영하여 능인여자학원 교장 및 교수로 활동하였고, 중년층 여성 불자들을 대상으로 각종 교양과 불교 교리 교육에 나서기도 했다.

우봉운은 〈조선불교여자청년회〉 뿐만 아니라 〈근우회〉, 〈조선동우회〉, 〈부인선우회〉 등 다양한 조직을 이끌며 여성들의 의식 개혁과 대사회 참여를 주장하며 여성불교운동에 매진했다. 특히 1930년대에는 〈부인선우회〉를 이끌면서 당시 불교 신행이 기복 위주로 이어지던 것을 비판하면서 불교 교리 교육과 선 수행을 제창하고 그것을 실천하는 신행에 있어서 여성계몽운동을 하였다.(〈조선불교여자청년회〉 등 여성 단체에 관한 것은 아래 2절에서 서술하겠다.)

(3) 김원주(1896-1971)

근대기의 신여성을 대표하면서 사회적으로 크게 주목을 받았던 문필가이자 지식인인 김일엽의 문필 활동도 이 무렵 시작된다. 일엽 김원주(1896-1971)는 불교인의 정체성 이전에 이미 여성해방론자로서 사회적 활동을 시작했다. 그는 1913년부터 1918년까지 이화학당에서 공부하였으며, 졸업 후 일본으로 유학하였다. 일본에서 춘원 이광수와 나혜석 등을 만났다. 1920년 귀국 후에 문학 동인으로 활동을 시작하였으며, 1920년에 최초의 여성주의 잡지 『신여자』를 창간하여 '신여성'이란 유행어를 만들어내기도 했다. 그는 이 잡지에서 정조는 육체가 아닌 정신에 있다는 신정조론을 주장하고 순결의 무의미함을 주장하는 등 당시 사회에서 가히 혁명적인 여성해방론을 마음껏 펼쳤다. 또한 이 잡지는 여성들만의 잡지를 지향한다면서, 당시 이미 형성된 신여성 대중을 향하여 여성도 모든 면에서 남성과 평등한 생활을 해야 한다고 큰 목소리로 주장하였다. 주로 여자들의 계몽과 사회 참여, 교육의 필요성을 촉구하는 글과 사례 외에 외국 여자들의 가사, 가정 및 여성단체 활동을 소개하는 글들이 게재되었다. 『신여자』는 여성에 의해 여성을 대상으로 하여 만들어진 최초의 잡지였으나 재정난의 악화로 총 4권을 끝으로 폐간하고 만다. 그러나 이 잡지가 당시 여성 지식인과 사회 일반에 끼친 영향은, 당시 근대기의 성격 자체를 바꾸었다고 할 수 있을 정도로 큰 것이었다.

일엽은 1923년 예산 수덕사에서 만공스님의 법문을 듣고 발심하여 1928년 금강산 서봉암에서 만공스님에게 재가자로서 수계를 했으며, 1933년 수덕사 견성암에서 머리를 깎고 승려가 되었다. 이후 견성암의 입승(入繩)으로 25년간 자신의 수행과 비구니 교육에 전념하였다. 그는 오랫동안 글을 발표하지 않다가 1960년대에 『어느 수도인의 회상』(1960)과 『청춘을 불사르고』(1962)를 출간하였다. 자신의 삶과 깨달음의 길에 대한 자서전적인 글이다.

일엽의 두 권의 책은 현대 한국어로 되어 있는 한편, 과거 1920-30년대의 그의 글은 국한문 혼용체로 되어 있어 실제로 읽기가 매우 어렵다. 일엽에 대한 현재까지의 연구 성과는 문학가의 자취와 업적에만 치우쳐 있다.[132] 특히 일엽의 활동 시기가 거의 40년간에 걸쳐 있기 때문에, 연구도 그의 초기 활동 결과인 일엽의 문학에 대한 연구에 주로 쏠려 있다. 그러다 보니 1920-30년대 일엽의 초기 활동을 불교사상의 측면에서 연구한 연구물은 많지 않다. 하지만 불교계 잡지 등에 실린 그의 글에서 불교 사상가로서의 자취를 뚜렷이 찾을 수 있다.

일엽은 1922년 창단된 〈조선불교여성청년회〉 조직 멤버로 활동하면서 많은 글을 쓴 것이 불교계에 이름을 알린 계기가 되었던 것 같다. 그는 불교계 잡지에 글을 쓰면서 불교 사상가, 그리고 여성 운동가로서의 자신의 정체성을 정립해 간 것 같다. 1927년부터는 종단의 기관지 월간 『불교』에서 일했다. 이 잡지는 만해 한용운이 발간한 것으로 유명한데, 처음 1924년 7월

15일 창간시에는 앞서 1912년 『조선불교월보』를 창간했던 퇴경 권상로(학자이자 승려)가 발행인이었으며, 1931년 10월부터 1937년 2월호까지 만해 한용운이 주관하였다.

일엽은 당시의 시대정신이던 근대성이 불교에 내재되어 있다고 보았다. 일엽은 그의 글에서 근대적 상황이 불교에 어떠한 변화를 가져올 수 있고, 불교의 교리와 철학이 근대 형성에 어떤 기여를 할 수 있을지에 대한 여러 가지 사유를 하고 있다. 그러한 그의 고민의 일단을 1920, 30년대의 각종 불교잡지에 기고한 글을 통해 찾아볼 수 있다.

아래에 소개하는 「여신도로써의 신년감상」이라는 글은 1932년, 즉 그가 출가하기 일년 전에 기고한 글로, 불교의 중심 교리인 무상(無常)에 대해 주위의 공동묘지에서 파낸 해골 이야기를 비유하여 설명하면서 아울러 새로 얻은 신앙에 대한 고백을 하고 있다.[133]

내가 사는 집은 산기슭에 있는데, 뒤로는 공동묘지가 설치되기 전 지금으로부터 20년 전부터 50년까지 무렵에, 이 마을 사람들이 죽으면 자유롭게 [시신을] 가져다가 묻었던 무덤이 수십 개나 있는데, 지난 가을부터 모두 파서 태우기로 되었었습니다. 그 무덤의 가족들이 매일 와서 오랜 기간 파냈었는데, 나는 일부러 파내는 그 해골들을 구경하였습니다. 허무한 인생을 보기 위해서…그러나 자기들도 (죽은) 그들과 마찬가지로 해골만 남겨질 날이 눈썹에 닥친 정도(로 금방이라는 것)를 느끼는지 아닌지, 울던 눈을 치맛자락으로 씻으며 일어서는 늙은 부인도, 멀뚱멀뚱 서 있던 남자들도, 시들은 풀잎과 스러져 있는 산국화의 시체를 보며 무심하게 돌아가는 것이었습니다…비바람에 부대끼는 소나무도 몇백 년, 몇천 년을 살 수 있고, 홍수에 깎이고 폭풍에 부대끼는 바위도 천고 동안을 유지하는데, 가장 귀하다는 사람이 어째서 백년 내외에 그렇게 보잘 것이 없게 되어 버릴 리가 없음을 사람들은 왜 모를까요?…"[134]

그는 자신이 불교를 안 지 4년이 되었다고 하면서, 이제 비로소 "나는 신도입니다. 나는 특별히 여신도입니다. 좀 더 미혹되고 좀 더 속된 여인 중에서 믿음을 일으킨 여신도입니다. 중생들은 나처럼 신도가 되시옵소서"[135]라는 용기 있는 말을 할 수 있다고 하였다.

그러나, '나의 신념이 확고한지', 또한 '신도로서 할 일이 무엇인지'도 생각할 겨를이 없이, 다만 조그마한 집안 살림살이에 마음을 기울이고 있었다. 그러다가 지난 가을부터 비로소 고요하고 한가한 틈을 타서, 『불교(佛敎)』, 『불청운동(佛靑運動)』, 그 외에 초입자 대상의 불서를 읽기 시작하는 동시에, 불도가 더 없이 높음을 더욱 절실하게 느꼈다. 우주에 꽉 들어찬 것이 모두 불도(佛道)를 상징하는 것임을 깊이 느끼고, 만고의 대진리를 부처님에게서 찾으라고 사람들에게 알리고 싶었다…나는 것과 죽는 것을 볼 때, 평안할 때, 병들었을 때, 기뻐하는 사람과 고민하는 사람을 대할 때, 부처님께서 가르치신 말씀을 기억하게 된다고 역설한다.

그러나, 한편, 우리 불교에는 여신도들의 새로운 활동이 퍽 미미한 것이 큰 유감이다. 여자들이 신심을 일으키기가 쉽기 때문에, 남신도보다 여신도의 수가 많고 내외적으로 업적이 크게 되고 교계를 온통 움직이는 데 활동이 많아야 하는데, 신여성들의 신도가 적고, 활동이 적으니, 이것은 대책이 있어야 할 것이라는 것이다.[136]

이 글에서 일엽은 죽음의 잔재인 해골 속에서 삶의 무상함을 진하게 느끼고 있다. 더군다나 새해 첫 글이지만 신년의 감상으로서 뭔가 새롭고 활기찬 삶의 찬가 대신에 이 경험을 통해 불교적 진리가 현실 속에서 그대로 드러난다는 철학적 성찰로 이끌어간다. 또한 그는 자신이 작년 가을부터 불서를 집중적으로 읽었으며 이런 독서를 통해 불교를 더욱더 깊이 알게 되고 이제 나는 자신 있게 불교 신도라고 말할 수 있게 되었다고 한다. 일종의 신앙고백과도 같이 보인다. 한편 이 글에서 일엽은 자신과 자신의 동료들이 쌓아온 불교여성 운동에 대해 걱정하고 있다. 뜻은 높고 컸으나 따라주는 여성들은 소극적이라는 것이다. 특히 신여성 중에서 불교 신도가 적다는 것이 문제라고 보았다. 따라서 무슨 대책이 있어야 할 것 같다고 그는 말한다.

김원주의 대중강연 장면(출처: 《동아일보》 1926년 2월 24일자 5면, 사회면)

일년 후인 1933년 일엽은 출가하여 수덕사에 거주하게 된다. 만공은 그에게 수행을 위해 읽고 쓰지 말라고 했고, 그는 그것을 실천했다. 연구자 방민호는 김일엽은 자기 지양을 지속적으로 그리고 철저히 거듭하였다고 말한다. 문인 이광수는 불교인이었지만 끝내 재가자였는데 반해, 일엽은 불가에 귀의하여 30년 동안 산문을 나서지 않는 다른 길을 갔다고 한다. 이 과정에서 "김일엽의 자기 지양은 그 지속성과 철저함에서 다른 작가가 따라오지 못하는 면이 있으며, 이것은 이광수가 끝내 속인이었던 데 반해서 김일엽은 불가에 귀의하여 만공의 유지를 받들어 30년 동안 산문을 나서지 않았던 것으로 방증된다"고 주장하였다.[137]

일엽의 수행자로서 그리고 선사로서의 풍모, 그리고 그의 선 사상은 그가 30년 동안 정혜사에서 철저하게 수행한 후, 글쓰기를 재개한 1960년 이후의 글에서 풍부하게 찾아볼 수 있다. 스스로 수행하여 그 결과 견성하면 곧 붓다가 될 수 있다는 불교의 가르침을 확신하게 되었다. 그것이 바로 지금까지 끊임없이 추구해 온 완전한 인간의 길에 다가가는 길이었다. 흔히 그의 출가를 이전의 인생에서 실패하였기 때문이라고 하는 경우도 있는데 그것은 일엽의 출가 후의 치열한 구도 과정에 합당하지 않은 평가라고 그의 손상좌 경완스님은 주장한다.[138] 일엽은 경허, 만공으로 이어지는 덕숭(德崇)문중의 원찰인 수덕사 견성암에서 30년간 입승(入繩, 선방에서 시작과 끝을 알리며 수행을 책임지는 직책)을 지내며 확고한 신념을 가진 선승으로서 30년의 수행을 계속해 나갔다. 30년 후 글쓰기를 재개하고 사회로 나간 것은 도업을 얻는 일을 어느 정도 마쳤다는 자신이 있었기 때문일 것이다. 그는 만공스님이 살아 있을 때 스승으로 부터 '하엽당 백련 도엽 비구니(荷葉堂 白蓮 道葉 比丘尼)'라는 당호와 함께, 인가(印可), 즉 견성했음을 인정받았다. 일엽은 여기에 대해, "무릎을 탁 치게 통쾌한 순간은 맛보지 못하였으나 결코 거짓말을 아니하게쯤은 되었다"고 겸손히 말하고 있다.[139] 또한 "참선이야말로 곧 '나'를 알아 얻는 법이니 대 문화인이 되는 정도(正道)"라고 자신감을 설파하면서,[140] 이제는 "내 몸이 법당이요 선실이니 장소나 시간에 구애받지 않고 정진할 수 있다"[141]고 자신이 터득한 자유의 경지를 숨김없이 밝히고 있다.

(4) 나혜석(1896-1948)

한편 김일엽은 일본 유학 시절, 잡지 『여자계(女子界)』를 창간하여 주간으로 활동하고 있던 신여성 나혜석(羅蕙錫, 1896-1948)을 만나 동지가 된다. 일엽은 이 잡지를 보고 귀국 후 조선에서 여성 잡지를 발행하겠다는 뜻을 품게 되었다고 한다. 그리고 1920년에 나혜석과 신여성운동을 함께했다. 최근 새로운 사상의 실천가, 개혁가, 예술가로서의 나혜석과 그의 작업에 대해 상당히 많은 연구가 나왔다. 그러나 나혜석에 대한 평전이나 연구 어디에서도 나혜석의 불교적 정체성에 대해서는 전혀 언급하고 있지 않다. 예를 들어 나혜석에 대한 대표적 연구를 한 이진경의 경우 그의 문학세계만을 탐구하였다. 그러나 문학이라는 것은 개인의 사상을 예술적으로 표현한 것이기에 그러한 문학 활동의 중심을 이루는 이념과 신념에 대한 천착이 없이 그의 세계를 온전히 이해했다고 하기 힘들 것이다. 화가이자 문필가로서의 예술가 나혜석을 이해하기 위해서라도 그의 일엽과의 연관, 한국 불교의 사찰과 문화 전통, 그리고 사찰에서 수행하는 비구니나 다른 여성 수행자에 대한 그의 관찰, 또 스스로 그 속에 들어가 불도를 닦고자 했던 그의 동기를 분석해 볼 필요가 있다.

나혜석은 여승이 될 생각으로 1937년 해인사 홍도여관에 체류하며 그들을 유심히 관찰하였다. 그 글이 당시 인기 있던 시사 교양 잡지 『삼천리』에 실려 있다.[142] 이 잡지에는 앞서 소개한 우봉운의 글도 많이 실려 있다. 삼우 스님은 〈삼우스님 아카이브〉에서 이 글들이 나혜석의 마지막 글이라고 말한다. 그는 일엽 스님 같이 수덕사 만공스님 문하로 출가하려고 화가 이응로 씨 전 부인이 하던 수덕여관에 자주 왔다고 한다. 그런데 당시 만공스님을 극진히 모시던 나인 출신의 비구 스님 등 주위 사람들이 일엽이나 그 외 신여성들이 만공스님을 찾아오는 것을 극도로 싫어했다고 한다. 스님이 되고자 수덕여관에 장기 체류하고 있던 나혜석이 만공스님을 만나뵈려, [수덕사] 금선대(만공스님 거처하던 암자)에 찾아와도 툇마루 밖에 못 앉고 신발도 못 벗게 하며, 방으로 들이지 않았다. 중이 되고 싶어 했는데 당시에 왔을 때 옷이 남루하고 걸인도 그런 걸인이 없었다며 손을 떠는 수전증까지 병으로 있었다고 한다.[143] 나혜석은 감수성이 예민한 인물로서 그의 출가 결심은 몇 번 흔들림이 있었던 것으로 보인다. 수덕사에 갔을 때 만난 비구니 스님들이 그녀의 결심을 포기하도록 부정적인 영향을 준 것 같기도 하다. 하여간 그녀는 수덕여관에서 여장을 풀고 몇 번 출가를 시도했으나 결국 성공하지 못했다.

(5) 손혜정(1882-1959)

금강산에서 가열찬 수행을 하며 수행자들을 이끈 선사 손혜정(1882-1959)이 있다. 혜정은 법명이고 본명은 손석재이다. 그에 대해서는 아직 많은 사실이 미지로 남아 있으나 김광식의 최근 연구에서 좀 더 자세한 정황이 소개되었다. 손혜정은 부유한 집안 출신이며, 금강산 오대산 등에서 참선 기도 수행을 하여 깨침을 얻었다고 한다. 특히 백성욱(白性郁, 1897-1981)과 다른 도반들을 데리고 내금강의 안양암에 기도와 참선 수행을 한 것이 유명한데 그때 백성욱도 어떤 경지를 얻었다고 한다.[144] 손혜정은 또한 금강산 신계사 문수암에서 성혜스님 밑에서 한때 스님이 되었다는 증언도 있다(정화스님 인터뷰). 백성욱은 독일에서 철학공부를 하고 1925년 박사학위를 취득하고 귀국하여 당시 최고의 지식인으로 숭앙받았으며, 후에 내무부 장관과 동국대 총장까지 지낸 인물이다. 금강경독송회 자료집과 김광식의 연구를 참고하면 손혜정은 백성욱의 스승이었으며, 그에게 법을 전한 것으로 보인다. 그런데 백 박사가 동국대 총장 시절에 매일 손혜정 선사에게 아침 문안을 드렸다고 하는데 그것을 주위에서 좋지 않게 보았고 염문설까지 돌았다고 한다. 손혜정은 동국대에 많은 기부를 하여서 교내에 동상이 세워졌을 정도였으나 5.16 후에 학생들(많은 경우 승려)의 손에 철거되었다고 한다.[145]

(6) 이춘봉(1890-1947)

금강산에서 수행한 걸출한 여성으로 이춘봉(李春鳳) 여사를 들 수 있다. 그는 불화로 유명한 석정스님의 어머니이다. 〈삼우스님 아카이브〉에 들어 있는 아들 석정스님의 증언에 따르면, 이춘봉은 숙명여고 출신의 신여성으로 황해도 해주군에서 태어나 해주보통학교를 졸업하였다. 그런데 집안이 망하고 9남매 중 이춘봉 여사만 남았다. 서울 숙명여고에서 졸업하고 총독부 병원에서 산파를 했다. 동경 의과대학을 가려했으나 좌절하고 해주 신광사에서 책을 보며 소일하는데 부친이 금강산 구경하고 오라고 해서 신계사 보타각으로 갔다. 그때 이춘봉 여사는 신심이 나서 홀로 남아 100일 기도를 하고 아예 신계사 보운암으로, 그리고 나중에 도솔암에서 6년을 혼자 살면서 수행하였다. 당시 홍삼근 스님이 와서 식량을 도와주려고 하니 자신은 배속에 애가 있어서 스님이 주는 쌀 한 섬을 받을 수 없다고 말함으로써 임신 사실이 밝혀지게 되었다. 석정스님의 아버지 석두(石頭)스님은 일제 망국의 현실에 절망하고 금강산으로 입산하였다고 한다. 석두스님은 후에 온정리로 갔다가 나중에 효봉스님이 제자로 따르게 됨에 따라 남쪽으로 내려갔다가 훗날 아이(석정스님)를 낳고 금강산으로 돌아온 가족을 위해 봉래동에 집을 지어서 이춘봉 여사와 석정스님이 살게 해주고 떠났다. 그것이 봉래암이다. 이춘봉 여사는 신계사에 청신학원 불사할 때 교사를 하기도 했으나 평생 금강산에서 수행자로 살았다. 그리고 시주 불전 절대 받지 않은 것으로도 유명하다. 시주로 받은 쌀은 공부하는 사람이나 포교하는 사람이 먹는 것이고 일반 사람인 자신이 그걸 먹을 수 없다고 하였다.

어렸을 때 석정스님은 그림 신동으로 소문이 나고, 도인 아버지에 현대인테리 여성을 어머니로 둔 것으로 그 주변에 유명하게 되어 금강산에 관람객들이 오면 택시운전사가 안내인이 되어 사람들을 데려와서 그림을 그려주고 성금을 받았다고 한다. 이춘봉 여사는 엄격한 방식으로 석정스님을 훈육하였으며, 풀 한 포기도 소중히 다루는 경건한 태도를 잃지 않았다고 한다. 북한이 공산화되고 나서 아들(석정스님)을 남쪽으로 내려보낸 후 석정스님은 다시 어머니를 보지 못했다고 그리운 정을 여러 차례 토로하고 있다.[146]

(7) 최만월화(1882-몰년 미상)

한편 일제강점기의 상류층 여성의 수행 형태를 알아볼 수 있는 자료로 다음 기사를 찾아보았다. 1935년 『조선불교』에 실린, 최만월화(崔滿月華)를 인터뷰한 기사이다. 그는 1882년생이며 성북동(城北洞)에 사는 서광전(徐光前)

거사의 부인이다. 당시 54세 권상로(權相老) 교수를 따라 열심히 불교를 연구했다고 한다.

"아내[家內]는 1888년부터 1903년까지 가정에서 한문을 배웠습니다"라는 남편의 소개에 이어, 최만월화는 자신의 불교와의 인연을 이렇게 서술한다; "본인이 불교를 믿게 된 것은 1908년 해인사의 박실담(朴實潭) 선사가 경성에 나왔을 때 만나 뵌 것이 계기가 되었다, 여래의 한량없고 광대한 지혜와 공덕과 원각의 묘법을 듣고서, 이것이 숙세(宿世)의 인연이겠죠, 깊게 불교를 믿게 되었고, 스님께 보살계를 받았습니다" '불전(佛典)도 읽느냐'는 질문에, "1923년 안국동에 선학원(禪學院)이 건립되어서, 부인 좌선회도 함께 개설되었기에 거기에 가입하여 『법화경』, 『금강경』, 『원각경』, 『능엄경』 등 약간의 경전을 배웠고, 가정에서 한문을 배웠었던 것이 대단히 도움이 되었다"고 대답한다.

신앙에 대한 생각을 물어보자, "저는 본래 하근기의 중생으로, 생각이 천박하여 선법(禪法)을 깨우쳤다는 생각이나 불경의 오묘한 이치를 내뱉는 것은 가능하지 않습니다. 다만 저의 신앙을 말씀드린다면, 부처님이 대자대비하신 서원으로 일체중생의 죄를 참회해 주시는 것을 믿고 해탈과 성불을 기원할 뿐입니다"라고 대답하였다. 남편이 작년 겨울 게송을 지으셨다 하는데 보여주실 수 있냐는 말에, 남편이 터무니없는 말을 했다고 겸손해하면서, 시 한 수를 보여주었다.[147]

여기에 나오는 인물들과 그들의 행적에 대해서 더 이상 확인할 길은 없다. 하지만 이 기사에 나오듯이 "시게(詩偈)"를 지어서 보여주는 것이 흥미롭다. 게송이란 불교에서 깨달음의 세계를 표현하는 문학 형태이다. 특히 깨친 선사들은 자신의 깨달음의 경지를 시로 지어서 표현하는데 흔히 오도송이라고 한다. 최만월화 보살의 게송은 오도송의 형태를 취하고 있다. 상상으로 짐작하기에는, 최만월화 보살이 수행력이 뛰어나고 견성했다고 소문이 나서 『조선불교』잡지에 관여하는 권상로 씨가 추천하여 기자가 가서 인터뷰한 것으로 추정해 볼 수 있다. 1930년대 당시 여염집 부인으로서 부인좌선회에 가입해서 선을 공부하고 한문 경전을 읽고 수행도를 닦아서 소위 깨침을 얻은 여성으로서의 최만월화 보살을 그려본다.

4. 불교 여성 단체의 형성과 근대성의 지향

앞에서 몇 명의 사례를 통하여 식민지 시대에 불교여성 지식인들의 활동을 살펴보았다. 당시 사회는 정치적으로 민족주의 독립운동 세력과 사회주의 단체와 진보 세력들이 규합하고 있었다. 이런 사회적 분위기 속에서 불교를 신봉하는 개혁 성향의 인물들은 여성의 현실, 그리고 전통 불교의 관행을 개혁 운동의 대상으로서 삼고 조직화하는 움직임을 보이기 시작하였다. 여성의 의식 개혁을 시대적 화두로 삼으면서, 이 과제를 실현할 주체로서 불교 여성 단체를 결성하여 집단적 활동을 통해 조직적으로 이 과제를 실현하고자 했던 것이다.

1) 조선불교여자청년회의 창립

1920년대 불교계에도 여성단체가 생겨나 여성계몽운동이 전개되었다. '조선불교여자청년회'는 흔히 '불여청'이라고 줄여서 불리며, 불교계 최초의 여성 단체로 기록되고 있다. 불여청은 1922년 4월에 우봉운, 일엽, 김광호, 김난득, 박성옥 등이 주축이 되어 여성의 교양 함양과 지식계발 그리고 불교 교육을 위해서 창립되었다. 불여청의 조직과 규모를 정확히는 알 수 없으나, 1925년경에 100여 명의 회원이 활동했다고 한다. 그 내용은 주로 여성을 대상으로 한 계몽운동이며, 강한 불교적 신념과 활동 양상도 보이고 있다. 그 주체 세력은 1920년대의 여학교 졸업생 또는 일본 유학파가 중심이 되었다. 초대 회장으로는 앞에서 소개한 우봉운이 선출되었는데 그녀는 정신여고를 졸업하고 계성학교와 간도의 여학교 교사로 활동한 경력이 있다. 1924년경에는 조선여성동우회에 가담하여 활동하기도 하였다. 다음에서는 김광식의 연구를 중심으로 약술하겠다.[148]

불여청은 회원들 간의 불교 관련 교육 과정과 회원 여성들의 직업교육을 강조하고 실천하였다. 구체적으로는 1922년 9월 능인여자학원을 창설하면서 매월 법회와 불교계 여성들의 각성과 계발을 촉구하는 강연회, 토론회, 부인 강좌 등 불교 교육에도 앞장섰다. 그 당시 애국계몽운동의 일환으로 각지에 세워진 학교와 야학은 여성들에게 신식 교육의 기회를 부여해 주었을 뿐만 아니라, 정치·사회적인 의식을 일깨워 주었다. 이러한 사회적 배경에서 창립된 불여청은 그 창립선언문에서 이러한 성격을 분명히 나타내고 있다. 즉 여성 권익 신장을 위해 이를 저해하는 사회적인 관행과 제도를 개선하겠다는 의도를 전면에 내세웠던 것이다.

그러나 불여청은 1925년 이후 능인여자학원의 경영권이 일본 사찰로 이관되는 등 운영난으로 침체 상황을 맞게 된다. 그 이유로는 사찰 여성 신도와의 공감대 형성에 실패하였다는 것과 사업으로 능인여성학원, 명성 실업학원 등을 운영하였으나 일제 탄압이 가중되면서 그 학교 활동이 쇠퇴하였기 때문으로 파악된다. 또한 신여성들이 중심이 되어 구성된 조선불교여자청년회는 출가 승단의 비구니와 여타 여성 신도들과는 교감을 하지 못했다. 즉 불여청 구성원들의 면모에서 보듯이 신여성의 의식을 가지고 있던 그들은 종래의 여성 불교 신도는 단순한 신앙행태에 젖어 있다고 지적하고 비판하였다. 당시에 출간된 불교계의 잡지와 신문에서는 종래 여성들의 신앙생활이란 자신의 공덕 쌓기에 급급하여 불상이나 탑·종을 만든다든지 재를 올리거나 가사(袈裟) 등을 만드는 불사에 참여하는 등, 주로 단순한 것이라고 하면서, 이러한 신앙생활은 중생을 제도하는 불교 본래 목적에 충실하지 못하고 미신으로 흐르는 경향이 있다고 비판하였다. 이같이 일반 불교여성들을 계도하려거나 그들을 비판하는 이들 불여청 구성원들의 태도는 당시 일본의 자유주의 사상을 수용한 신여성들에게서 일반적으로 발견되는 현상이다. 이같은 이념적 문화적 차이를 본다면 이들 신여성과 일반 전통 불교여성간에 서로 공감대가 형성되기는 어려웠을 것 같다.

2) 능인여자학원

불여청은 능인여자학원(能仁女子學院)을 운영하여 불교계 여성들의 의식 계몽과 교육을 도모하였다. 이 학원은 4년제로, 초등학교 정도의 교육 과정을 운영했으며, 200여 명의 학생이 있었다. 1923년 3월에 설립되었으며 교장은 불여청 회장이었던 우봉운이 맡고 있었다. 이 학교는 1920년대 말에 이르러서는 계속되는 일제의 교육 내용에 대한 간섭과 압박으로 학교의 운영에 어려움이 가중되었다. 이 무렵 능인여자학원의 경영권이 일본 사찰인 서본원사(西本願寺)로 넘어가게 된다. 이 단체가 침체기로 접어들자 구성원들은 근우회와 조선여성동우회 등 다른 사회 여성운동 단체에서 활약을 계속한다. 1927년 신간회의 방계 단체로 근우회가 조직되자 불여청 회원들 가운데 우봉운·김일엽 등 많은 사람들이 근우회에서 활동하였다.

불여청은 초기부터 적극적으로 불교를 넘어서서 당시 다른 단체들과 연합하고 있었다. 예를 들어 전조선청년당대회에 참가하였고 우봉운, 김광호, 이명규가 대표로 참석하였다. 그러나 격렬한 논쟁 후 종교를 부정하는 것으로 결론이 나자 이후 불여청은 급진적인 청년당의 노선에 합류하지 않게 되었다.[149] 이 같은 사회 단체의 활동 경험을 통해 불여청은 1929년 재기의 움직임을 보이고, 1929년 10월 재창립한다.

1929년 8월에 발간된『불교』62호는, "시내 수송동의 대자유치원(大慈幼稚園)에서 보모들을 중심으로 불교여자청년회를 조직하고자 회원을 모집 중"[150]이라고 보도하였고, 1929년 11월에 발간된 65호에서 "지난 10월 19일 오후 2시에 창립총회를 열어 제반 사항을 토의하였다는데 그 순서는 다음과 같았다. 개회, 내빈축사, 회원점명, 취지설명, 의장선거, 서기와 사찰 지정, 발기회 회록 낭독, 규약 통과, 임원 선거, 기타사항, 폐회"라고 밝혔다.[151]『불교』66호에 실린 불여청 간부의 이름은 다음과 같다. 서무부상무간사 김한득, 간사 김일엽, 재무부상무간사 김광호, 간사 임성옥, 훈육부상무간사 하형옥, 간사 박덕순, 체육부상무간사 이학순, 간사 김경희 등이 그들이다. 여기서 일엽 김원주가 '재무간사'의 소임을 맡고 있고 그 외 김광호 등 불여청의 이전 간부들이 계속 참여하였음을 알 수 있다.

불여청의 주요 직책을 맡은 김광호는 두 달 후『불교』67호(1930년 1월호)에 "불교와 여자의 신앙-불교여청 주최 강연 초고"라는 제목의 글을 기고하였다.

어느 종교를 보던지 남자 신도보다 여자 신도가 많습니다. 예배당을 가서 보아도 그러하고 우리 불교 포교당에 와서 보아도 그렇습니다. 이것이 어찌한 까닭이냐 하면 우리 여자는 남자보다 치우친 성질이 많기 때문에 종교를 믿는 마음도 더 심각한 까닭인가 합니다. 그러나 불교는 삼국시대 같은 고대에 있어서는 그렇지 않았지만 이조의 조선시대에서는 오랫동안 산간에서만 있었기 때문에 일반 사회의 남자와도 관계가 적었을뿐더러 더구나 우리 여성과는 하등의 관계가 없었습니다. 어쩌다가 여자로서 불교를 믿게 된 사람이 있었다면 아들과 딸이나 낳기 위하여 혹은 병이나 고치고 복이나 빌기 위하여 혹은 늙어 죽은 뒤에 극락세계나 가기 위해서 믿었을 뿐이요. 이 세상에 있는 동안 불교의 감화를 입어서 위대한 인격을 발휘하여 가정의 어머니가 되고 사회의 어머니가 되고 국가의 어머니가 되어서 세상을 건지는 여장부가 되려는 신념 밑에서 불교를 믿는 자가 없었습니다… 그러나 고대 인도, 중국, 한국 등의 뛰어난 불교여성들은 모두 여성의 인자한 덕성을 불교의 대자대비한 정신에 비추어서 현재의 가정을 바로잡고 현재의 사회를 안정시키고 국가를 정화시키려고 노력하였습니다…이상에서 소개한 그네들과 같이하여 그만한 인격을 이룬다면 남녀 평등이니 여권 확장이니 여자 해방이니 여성 반역이니 하는 듣기에도 살기가 뻗친 문제를 일으킬 염려도 없을 것입니다. 단지 여성들의 신앙이 철저치 못함을 걱정하고 옳게 믿지 못한 것을 한탄할 따름입니다.[152]

이 김광호의 글에는 가부장성과 양성평등적 관점이 혼재되어 있다. 예를 들어, 남녀 평등 또는 여성 해방의 이념에 대해서 "듣기에도 살기가 뻗친 문제"라고 표현하면서 거부감을 표출하고 있다. 불여청 내부적으로 이념적으로 큰 편차가 있었음을 보여준다 하겠다.

　재창립 이후의 활동도 1920년대 초반의 활동 내용과 거의 유사했다. 불교 일요학교를 운영하였고, 부인강좌와 재봉학원을 운영하였다. 이러한 사업은 불교를 통한 여성의 지식 계발을 지향하고 교육, 특히 여성의 직업 교육을 그 활동 중심으로 삼는 불여청의 창립 목적에 부응하는 것이었다. 이 시기의 활동 가운데서 주목할 만한 것은 재봉학원 후신으로 1931년 명성여자 실업학원을 운영한 것이라고 할 수 있다. 불교청년회와 재단법인 조선불교 중앙교무원의 지원과 재정적인 후원을 받아서 운영하였는데, 여성들의 사회활동에 필요한 지식과 기능을 가르쳐서 사회에 공헌할 인격을 양성하겠다는 목적으로 본과 2년, 전수과(專修科) 6개월 과정 등 도합 4개 과정으로 각 200명을 모집하였다. 양복·자수·편물·세탁·염색·요리 등을 가르쳤다.

3) 명성여자실업학원

　그러나 불여청, 즉 조선불교여자청년회는 1931년 조선불교청년회가 조선 불교청년총동맹으로 변화하면서 그 산하기관인 '조선불교청년여자동맹'으로 전환되었고 아울러 김일엽·박순덕·김광호 등도 책임위원으로 피선된다. 1931년 가을 명성여자실업학원은 경영난에 봉착하여 비불교계 인사가 이 학원을 인수하게 되었다는 사실에 대해 학교를 양여하지 않겠다고 결정하고 불교계의 31개 각 본사에 재정적인 지원을 호소하였으나 큰 실효를 거두지 못하였다.[153] 이상과 같이 1920년대 불교계 여성들의 의식 계몽과 교육을 위해서 창립되었던 불여청은 1923년 3월에 개최된 조선불교청년대회의 주체가 되기도 하고 사회 급진 세력에 합류하기도 했지만 사회문제에 대한 관심은 미약했고, 불교계에서도 그들을 개혁의 중심에 초대하지 않았다.

불여청은 최초의 여성운동 단체로서 남성이 주도하는 불교 단체들이 설립되는 것에 자극을 받아 주체적으로 조직을 이루고 결집한 것이다. 그러나 불교 단체의 경험이 없는 당시 비구니 및 여성 신도로서는 이것이 그들의 첫 조직 경험이었다. 15년간의 부침 속에서 1935년 이후 불여청은 그 활동을 중단하게 된다. 당시 어려운 식민지 현실에서 여성의 조직체를 결성하여 사회운동에 동참한 활동 등은 그 시대적 의의를 높이 평가해야 할 것이다.

한편 이 시기 우봉운은 1925년 즈음 불여청의 주요사업 가운데 하나였던 능인여자학원의 경영권을 상실하게 된 것에 대하여 진정서를 제출하였으나 성과는 없었고 결국 능인여자학원을 떠나게 되었으며 불여청 활동도 침체기에 접어들게 되었다. 우봉운은 이후 조선여성동우회와 경성여자청년동맹의 발기인에 이름을 올렸고, 1927년 창립한 근우회에서도 집행위원 등 간부급 인사로 활동한다.

4) 부인선우회

우봉운은 참선 수행에 남다른 관심을 보이게 된다. 1930년 안국동 선학원의 참선 수행 조직으로 남녀선우회가 결성되는데, 앞서 여불청을 창립했던 우봉운은 이 중 여성 재가 불자들의 모임인 부인선우회의 간부로 활동했다. 부인선우회는 하안거, 동안거 수행에도 동참하는 등 스님들 못지않게 대단히 열정적으로 수행하는 단체였다. 스님들도 부인선우회의 수행 공간을 선방이라 부르는 등 여성의 수행도 공식적으로 인정하는 분위기였다. 특히 만해스님은 부인선우회에 특별한 관심을 가지고 자주 설법을 했다고 한다.

새북종성(塞北鍾城) 불교부인회 창립기념 촬영(출처: 『불교』 83호, 1931년 5월호)

당시 여성 불자들은 염불과 기도를 통해 신행 생활을 하는 것이 대체적인 흐름이었던 만큼, 참선을 기본으로 한 부인선우회의 용맹정진은 이례적인 관심을 모았다. 기복으로 흐르던 여성 불교가 선불교와 만나는 구심점이 바로 부인선우회였던 셈이다. 부인선우회의 강령은 단체의 성격을 단적으로 드러내고 있다: "우리는 부처님의 정신을 체달하여 자선을 선포실행하며 부인들을 인도하고 견성성불하기로 한다" 깨달음을 궁극적인 목표로 부처님의 가르침에 따라 자선 활동과 포교 등 실천행에 나서겠다는 다짐이다. 우봉운은 1931년 정기회에서 동포 구제 사업을 공식 제안하는 등 부인선우회의 대사회적 활동에 적지 않은 관심을 두었다. 당시 우봉운의 제안이 만장일치로 받아들여져 현금 7원여와 의복 80점을 모연해 동포구제회에 보시하기도 했다.

이 과정에서 우봉운이 출가한 전 남편 석호스님과 지속적인 교류를 이어 가고 있다는 점도 흥미롭다. 무엇보다 두 사람은 활동한 시기와 장소가 일 치하는 등 접점이 이어지고 있어 눈길을 끈다. 우선 1920년대 초 우봉운이 국내로 들어와 조선불교여자청년회 준비를 하던 시기, 석호스님 역시 서울 의 석왕사 포교당에 머물며 불교청년 운동의 일환으로 강연 등 다양한 활동 을 전개하고 있었다. 조선불교여자청년회가 창립된 1922년보다 1년 앞선 시기, 석호스님이 안국동 일대에서 선학원 창립에 동참한 기록도 전해진다. 비슷한 시기와 장소에서 불교운동을 이끌던 두 사람이 자연스럽게 교류 관 계를 유지했을 가능성이 적지 않다. 우봉운이 '부인선우회'를 조직하고 간부 로 활동하던 1930년대 역시 마찬가지다. 부인선우회의 활동 기반은 바로 안 국동 선학원이었는데, 곧 석호스님이 활동하던 곳이다. 1930년대 석호스님 은 이곳에서 불교수좌대회 의장으로 조선불교선종 창종을 기해 선서문을 낭독하기도 했다.[154]

1930년대 이후 그녀의 삶에 대해서는 명확히 알려진 바가 없다. 불교와 밀접한 여생을 살았을 것으로 짐작된다. 1935년 9월 『삼천리』는 "우봉운은 동아일보사를 다니며 신문 권유원 노릇을 하다가 이마저도 그만두고 안국 동 여자 선학원에 거처를 정하고 있었다. 한동안 여사가 스님이 됐다는 소 문이 퍼졌으나 그 진위는 알 수 없다"라는 기사가 있고, 다음해 1936년 12월 에는 허정숙 여사의 어머니 장례식장에 이전의 근우회 회원들이 모였다는 기사에 그 이름이 올라 있다.[155] 그는 근대 불교여성운동에 큰 기여를 하였 으며, 특히 그의 기복불교 비판론은 당시 여성 불교계의 담론 형성에 상당 히 영향을 주었다고 해야 할 것이다.

5) 표훈사 부인선원

1931년 부인선우회 창립에 이어 1932년에 금강산 표훈사에서 '표훈사 부인선원'이 결성된다. 이것은 재가 불교여성들의 신행 조직으로 당시 신여성 운동이나 사회 비판과는 다른 여성 수행 단체이다. 그러나 이 단체도 마찬가지로 당시 여성의 기복적 신앙 행태를 비판하는 등 근대적 이성적 불교 이해를 표방하였다.

이상과 같이 20세기 초반에 활동했던 불교여성들의 활동은 다양한 형태로 나타난다. 기록이 많지는 않지만 근대적 공간과 사회 환경 속에서 제도와 조직에 참여하고 그것의 강화를 위해 여러 가지 방식으로 노력하였음을 알 수 있다. 그 일관된 정신은 자신의 종교적 자아를 확인하고 그것을 다양한 방식으로 실천하여 주체적 의식을 확장해 나가는 것이었다. 재가 여성들의 다양한 활동은 해방 이후 불교계에서 더욱 왕성하게 발견된다. 다음 장에서 이어서 서술하겠다.

제6장

해방 이후 불교계의 재구성과
여성의 조직화

1945년 해방과 1950년 6.25 동란이라는 큰 사회적 시련을 겪고 이겨내면서 비구니계와 여성 종교계에는 큰 변화가 나타난다. 초토화된 산천에서 비구니들은 폐허가 된 가람들을 복구하는 일 을 시작하였다. 갖가지 개인적 희생과 어려움이 있었지만 결국은 제대로 갖추어져 있지 않았던 공간을 복구하여 비구니의 거주 환경을 개선하였다. 또한 전쟁으로 폐허가 되어 사람이 살 수 없게 된 사찰들에 비구니들이 들어가 그 사찰을 복구하여 새로운 수행 공간을 확보하기도 했다. 비구에 비해서 물질적 기반이 약한 비구니들에게는 이런 폐사지들이 새로운 기회가 되었다.

이러한 사찰 건립과 중창의 활동을 통해 경제적 기반이 늘어나게 되고 이것을 발판으로 하여 비구니들은 외부로 활동을 확장해 나가기 시작했다. 사찰 규모는 늘어갔고, 도시에 분원이나 포교당 등을 세워서 활동의 다변화를 꾀할 수 있었다.

또한 전쟁 이후 베이비 붐이 일어나면서 비례해서 늘어난 여자 고아들을 비구니 사찰에서 수용함으로써 승려들의 수가 증가하였다.[156] 동란 중 전체 인구는 줄었으나 사찰이라는 특수한 공간 속에서는 인구 수가 증가하게 된 것이다.

한편 사회 변화를 따라 산중에 있던 비구니들이 점차 도시로 이동하게 된다. 큰 사찰 주위의 비구니 암자들은 그 지역의 사정에 따라 여러 갈래의 이동과 변화를 보이며 또한 서로 활발한 왕래를 시작하게 된다. 동화사, 석남사 등에 비구니 강원과 선원이 설립되고 비구니들의 체계적인 교육을 본격적으로 시행하고자 하는 움직임이 일어나게 되었다.

이런 대규모 불사(佛事)를 통해 비구니 스님들은 신도들을 독려하고 같이 노력하면서 자신의 지도자로서의 역량을 스스로 깨닫게 되었으며, 또한 자신을 포함한 여성들의 능력과 원력에 대한 자신감을 얻을 수 있었다. 사찰 건립과 같이 거대한 규모의 불사는 육체적인 노동과 조직력 그리고 체계적 행정력이 필요하다. 그리고 무엇보다도 신도들을 모아서 화주를 하고 시주를 받을 수 있는 감화력도 갖추어야 한다. 1970년 이후 여성계의 괄목할 만한 약진이 나타난 것은 이런 힘과 자신감이 모아진 결과라고 보는 것이 타당할 것이다.

이 장에서는 동란 이후 역경을 딛고 일어난 여성들의 삶을 살펴보고 그러한 경험이 이후 그들에게 어떤 영향을 주었는지를 살펴보겠다. 자료로는 당시 비구니들의 구술 자료, 그리고 불교계의 역사 자료와 기존 연구들을 참고하겠다.

1. 한국 동란 이후 비구니 사찰 복구 운동

한국의 비구니계의 집단적인 활약이 가장 눈에 띄게 나타나는 시기가 바로 한국 동란 직후이다. 실로 1950년대 초의 역경과 시련은 이들 비구니 스님에게 새로운 계기를 제공했다. 현재 서울 외곽의 아름다운 절로 알려져 있는 진관사의 경우가 그런 예이다. 진관사는 고려시대 11세기경에 세워졌으며, 조선시대에는 지리적으로 궁궐에 가까워서 왕실의 원찰로 기능하여 유교적 사회 질서 안에서 불교가 어떤 식으로 자신을 변화시키고 적응하였는지의 사례를 보여준다. 진관사는 전통적으로 조선시대 왕실에서 매년 거행하던 수륙재를 지내던 곳으로, 의식과 관련되는 문화 예술적 측면과 사찰 음식이 발달한 곳으로도 유명하다. 조선시대에는 여승 사찰에서 사대부들에게 사찰 재정을 위해 숙식을 제공하는 경우가 있었다고 하는데, 이곳 독서당도 신숙주가 공부한 것으로 유명하다. 그런데 이 진관사가 현재의 규모로 큰 도약을 하게 된 것은 동란 이후이다. 이 사찰은 다른 많은 사찰과 마찬가지로 공비 토벌 등을 이유로 전소되었었다. 이러한 상태에서 1960년대부터 불사를 시작하여 30년에 걸쳐 건물들을 건축·중수하여서 지금의 규모에 이르게 되었다고 한다.

지리산같이 큰 산내에 있던 사찰의 경우는 더 말할 것이 없었다. 대부분의 사찰은 깊은 산중에 위치하고 있었기에 전쟁 동안의 화재 또는 기타 이유로 인해 건물이 완전히 소실되는 등 그 참화가 극심하였다. 이 초토화된 산천에서 비구니들은 폐허가 된 가람들을 복구하는 일을 시작하였다. 동란 후 사회적 혼란 속에서 사람이 살지 않는 불탄 건물에 비구니들이 들어가 집으로 삼고 새로운 터전을 일군 것이다. 많은 비구니 사찰들이 이때 새 모습을 드러내게 되었다.

이런 불사를 통해 새로운 지도자들이 부상한다. 의정부에 소재한 석림사는 전쟁 이후 소실되어 폐사한 것을 상인(相仁) 비구니가 복원하였다고 한다. 당시 스님은 석림사에 들렀다가 절의 퇴락상을 보고 중창할 서원을 세웠으며, 이후 수년간 단월(檀月, 즉 시주자)을 찾아다니면서 시주를 얻어 현재의 가람을 이룩하였다고 한다. 동화사 양진암도 한국전쟁 이후 성련스님이

내원사 중창불사 완공을 앞두고(1960년 무렵으로 추정)
(출처: 내원사 제공)

그곳에 자리 잡아 비구니 선원을 일구었다. 석남사의 정수선원은 한국전쟁
때 전소된 것을 인홍스님이 복구하였다. 이후 석남사는 대표적 비구니 사찰
로 성장하고 석남사 강원은 주요 교육기관으로 자리잡게 된다. 내원사는 통
도사의 말사인데, 통도사는 비구 사찰로 그 밑에 수십 개의 사찰이 그 관할
내에 속하는 것이다. 그런데 이 내원사의 경우도 전쟁 때 완전히 소실된 것
을 1955년 수옥스님이 재건하여 오늘에 이른 것이다.

  1950년대 당시 여성 수행자들이 이같이 자신들의 공간을 확보하는 과정
은 수행 공간 확보 이상의 특별한 의미가 있다. 즉 조선시대와 일제강점기
를 통해 산발적으로 확인되던 비구니들의 존재가 조직화되는 것이며, 개인
적으로는 자신의 비구니로서의 정체성을 확인하고 자신감과 긍지가 높아

지는 것이며, 대외적으로는 비구니들이 자신의 목소리를 내고 사회적으로 인정받게 되는 계기가 되었다. 예를 들어, 수옥스님은 중창 불사 완성으로 1959년에 경남도지사로부터 내원사 중창 공로상을 받고 또한 조계종 총무원에서도 공로상을 받았으며, 1962년에는 국가재건최고회의 의장으로부터 문화재 보호 공로상과 문화훈장을 받았다고 하는데, 이러한 일들이 비구니들에게는 크나큰 자긍심을 불러일으켰다.[157]

　그런데 소위 불사(佛事)에는 시주와 공덕의 원리가 작동하게 된다. 공덕이란 선업의 결과로서 쌓이는 것으로, 마치 재산과도 같은 것이다. 선업을 쌓음으로써 얻어진 공덕을 다른 중생들에게 나누어 줄 수도 있다. 이러한 공덕의 경제학은 사찰의 운영에 있어서, 그리고 승가와 재가와의 교환의 측면에서 중요한 함의가 있다. 재가 신자들은 사찰을 중창하는 이같은 중요한 일에 동참하고 기여함으로써 많은 공덕을 짓게 된다. 여기서 승가의 스님들은 공덕을 받는 주체가 아니라, 그들 재가자들이 공덕을 짓도록 옆에서 도와주는 사람이다. 즉 증여 자체의 행동에서 발생한 공덕은 선업을 지은 재가자들의 몫이다. 불교에서는 무아의 원칙에 따라 행위의 주체도 그 행위를 받는 사람도 그 행위 자체도 없다고 가르친다. 즉 증여받는 자와 주는 자가 없는 순수한 행동만 있을 뿐이고 거기에서 진정한 선업과 공덕이 만들어지는 것이다. 이 같은 불교의 공덕 메커니즘은 이기적 자아를 넘어서서 공동의 선을 강조하고 또한 더욱 높은 도덕을 제창할 수 있는 바탕을 제공한다고 할 수 있다.

2. 비구니 선원과 강원의 설립

비구니계 주요 사찰들의 중창(重創, 이미 사찰 터가 있는 곳에 건물을 새로 짓는 것) 시기를 살펴보면 전쟁과 비구니 사찰 건립 사이의 관련성을 분명히 알 수 있다. 내원사, 운문사, 대원사, 석남사 등은 1955년부터 불사를 시작하여 60년대 초반까지 불사를 통해 복구되었다. 이들은 모두 전통사찰로 1000여 년 전에 창건되었다고 하나 그 이후 특별한 다른 사건의 언급 없이 1950년대 이후 비구니 사찰로 중창되었다는 기록만 전해진다. 이러한 성과들은 전쟁 이후 아무도 살지 않고 폐허가 되어 절터밖에 없던 것을 비구니들이 자원하여 개척한 결과로 이루어진 것이다.

그런데 이 사찰들은 이후 비구니계의 주요 사찰이 된다. 즉 선방이 들어서고 강원이 이곳에 세워지는 것이다. 잿더미 속에서 일구어 이러한 공간들이 확보되면서 비로소 비구니들은 수행자로서의 그들의 정체성을 그 위에 쌓아가기 시작한다. 이때 등장한 50대의 비구니 중진 세명, 정수옥(鄭守玉, 1902-1966)스님은 내원사의 주지로 1955년 임명되었고 법일(法一, 1904-1991)스님은 전남 지리산에 있는 대원사의 주지로 1955년 9월 임명되고, 인홍(仁弘, 1908-1997)스님은 경상남도 소재 석남사에 1957년에 주지로 임명되었다. 이 세 비구니 지도자들은 가까운 도반 사이였으며 비구니의 수행을 위하여 도량을 짓는 거대한 불사를 같이 하자고 결의했다.[158] 비구니들에게 주어진 사찰들은 모두 다 한국 동란 때 피해를 많이 입어서 심각한 상태에 있던 사찰들이었다. 비구니들은 아무것도 가진 것 없이 거의 맨손으로 그 사찰들을 복구하여 현재 선원과 강원들의 중심지로 만들었다.

아래에서는 한국 비구니계의 주요 사찰인 내원사, 대원사, 석남사, 그리고 동학사, 운문사 등이 어떤 과정을 거쳐 선원, 강원 등을 설립하고 비구니 교육의 중심 기관으로 성장하는지 살펴보겠다.

1) 내원사와 수옥스님

사찰을 일구는 과정에서 자연히 리더십이 등장하기 마련이다. 앞에서 살펴본 비구니 수옥(守玉, 1902-1966)스님의 경우가 그러하다. 수옥스님의 전기를 분석해 보면 그의 삶이 단순히 개인적인 차원에서가 아닌 한국 비구니들이 계보와 법맥을 가지는 전통으로 발전하게 되는 사회적 맥락을 알 수 있다. 수옥스님은 이전에 충남 예산 보덕사의 주지로 있다가 1955년 54세 때 조계종에 의해 내원사 주지로 임명되었다. 그리고 온갖 정성과 노력을 기울여 내원사를 일구는 중창불사를 완성하고 도량을 정비하였다. 그러나 그의 지도력은 내원사의 물리적 환경을 정비하고 완성하는 데에만 있지 않았다. 그는 선대의 묘리 법희스님으로부터 이어지는 자신의 계보를 확립하고, 이후 수옥 문중이 설립되는데 결정적인 역할을 하였다.

수옥스님은[159] 1917년 16세의 나이로 수덕사 견성암(선원)으로 출가하여 처음부터 선을 수행하고 이듬해 비구니 법희 선사를 은사로 사미니계를 받았다. 선을 수행하는 수좌로서 시작하였으나 이후 교학 공부에 전념하였다. 해인사에서 고경화상의 가르침 아래에 2년간 공부하며 1922년에 (사미과와) 사집과를 수료하였다.[160] 그 후 서울에 올라가서 서대문 응선암에서 대은강사를 모시고 사교과와 대교과를 이수하여 28세이던 1929년 봄에 수료하였다. 불교 전문 학과를 이수한 후 선방에서 5년간 수선(修禪)하였다.

그는 36세 되던 1937년 해외 유학에 뜻을 두고 일본으로 건너가 1938년에 먼저 일련종에서 공부하고, 1939년 교토(京都) 소재 임제종의 대본산 묘신지(妙心寺, 묘심사)가 운영하는 불교종립학교인 미노 소재 니슈가쿠림(美濃尼衆學林)으로 옮겨 공부하였다.

일본 유학을 다녀온 후, 42세 되던 해 1943년에 상주 남장사의 조실이자 강백인 혜봉(慧峰, 1874-1956)스님이 개설한 최초의 비구니 강원인 남장사 강원의 강사를 맡았다. 당시 수옥스님에게 배운 사람으로 후에 전국비구니회 회장을 역임한 광우(光雨, 1925-2019)스님이 있다. 그는 혜봉스님의 딸로, 남장사 강원의 첫 20여 명의 비구니 학인스님 중 한명이다.[161]

수옥스님은 6.25전쟁이 끝난 후 1955년에 내원사 주지로 부임하여 내원사를 중창하였으며 이후 1958년 내원사 선원을 개원하고 그해부터 선방 납자들을 받기 시작했다.[162] 당시 유명한 선사인 법희스님, 본공스님, 선경스님 등이 이곳에서 수행자들을 지도함으로써 내원사 선원은 비구니 선방으로서 이름을 날리게 되었다. 특히 선경(1904-1996)스님은 1963-1973년까지 내원사 선원에서 입승(入繩; 선방에서 안거 중에 죽비를 잡고 참선을 지도하며, 전반적으로 수행을 지도하는 역할)을 보아 내원사가 선 수행의 중심지가 되는 데 큰 공로를 세웠다. 프랑스에서 온 마틴 배철러가 선경스님을 만나게 된 곳도 바로 이곳이다. 1972년에 내원사에 선나원이라는 선방을 지어서 수행의 정도가 높은 수행자들을 선객으로 받았다. 배철러의 기록에 의하면, 선경스님이 계시던 동안 당시 유명했던 비구승 선사 향곡스님이나 경봉스님이 정기적으로 오셔서 법회를 하셨다고 한다.[163]

2) 일본과의 비교 관점에서 본 한국 비구니계

수옥스님은 1937-1939년 동안 일본에 견학 겸 유학을 떠나게 되었는데, 이것은 일제강점기 비구들에게는 흔한 일이었지만 비구니로서는 드문 일이었다.[164] 수옥스님이 교토 소재 임제종의 대본산 묘신지(妙心寺)가 운영하는 불교종립학교인 미노 소재 니슈가쿠림(美濃尼衆學林)에서 공부하면서 일본 견학과 유학 생활을 「내지불교견학기」(內地佛敎見學記)라는 제목으로 당시 김태흡이 발행하던 월간지 『불교시보』의 1939년 7월, 8월호 두 차례에 걸쳐 기고하였다.[165] 이 견학기에서 당시 식민지 신민으로서 일본 불교를 보고 일본 불교계와 일본의 승려교육, 그리고 비구니 교육에 대한 자세한 소감을 남겼다. 일본 비구니의 사회적 지위와 한국 비구니의 그것을 비교하는 관점에서, 각 방면에서 문제점을 지적하며 이유를 찾고 해결책도 제시하였다.

수옥스님은 일본 견문을 통해 비구니에게 전문교육이 필요하고 이것을 담당하는 기관이 정비되어야 한다는 것을 절감한 것 같다. 그는 당시 조선에 비구니의 선원, 강원, 등의 시설이 전무하고 법제의 호칭마저 없음을 개탄하면서, "조선에는 언제 여승을 위해 가르치는 강당과 학교와 선방이 일어나게 될는지요. 생각만 해도 암루(暗淚)가 흐르고 이곳의 훌륭한 시설을 볼 때마다 신심이 절로 납니다"라고 하였다. 일본에서는 여승에 대해 극진한 예우를 하는 것이 비구같이 한다고 하면서 일본의 니승(尼僧, 즉 여승) 제도가 훨씬 우월하다고 하였다. 조선 니승이 열등한 이유는 여승을 지도하는 책임을 가진 비구승의 탓이며, 니승의 지위와 품위를 향상시키기 위해서는 독립된 강당, 선방을 설치해야 한다고 주장하였다. 또한 이러한 교육이 마련된다면 한국의 니승들도 가정을 감화시키고 조선 불교를 발전시킬 것이라고 하였다.[166] 이러한 생각을 실천하여 수옥스님은 귀국 후 1960-70년대의 가장 영향력 있는 비구니가 되었다. 불교와 근대에 대한 새로운 비전이 이후 한국의 비구니계 발전에 영향을 주었으리라 생각된다.

3) 청암사와 혜옥스님

혜옥(慧玉, 1901-1969)스님은 경북 김천의 청암사에 강원을 세웠다. 원래 이곳도 이전에 여러 비구 대강백들이 주석하던 곳인데 학문에 능하였던 혜옥스님에 의해 비구니 강원을 열 수 있었다. 혜옥스님은 1914년 15세 때 사미과를 수료했고, 이미 나이 15세에 법상에 올라서 초발심자경문을 강설하였을 정도로 총명하였다고 한다. 바로 앞 세대인 법희스님은 스승 만공스님에게서 절대 법상에 오르지 말라고 주의를 받아서 평생 법문을 하지 않았던 것과는 다른 모습이다. 시대가 변하고 새로운 세대와 활동의 국면이 열리고 있음을 알 수 있다. 1955년 54세 나이로 청암사에 주지로 부임한 혜옥스님은 그곳에서 강백으로서 그리고 비구니계의 지도자로서 이름을 날렸다. 그는 수옥스님, 금룡스님과 함께 근현대 삼대 강백(講伯, 경전을 가르치는 학자)으로 꼽힌다.

4) 대원사와 법일스님

지리산 대원사는 1955년 김법일(法一, 1904-1991)스님이 주지로 오면서 비구니 사찰이 되었다. 법일스님이 오기 전 팔년간 사찰이 온통 잿더미에 덮여 있었다. 1948년 해방 이후 여순 반란이 일어난 와중에 탑을 제외한 모든 건물이 전소되었는데, 지리산에 있는 좌익 공비들을 제거한다는 명분으로 불을 지른 것이었다. 법일스님과 제자들은 사찰을 새로 짓는 일을 시작했고, 이후 40년 동안 이 일에 일생을 바쳤다. 사찰은 초기에 수입이 없어서 밖에 나가 시주자를 찾아야 했고, 화주를 하러 다니는 동안 법일스님은 길에서 자면서 겨울의 눈보라, 여름의 태양을 이겨 가며 시주를 다녔다고 한다. 이런 노력을 거쳐 1957년 탑전 선방이 완성된 이후 점점 많은 수행자들이 오고 있다. 한편 사찰의 소유권을 둘러싸고 대처승들과 법정 투쟁을 벌였는데 1959년에 승소로 끝났다. 1986년 대원사는 건물을 증축하였고, 주요 비구니 선원으로 자리 잡게 되었다.[167]

5) 석남사 선원과 인홍스님

석남사는 1200년 전에 도의국사에 의해서 건립되었다고 하며, 한국 동란 중 크게 훼손되었다. 1957년 인홍(仁弘, 1908-1997)스님이 주지로 임명되어 온 후에 보수와 증축 공사를 시작하였다. 인홍스님이 오셨을 때 본당의 지붕과 모든 다른 사찰 건물들은 보수가 필요했는데, 특히 썩은 마루와 비가 새는 지붕의 보수가 시급했다. 사찰은 빚이 많고 가진 땅이 없었기에, 이러한 조건에서 사찰의 모든 비구니들은 절을 보수하고 증축하는 노동에 같이 참여하였다. 1962년 인홍스님은 선림회라는 신도회를 조직하였고, 절 증축에 필요한 토지를 구입하기 위한 자금을 모았다. 1957년 인홍스님이 청수선원이라는 선방을 세움으로써 이 절은 선 수행의 도량이 된다. 1963년 고급 수행자들을 위해 심검당(尋劍堂, 검을 찾는 곳이라는 뜻. 무명을 끊는다는 뜻으로 검이라는 말을 쓴다) 선원이 세워졌다. 1963년부터 1999년까지는 한 번에 3년씩 결사를 했다. 1999년 석남사는 조계종에 의해 특별 선원으로 지정되었다. 현대 한국 비구니계의 최고의 선객으로 꼽히며, 성철스님의 딸로도 유명한 비구니 불필스님이 최근까지도 매 철마다 이곳 심검당에서 제자들의 수행을 지도하였다. 석남사는 특히 계율을 엄격히 지키는 것으로도 유명하다.[168]

6) 동학사 강원과 대현스님

동란 중 화재로 전소되었던 동학사는 대현(大玄, 1916-1963)스님이 1956년 주지로 임명되어 오면서 비구니 사찰이 되었다. 대현스님은 1956년 2월에 비구 경봉(鏡峰, 1892-1982)스님을 강사로 모시고 비구니 강원을 열었다. 경봉스님은 동학사에 1963년까지 강주로서 계셨고, 두 비구니 묘엄스님과 혜성스님에게 전법게를 내렸다. 비구 호경(1904-1987)스님도 1967년부터 1984년까지 이곳에서 스님들을 가르치며 6명의 비구니에게 전법게를 주었으며, 나아가 비구니들이 강원을 독자적으로 운영할 수 있게 도움을 주었다. 이후 비구니 혜성스님은 1962년에 동학사 최초의 비구니 강사가 되었다.

7) 운문사 강원과 금룡스님

운문사의 경우도 동란 이후 비구니 사찰이 되었다는 점에서 다른 사찰과 유사하다. 운문사는 560년 신라 때 창건되었다고 한다. 해방 이후 1955년 금룡(金龍, 1892-1965)스님이 초대 주지 겸 강주로 임명되어 오면서 비구니 사찰이 되었다. 금룡스님은 전북 전주시에서 태어났는데 어려서 이름이 금광이었다. 그의 집안은 유난히 불심이 깊은 것으로 유명하였다. 아버지 정원명은 한학자이면서도 평소 불도를 닦아서 사경을 많이 하였고, 만공스님을 만나 법담을 나누기도 했다고 한다. 그는 전주에 정혜사를 창건할 만큼 신심이 깊었다. 어머니는 딸이 출가할 사찰을 찾아보러 몸소 나설 정도로 적극적이었으며, 금룡스님뿐만 아니라 두 여동생도 출가하였다.

금룡스님은 1909년 18세 때 운문사 청신암에서 선덕스님을 은사로 하여 출가하였다. 당시 운문사는 비구승 절이었고, 청신암은 비구니 암자였다. 1918년에 설립된 통도사 옥련암의 비구니 강원에서 해담스님에게 수학하며 대교과까지 이수했다. 옥련암 강원에서 스님은 학승으로서의 실력을 드러내 보였는데 출가 전 수확한 출중한 한문 실력이 도움이 되었다. 1955년 정화 이후 비구니 사찰로 변모한 운문사에 초대 주지로 부임했다. 출가 사찰인 운문사에 40년이 지나 주지로 돌아온 것이다.[169]

해방 후 1954년 정화를 둘러싼 분규가 발생하기 전까지 운문사의 주지는 대처승이었다. 이후 정화운동에 비구니가 참여한 공로로 금룡스님이 주지직을 받게 되어 이곳에 취임하게 된 것이다. 스님은 당시 이름 난 제응(濟應) 강백을 모시고 종단의 공인을 얻고자 하였고, 결국 1958년 비구니 전문 강원으로 인정되었다. 이때부터는 금룡스님이 직접 강사직을 맡게 되었고, 비구니가 비구니를 가르치는 체제로 전환하게 되었다. 금룡스님은 평소 비구니도 법맥을 이을 수 있다는 소신에 따라 직접 강사직을 맡게 된 1958년 그해, 평소 아끼던 후학 광우스님에게 가사와 대단주 등의 법장(法藏)을 전했다. 그것은 최초의 비구니 강맥 전승으로, 여성 대강백의 전통을 드높인 예라 할 수 있겠다.

8) 기타 강원들

1956년에 해방 후 최초의 비구니 강원인 동학사 강원이 그리고 1958년에 운문사 강원이 정화 기간 동안 설립된 후 꽤 오랜 시간이 지난 후에 다른 강원들이 세워졌다. 경기도 수원에 위치한 봉녕사는 용주사의 말사로, 묘엄(妙嚴, 1928-2011)스님은 운문사에서 스님들을 가르치시다가 1972년 봉녕사로 오셨다. 당시 절은 허물어져 가는 조그만 암자였다. 30여 명의 비구니들과 함께 손수 사찰을 보수하고 증축하였고, 이러한 노력에 감화되어 시주와 재정적 도움을 받게 되었다. 1974년에 30명의 학생으로 처음 강원을 시작했다.

묘엄스님은 청담스님의 딸로 비구 최고의 강백으로 알려진 운허(耘虛, 1892-1980)스님과 경봉스님에게서 교학을 배웠다. 동국대학교 불교학과를 1966년에 졸업하시고 봉녕사 강원을 설립하신 후, 1992년 자신의 제자들에게 강맥을 물려주었다.

위에서 살펴본 내원사, 석남사, 대원사, 동학사, 운문사와 같은 주요 비구니 사찰들은 모두 다 한국 동란 때 많은 피해를 입어서 심각한 상태에 있던 사찰들로, 이 사찰들을 복구하여 현재 선원과 강원들의 중심지로 만든 것이다. 이같이 비구니 사찰에서 비구니 교육이 이루어지면서 새로운 세대의 강사와 선사들을 양성할 수 있었다. 비구니들은 교리와 경전 공부 또는 선 수행을 비구승에게 의존하는 바가 점점 줄어들고 자족적인 공동체를 만들어가게 되었다.

3. 불교계의 정화운동

6.25 전쟁이 끝나자마자 바로 1954년부터 불교 정화운동이 시작된다. 정화라는 말은 일제강점기의 잔재를 청산한다는 의미인데, 실질적으로는 1954년부터 10년이 넘게 지속된 한국 불교에서 일어난 일련의 사건을 가리키는 말로, 간단하게 말하면 일제강점기의 대처승들이 주거하던 전국의 사찰에서 이들을 몰아내는 과정이라고 설명할 수 있겠다. 거리와 각 사찰에서 물리적인 충돌도 있었고 오랜 법률적 공방의 과정이 있었으며, 지금까지도 그 분쟁이 가시지 않은 사찰도 있을 정도이다.

정화는 1945년 식민지 지배가 끝나고 일본이 물러난 한국의 불교계에서 한국의 고유 전통은 결혼하지 않는 '비구'의 전통이므로 그것을 회복해야 한다는 목소리가 나오면서 시작됐다. 소위 사찰 내에서 '왜색'을 청산하는 일이었다. 당시는 주로 비구 지도자들에 의해 훈시의 형태로 불교계 언론 등에서 등장하기 시작하였다. 실제로 일제강점기에 많은 비구승들은 이미 대처승으로 전환하였기 때문에 해방 후 결혼하지 않은 비구승의 숫자는 그리 많지 않았다고 한다. 일제강점기에 많은 한국 승려들이 일본 유학의 기회를 제공받고 일본에 가서 승려 학교를 다니거나 불교계 대학원을 다녀 박사학위를 취득하여 한국으로 돌아왔다. 이중 많은 스님들이 결혼을 하였다. 학식 있고 교양 있는 승려가 되어 이미 불교계의 지도적 역할을 하고 있었던 이들을 청산한다는 것은 절대로 쉬운 일이 아니었다. 한편 그 반대 쪽에는 반승반속(半僧半俗)으로 사는 승려의 정체성이 분명치 않은 사회 주변적 인물들도 많았기에 그 도덕적 정당성을 일괄적으로 주장하기 어려운 점도 있었다.

한편 비구니 승려들은 거의 모두 독신의 전통을 지키고 있었으므로 숫자에 있어서 오히려 비구보다 우위를 차지하였다. 따라서 이들 비구니들이 정화운동에서 큰 역할을 할 수밖에 없었다.

정화가 공식적으로 시작된 계기는 1953년 한국전쟁이 끝나고 1954년 초대 대통령 이승만(1948-1960)이 사찰에서 대처승들은 물러가라고 하는 내용의 소위 정화 유시를 내리면서 시작되었다. 이미 비구승들은 대처승이야말로 일본 왜색 불교의 산물이라고 서로 비방하던 중이었기 때문에, 대통령의 강한 후원을 업고 1955년 8월 서울 조계사에 모여서 새로운 종헌을 통과시키게 된다. 이후 종헌에 기반하여 주요 사찰들을 점령하기 시작하였다. 한편 그동안 사찰을 운영해 오던 대처승들은 이에 강력하게 저항하였고 결국 경찰이 개입하게 되었다. 1955년 10월경에 이르러 비구승들은 대처승이 그동안 사용하고 있던 1,000여 개의 사찰 중 450개 사찰을 접수하게 되었다. 또한 이때를 즈음하여 비구니들도 몇몇 사찰들을 점거하기 시작했는데, 현재의 주요 비구니 사찰들은 이 당시에 비구니들에게 귀속된 것이다.

정화는 그 후 법률적 송사로 이어져 10년이 지난 1964년이 되어야 거의 종결되었다. 정화를 통해 많은 대처승들은 자신이 살던 절에서 나가든지 아니면 대처를 포기하고 다시 비구가 되기를 선택해야 했다. 조계종이 아닌 다른 종파로 옮기는 경우도 많았다.

한국 불교는 중국에서 불교가 전해진 이래, 채식주의와 청정승가(즉 결혼하지 않은 독신 승려)를 불교의 규범으로 삼았다. 실제로 불교가 발생한 인도에서는 육식 금지에 대한 조항이 없다. 율장에는 죽이지 말라는 말은 나오지만 고기를 먹지 말라는 말은 나오지 않는다. 붓다는 먹기 위해서 짐승을 죽이지 말라고 가르쳤지만 신도들이 가져오는 음식에는 차별을 두지 않았

전국비구승니대회(사진: 박수천 씨 제공)

다. 그러나 불교가 중국으로 전해지면서 불교는 채식을 기본 계율로 간주하였고 승가 내에서 육식이 금지되었다.[170]

1955년 12월 11일부터 13일까지 전국비구승니대회가 열린 후 500여 명의 비구·비구니들이 경무대 시위 및 방문에 동참하였다. 이 사진 자료에는 비구니임이 분명한 승려들이 깃발을 들고 가두시위를 하는데 정작 그들이 들고 있는 깃발에는 "사찰(寺刹)은 비구승(比丘僧)의 수도장(修道場)이다"라고 되어 있다. 사진으로 보아 비구니가 대거 참여했음을 짐작할 수 있다. 승려들이 스크럼(scrum)을 짜고 경찰들과 대치할 때 물리적 충돌을 피하기 위해 일부러 앞줄에 비구니 스님들을 배치했다고 한다.

4. 염원과 배신, 그리고 새로운 정체성 확립

정화는 비구승들이 주축이 되어 시작하였으나 실질적으로 그 과정에 비구니들이 크게 힘을 보탰다. 서울에서 대로에 나가서 플래카드를 들고 시위하는 데 앞장을 섰을 뿐만 아니라, 지방의 사찰에서는 정화 대상의 사찰에 들어가서 먼저 점령하는 식으로 하여, "정화가 된 후"에 비구들이 들어오게 하는 경우도 있었다. 정화는 한국 현대 불교사에 큰 상처를 남긴 일이라고 할 수 있지만, 이같이 하나의 목적을 위해 단결하고 힘을 모은 경험은 비구니들에게 새로운 인식을 불러왔고, 집단적 힘을 확인하는 계기가 되었다. 하지만 정화가 끝난 후 25개 본사 중 하나를 비구니 승가에게 넘겨달라는 청원은 비구들에 의해 당하였다. 현재까지도 25개 본사는 모두 비구 사찰이다.

정화운동에 있어 비구니의 역할은 대단했다. 앞서 언급된 것처럼 정화 당시 비구니 스님들이 수적으로 훨씬 많았고, 전쟁의 병사처럼 나아가 싸웠다. 선우도량에서 출간한 『근현대 불교사』에 따르면 정화에 참여했던 비구니 정화스님은 "선학원에서 회의할 때 다다미방하고 장판방이 있었는데 비구니들에겐 절대로 다다미방을 허락하지 않았다. 그렇게 차별을 받았다"고 증언하고 있다.

비구니 덕수스님도 "1955년 8월 정화 후 비구스님과 더불어 비구니들도 절을 맡았는데 우리는 운문사, 천은사, 선암사 등을 맡았다. 그런데 비구스님들 사이에 '비구니들이 큰 절을 맡게 됐다'고 말이 많았다. 사실은 몇 개 사찰밖에 돌아오지 않았다"고 증언하고 있다.

이와같이 불교계 정화운동에 바친 비구니들의 노력은 참으로 처절한 것이었다. '겨울날 다다미방에 들어와 앉아보라고 하지도 않던' 그들이 정화가 시작되니 스크럼을 짤 때 비구니를 앞세우고 나갔다. 그리고 정화가 끝나고 분배가 시작되었을 때 비구니들이 좋은 사찰을 다 가지고 간다는 말들을 하기 시작했다.

1954년 11월 11일, 전국승려대회가 개최되어 종회의원 56명을 선출한 가운데 수옥스님을 비롯한 비구니 7명이 선출된다. 이 자리에서 수련(秀蓮, 1909-1983)스님은 비구니 총림 장소를 선정하자고 발언하였다. 이후 전라도 지역에서는 선암사(仙巖寺)를 비구니 스님들에게 내어주고, 경상도 지역에는 동화사(桐華寺)에 비구니 총림을 내어준다고 하였다고 한다.

한편 1955년 정성문(鄭性文, 1893-1974)스님이 본사인 대구 동화사의 주지로 취임하였다. 비구니 총림으로 개설하기 위한 계획이었다. 그 후 1년간 이곳에서 비구니 스님 80명과 함께 주석하면서 수행하였다.[171] 그러나 성문과 광호스님은 정화에 참여한 공덕으로 본사격인 동화사와 선암사의 사찰 주지로서 품신 받았지만 그 사찰들은 비구니 도량으로 오래 지속되지 못하고 결국 이분들은 떠나야 했다. 그 이유는 아직도 밝혀지지 않고 있다.

결국 25개 전국의 본사 중에서 한 군데는 비구니 총림으로 지정해 달라고 요청하였는데, 아무것도 얻지 못했다. 물론 앞에서 설명한 내원사, 대원사, 운문사 등의 사찰이 비구니 소속으로 되었지만, 이미 그때 비구니는 비구와 거의 동수였기에 그들의 숫자에 걸맞는 비구니 도량이 절대적으로 필요한 터였다. 비구니 사찰의 숫자는 비구 사찰의 숫자에 비해 훨씬 적은 것이 지금까지도 현실이다.

보상을 받지 못한 이유에 대해서, 비구니들의 지도부가 없었고 싸움의 장군이 없었기 때문이었다고 이야기하는 사람들도 있다. 큰스님들은 수행에 평생을 바쳐온 분이며 산문 밖에 나가지 않은 것을 자랑으로 여긴 분들이기에 결국 국외자로 남았다는 것이다. 물론 기본적으로 비구니에 대한 차별에 기인하는 것이다.[172] 결국 이 사건은 역사 속에 흔히 보이는 여성들이 전방위에서 투쟁하여도 전승의 결과는 남성들에게 돌아가는 또 하나의 사례로서 기록될 것이다. 이후, 거리에서 그리고 법정에서 십수 년간의 치열한 공방을 거쳤지만 대부분의 사찰들은 비구승에게 소속되는 것으로 판결이 나게 되었고, 비구니들은 결국 25본사 중의 어느 한 곳도 자신들의 소유로 하지 못했다.

제7장

1970년 이후

─미래를 위한 약진

1. 비구니의 약진과 정치적 투쟁

현재 한국의 비구니 교단은 승단으로서의 형식과 규범을 갖추고 있으며 출가와 수계의 절차가 세밀하게 정립되어 있다. 승단이란 출가자들이 독특한 삶과 수행의 방식과 규범을 가지고 동일한 종교적 정체성을 유지하는 공동체를 말한다. 이러한 정체성은 오랜 전통을 가지고 유지되어 오는 것이지만, 그러한 전통의 기본을 이루는 것은 수계이다. 한국 등 동아시아의 불교전통에서는 사분율(四分律, Dharmaguptaka Vinaya)에 따라 수계를 받는다. 그런데 사분율에는 비구니는 열 명 이내의 비구니들에게 수계를 받고 다시 열명 이내의 비구들에게 재인가를 받는 소위 이부승(二部僧) 수계법을 명시한다. 한국의 비구니들이 이부승 수계를 받기 시작한 것은 1982년이며, 한국 비구니들은 이부승 수계에 대해 큰 긍지를 느낀다고 한다.

그들은 강원과 선방에서 조직적인 교육과 훈련을 받는다. 이러한 조직적 수행과 훈련 과정을 통해 사자상승하는 법맥의 전통을 이어 가는 것이다. 또한 사원 공동체 생활을 함으로써 수행자로서의 정체성과 자신이 속한 교단의 전통 그리고 역사성에 대한 의식을 공유하게 된다. 그리고 강원과 선방을 통한 일정 기간의 훈련을 마친 후에는 포교, 교육, 사찰 운영 등의 여러 영역에서 자신의 대사회적 역할을 실천하고 있다. 미국의 불교학자 로버트

버스웰은 한국불교 전통 속에서 지금보다 비구니의 영향력이 더 컸던 적이 없었다고 하였다.[173]

그렇다면 조선시대, 일제강점기, 그리고 6.25 동란을 겪은 한국의 비구니 교단이 지난 40년간 괄목할 만한 성장을 이룬 동력은 무엇일까. 1970년대 이후 비구니계의 발전 요인을 분석하는 것은 한국의 비구니 역사뿐만 아니라 한국의 근대 여성사를 이해하는 데에도 중요할 것이라 생각한다. 역사학자와 사회학자들과도 공동으로 앞으로 더욱 연구해야 할 과제라고 생각하지만, 나름대로 우선 다음과 같이 여섯 가지로 정리해 보았다.[174]

첫째, 집단적인 응집력이다. 정화운동 이후 현대에 이르기까지 수차례의 승가 개혁 과정에서 비구니들이 보여 준 응집력은 한국 승가에서 비구니들의 역량을 과시하는 좋은 계기가 되었다. 비구니들은 상대적으로 좁은 환경에서 큰 집단을 형성하고 살아 왔다. 비구니 강원이나 선원은 언제나 시설에 비해 정원이 넘치는 형편이었고, 일반적인 생활 시설도 모자라고 열악했다. 그들은 상대적으로 엄격한 규율 하에서 생활하였다. 그것은 엄격한 계율 탓도 있지만 열악한 집단적 환경 속에서의 정착된 삶의 방식이라고 할 수 있다. 집단적 생활은 개인적인 성장과 특기를 진작하는 데에는 부적절한 환경이지만 공동의 목표를 담지하고 공동의 사회 활동에 참여하게 하는 여건을 조성했다고 할 수 있다.

둘째, 경제적인 환경이 달라졌다는 점이다. 1970년대 이후 경제 발전에 따라 한국 승가의 경제력도 빠른 속도로 개선되어 왔다. 비구니들이 거주하는 사찰도 이러한 시대적 변화에 따라 상당한 경제력을 확보할 수 있었다. 특히 비구니들은 특유의 근검한 생활 태도로 이러한 경제적인 기회를 비구 사찰에 비해 효율적으로 활용하였다. 경제적인 능력의 확보는 내적으로는 비구니들에게 수행자로서 그리고 포교자로서의 자신감을 심어주었고, 외적으로는 대사회적 활동의 깊이와 폭을 넓히게 되어 외적 신뢰의 기반을 확대하는 계기가 되었다.

셋째, 최근 한국불교의 수행의 이상에 대한 이념이 상당히 바뀌었다는 점이다. 전통 사회에서 근대에 이르기까지 한국 승가는 일로향상(一路向上)의 최상승(最上乘) 선(禪) 수행만을 지향하는 일종의 수행 제일주의가 지배하고 있었다. 선 수행을 기준으로 이판(理判)과 사판(事判)을 엄격하게 구분하는 전통이 조선시대에 자리를 잡으면서, 사판은 이판을 위해 존재하는 보조적이고 불가피한 필요악 정도로 간주하는 최상승 수행 제일주의가 승가 내외를 지배하였다. 1980년대까지도 수행에 전념하는 선승들의 목소리는 승가 내외에 절대적인 영향력이 있었다고 할 수 있다. 그러다가 수행승들이 종단 행정의 중요성을 인식하고 전통적으로 사판에 속하던 영역에 적극적으로 참여하기 시작한 것은 80년대 후반에 이르러서이다. 현대 한국 사회가 전통 사회와 결별하면서, 사원이란 인적 자원과 물적 자원이 존재하는 곳이고 이런 자원을 잘 경영하는 것이 중요하다는 것이 점차 인식되면서부터이다. 이후 이판과 사판의 구분이 점점 모호해졌고, 때에 따라서는 사판의 중요성이 이판을 능가하는 환경이 만들어졌다.

또한 최상승 수선주의(修禪主義)에 대한 절대적인 권위가 흐려지기 시작하면서, 화두선 이외의 다양한 수행법에 대한 관심이 승가 내외에 고조되기 시작하였다. 간화선 이외에는 이단으로까지 배척되어 왔던 염불이나 기도, 두타, 이타 등의 수행법들이 주목을 받기 시작했다. 단도직입적이며 거칠고 과격한 고승들의 행적을 최상승 수행자의 진면목으로 칭송하던 이전의 문화에서, 비구니 스님들의 단정하고 정결하며 계율을 엄격히 지키는 태도, 그들의 두타행이나 염불, 기도 정진, 그리고 사회의 소외층을 위해 자신을 희생하는 이타행의 실천 등에 대해서 새로운 평가가 나오게 되었다. 또한 비구들이 주도하던 승단이 오랫동안 보여 온 부패와 권력 투쟁에 대비되어 비구니들의 수행이 상대적으로 강하게 부각되기도 하였다.

넷째로, 한국 사회의 변화에 따라 승가에 대한 기대에도 변화가 있었다는 것을 들 수 있다. 종교 집단의 이타행, 대사회적 역할과 같은 문제들은 근대 한국 승가의 수행 제일주의 하에서는 거의 무시되어 오던 것들이었다. 산속에 위치한 전통 사찰들은 외부 사회의 변화에 크게 의존하지 않아도 될 만큼의 경제적 기반을 어느 정도 확보하고 있었고, 이들 전통 사찰이 최상승 수행 제일주의의 근대 승가를 형성하는 밑바탕이 되었다. 그러나 사회가 다 변화하고 거대화되면서 승가의 규모도 대규모 조직체로 확장되기 시작함에 따라 승가의 대사회적인 역할도 커지기 시작했다. 전통 사찰의 규모를 넘어서는 새로운 현대식 사찰들이 등장하고 안으로는 전법과 대중 교화의 중요성, 밖으로는 종교의 대사회적인 역할 등의 문제들이 새로이 제기되었다.

다섯째로, 근대 한국 사회에서 여성의 역할과 지위가 급격히 제고됨에 따라 이런 변화가 비구니의 위상에 영향을 준 것은 말할 나위도 없다. 사회가 변함에 따라 종교가 적어도 발맞춤은 할 수 있어야 한다는 목소리가 높아졌다. 전통 종교로서 불교의 문화적 보수성과 봉건성에 대한 비판의 목소리도 나타나면서 이러한 시각을 바꾸어 보려고 모색한 것이다. 2003년 최초로 조계종의 행정 보직에 비구니가 임명된 것을 그 대표적인 예로 들 수 있다. 총무원 문화부장으로 비구니 탁연스님이 임명되었다는 소식이 처음 밝혀졌을 때, 교계뿐만 아니라 일반 뉴스 매체에서도 일제히 이 사실을 보도하고 환영하는 기사를 실었다. 이것은 한국 불교 교단이 보수성을 탈피하기를 외부

사회에서도 얼마나 기대하고 있는지를 보여주는 사례라 하겠다.

여섯째로, 전통적으로 대가족 사회를 지향하던 한국이 핵가족 사회로 변화하면서 가족중심주의적 이념과 가치관이 전통적 효도의 개념을 대체해가고, 각 가정 내에서 육아와 교육에 대한 관심은 갈수록 높아지고 있다. 이런 추세 속에서 가정과 개인 간의 심리적이고 감정적인 갈등에 대해 좀 더 잘 공감하고 그러한 문제의 미세함을 읽을 줄 아는 여성 성직자들이 신도들과 제자들과의 의사소통에 좀 더 성공적이고 설득력을 가지게 되는 것은 당연하다.

이상에 열거한 것 외에도 여러 가지 이유가 있을 것이다. 하지만 분명한 것은 교단 내외의 이념과 물질적 환경의 변화에 의해 근현대 비구니 승단에 변화가 일어났다는 점이다. 그러한 변화는 지금도 진행되고 있고, 이러한 비구니계의 변화는 앞으로의 한국 불교계의 성격에도 영향을 끼칠 것이다.

많은 미래학자들은 21세기의 현대 사회는 분리와 지배의 논리 그리고 힘의 패권주의를 전제로 하는 남성적 방식보다는 체험과 구체적 삶의 참여를 중시하는 여성적 방식이 더욱 효과를 발휘하는 시대일 것이라고 보고 있다. 분쟁과 갈등이 첨예하게 대립하는 사회 문제를 극복하기 위해서는 힘의 논리가 아닌 조화와 보살핌의 윤리가 대안이 될 수 있다. 미래의 종교는 여성과 남성을 이분법적으로 나누기보다는 여성과 남성 그리고 이 세상의 모든 존재가 서로 어울려 조화롭게 살아가는 사회의 비전을 제시할 수 있어야 한다. 이 점에서 근본적으로 불교가 가지고 있는 양성 평등과 민주성의 정신을 앞으로도 계속 되살릴 필요가 있다.

2. 비구니 리더십

시대의 변화에 따라 비구니 리더십의 지형도 변하게 되었다. 1970년 이후 비구니계의 리더이자 선사로서의 궤적을 뚜렷이 남긴 이로 인홍스님과 불필스님, 그리고 교학에서 이름을 날린 광우스님, 묘엄스님, 명성스님 등을 들 수 있다. 이들은 출신 배경과 훈련의 과정에 있어서 몇 가지 공통점이 있다. 묘엄스님은 1960-70년대 한국 불교의 지도자였던 청담스님의 딸이고, 불필스님은 한국불교 최근세사의 최고의 선사라고 하는 성철스님의 딸이다. 명성스님은 유식불교 학승으로 유명한 관응스님의 자제이다. 아래에서 이들 다섯 사람에 대해 간단히 서술해 보겠다.

1) 인홍스님 - 수행 중심의 불교 전통을 다시 일으키다

한국불교 비구니사에 있어서 인홍(仁弘, 1908-2004)스님의 존재는, 비구니의 존재와 위상이 미미했던 시대에 근현대 비구니 승가의 출가 정신을 확립하고 수행 전통을 세우는 초석이었다고 평가된다.[175] 홍제사에서 행자 시절을 보내고 평생을 선객으로 산 혜근스님은 그 시절을 이렇게 회고한다.

> 1955년 2월, 스물한 살 때 홍제사로 갔다. 봉화는 감자나 옥수수 등 잡곡만 생산되어서 인홍 노스님은 부산으로 가서 쌀을 탁발해 오셨다. 그렇게 살기 어려웠으나 스님은 선방을 잘 외호하고 계셨다. 당시, 인홍 노스님을 비롯하여, 성우, 혜춘, 철마스님 등 열다섯 분이 상주하면서 정진하고 계셨다. 정진할 때는 마주앉아 주장자를 놓고 조금만 졸아도 서로 경책해 주었다.

행자인 우리들은 네 시간밖에 잠을 자지 못했다. 각자의 방이 없어 행자들도 선방에 앉아 있어야 했다. 노스님은 물론 성우, 혜춘, 철마스님 등 어른 스님들은 누워 주무시는 것을 보지 못했다. 고단한 우리들은 네 시간을 자고 새벽 세시에 일어났는데 그때 보면 스님은 주무시지 않고 계셨다. 그때 인홍 노스님은 마흔여덟이셨는데 아주 열심히 공부하고 계셨다. 시간도 너무 정확히 지키셨다. 어른 스님들이 그렇게 열심히 잠을 안 자고 정진하셨으므로 우리도 졸지 않으려고 애쓰다가 그만 뒤로 쿵- 하고 넘어지는 일이 다반사였다.[176]

전쟁이 끝난 직후인 당시 여성 수행자들이 궁핍한 환경 속에서 선방에 모여서 수행하는 모습이 잘 그려지고 있다. 곡식이 없어서 부산까지 가서 쌀을 탁발해 오는 모습, 그리고 스님과 행자가 방 하나에서 잠을 줄여 가면서 참선하는 모습들…. 인홍스님은 이런 어려운 시절에 젊은 비구니들의 지주가 되어 주었다. 그는 수행에 있어서 엄격하여 '가지산 호랑이'라는 별명을 가지고 있을 정도였다. 그러나 철과 같은 의지와 원력으로써 전후의 피폐한 상황에서 여성들의 수행 전통을 지켜내었고, 결국 홍제사에서 수행하던 그 열명 남짓의 대중은 모두 한국 비구니계의 최고 지도자가 된다. 이후 인홍스님은 홍제사에서 석남사로 옮겨서 석남사를 한국 최고의 비구니 선방으로 만들어 놓았다. 박원자는 인홍스님 일대기에서 이렇게 설명하고 있다.

당시 대부분의 비구니들은 어떠한 삶이 참다운 비구니 승가의 모습이며 나아갈 방향인가를 정확히 알고 있지 못했다고 해도 과언이 아니다. 매일 사찰에 부과된 노동을 하면서 일용의 잡사를 처리하는 고달픈 삶을 살고 있었다. 몇몇 비구니 선지식이 있었으나 비구니 전체를 추슬러서 출가 정신을 고취시키고 수행만이 승가의 참모습이라는 것을 펼쳐 보일 겨를이 없었다… 성주사 결사는 비구니가 출가 승단의 한 축으로서, 출가자임을 천명하고 이를 구현하기 위해서는 비구니 스스로의 인식의 전환이 필요했던 시기에 실시되었던 중요한 대중결사였다.[177]

또한 그 일대기에는 다음과 같은 이야기가 들어 있다. 인홍스님이 홍제사에 들어온 지 한 해쯤 후, 어머니와 딸 다섯 그리고 아들 하나의 전 가족이 출가하는 일이 생겼다. 남편이 갑자기 돌아가서 남편의 49재를 지내러 당시 성철스님이 있던 안정사 천제굴에 갔다가 스님을 보고 중학교 2학년의 큰아들이 출가를 선언한 데다 큰딸마저 출가의 뜻을 비치자 어머니가 나머지 식구를 데리고 출가를 결심하고 성철스님을 찾아간 것이었다. 출가 결심 전 어머니가 자식들 모두에게 출가의 뜻을 물었더니 어린 아이들조차 모두 그러겠다고 대답했다. 그래서 인홍스님은 자신을 은사로 하여 그 어머니를 출가시키려 했으나 예기치 않은 병을 얻어 삭발도 하기 전에 세상을 떠났다. 그래서 나머지 딸 네 명 모두 각각 다른 절로 출가하게 되었다. 일곱 식구 모두가 출가를 한 것이다. 그중 막내는 네 살이었는데, 홍제사에 있다가 인홍스님의 사제인 다른 스님에게로 보냈다. 홍제사는 선방이라 어린아이를 키우기 어려워 전쟁으로 부모를 잃은 아이들을 돌보고 있던 인천 부용암의 사제에게 부탁을 한 것이다. 십여년 후 이 아이가 좀 컸을 때 석남사로 오게 해서 공부를 시켰다. 이분이 2019년부터 제12대 전국비구니회 회장을 맡고 있는 본각(本覺, 1952-)스님이다.(그때 인홍스님은 석남사의 선원을 이끌고 계셨고, 석남사는 선방으로 최고의 명성을 얻고 있었다.) 이때 불필스님이 국어를, 법용

스님이 자연을, 혜주스님이 산수를, 백졸스님이 주산과 붓글씨를, 적조스님(본각스님의 둘째 큰언니)이 「치문」을 가르쳤고, 인홍스님은 어린 본각에게 수행자로서 갖추어야 할 위의와 출가 정신을 가르쳤다고 한다.[178]

당시 절에 있던 아이들은 물론 전쟁고아들이었다. 고아가 몇 명이나 있었는지 알 수는 없지만 이들 아이들이 커서 비구니로 남은 경우도 다수 있을 것이다. 절에는 전통적으로 고아들이 많이 온다. 우리가 아는 선경스님도 할머니가 보내서 왔고, 여기 본각스님을 비롯한 형제들도 사실은 부모가 없이 절에 와 있으니 고아나 마찬가지다. 절의 스님들은 자기 절에 온 고아들에게 일단 숙식은 제공하고 가능하면 교육도 받도록 주선을 해준다. 그러나 나이가 차서 자신의 운명을 결정할 때가 되면 보통 자신의 의지에 따라 행동하게 한다. 그래도 대부분의 아이들은 절에 많이 남는다고 한다. 삼년씩이나 계속된 6.25 동란은 무수한 전쟁고아를 만들어 내었고 그것은 승려들의 수에 영향을 주었으리라 짐작된다.

2) 혜춘스님 - 전국비구니회를 조직하다

전쟁은 아이들의 운명만 바꾸어 놓는 것이 아니다. 6.25 동란 후 많은 전쟁 미망인들이 발생하였다. 앞의 홍제사에서 수행하던 사람 중의 혜춘(彗春, 1919-1998)스님도 그러하였다. 혜춘스님은 나중에 전국비구니회를 설립하여 초대와 2대 회장을 지낸 비구니계의 리더이다.[179]

혜춘스님은 1919년 함경도 북청에서 3남 4녀의 셋째 딸로 태어났다. 31세 때 전쟁 중 남편이 죽자 속세를 버리고 출가를 감행하였다. 그의 아버지는 판사여서 어린시절 유복한 집안에서 편안한 삶을 살았다. 성격이 활달하고 총명하여 공부를 잘했고 한번 들으면 잊지 않았다. 아버지가 중추원 참의를 했을 때는, 아버지를 도와 답변할 말을 미리 말하기도 했다. 어머니는 전형적인 가정주부였다. 1937년 함흥여고를 졸업하였는데 이는 당시로서는 거의 최고의 고등교육을 받았다는 것을 의미한다. 22세에 최연소로 고등고시에 합격한 수재와 결혼하였고, 결혼 후 남편은 바로 군수가 되었다. 함경남도 영광 군수였다. 이상이 맞는 사람끼리 만나서 결혼 생활이 더 이상 좋을 수 없었다고 한다. 그 후 결혼 생활 10년에 1남 3녀의 어머니가 되었다. 그러다 동란이 터졌고 남편은 북으로 납치되었다. 이때 피난 시절, 부산 길가에서 어느 스님을 만나게 되어 결국 찾아간 곳이 범어사였다. 절에 가서 자운스님의 『범망경』 법문을 듣고 나서는 더 이상 다른 생각이 없었다. 절에 그대로 눌러앉고 그리고는 집에 돌아가지 않았다. 혜춘스님은 이렇게 회고한다.

그러나 지금 생각해보면 과일이 나무에서 떨어지듯 세속에서 인연이 다 떨어졌기 때문에 중이 된 것 아니겠는가. 나는 그때 자녀도 넷이나 있었다. 시아버지가 편지를 하였다. 모든 애착과 인연을 끊고 발심한 너를 이해 못할 내가 아니다 하시면서 며느리가 중 된 것을 이해하셨다. 그분은 이전에 도지사까지 지내신 분이었다. 두 사돈이 술상을 놓고 같이 한탄하였다고 한다. 자식 하나는 납치되고 또 하나는 중이 되고…. 지금 그 아이들은 다 잘 컸다. 삼춘 숙모들이 키웠다. 큰아들이 중학교 들어갔다고 엄마를 찾아온 적이 있었다. '아이가 울대요.'[180]

참선 지도를 받기 위해 성철스님에게 갔다. 당시 성철스님은 경남 통영 안정사 천제굴에서 구도 정진 중이었다. 성철스님이 물었다. '공부하고 싶나', '네.', '값을 내야 한다', '만 배 해라', 해서 다시 오니, '삼만 배 다시 하라'고 했다. 모두 사만 배를 했다. 절하면서 '과거 모든 잘못 참회하고, 중노릇 잘 하겠습니다' 하면서 절을 했다. '부모 자식 다 떼놓고 중 되는데 부처님이 용서하시겠나', 그래서 참회하고 앞으로 잘하겠다는 다짐으로 그 많은 절을 해냈다.

불법에서 삶의 의문을 풀고자 했던 그녀에게 출가는 불가피한 것으로 다가왔지만 그래도 성철스님은 쉽게 허락하지 않았다. '멀리서 오는 것이 보이면 돌 던지고, 답변 대신 몽둥이로 때리고, 말씀 순하게 해 준 적이 없었다.'

그런데 비구니 인홍스님이 성주사 절을 맡았다는 소문이 나자 많은 이들이 모였다. 이리하여 1951년 창원 성주사에서 비구니 스님들의 결사가 시작되었다. 성주사 결사는 인홍스님이 주도하고 한국전쟁 중 각처에 흩어져 있던 비구니 스님들이 전란을 피해 수도처로 비교적 안정된 사찰인 경남 창원의 성주사에 모여 이룬 결사다. 혜춘스님도 이곳에 왔다. 전쟁 와중에도 뜨거운 구도열을 드러내 수행하는 스님들의 모습은 신도들에게 환희심을 갖게 했고 나아가 출가하기에 이른 신도도 생겼다.[181]

아무리 내쳐도 고집을 꺾지 않자 성철스님은 그녀를 인홍스님이 있는 성주사로 보냈다. 인홍스님은 어느 날 성철스님의 전갈을 받았다. '사람 하나 보내니 도량엔 받아들이되 선방엔 들이지 마시오.' 변호사 집안의 딸로 성장했고 시아버지가 도지사였던 혜춘스님은 그동안의 명예와 부를 버리고 하심의 자세로 성주사에 왔다. 성철스님의 이 말씀을 인홍스님은 그대로 따랐다. 혜춘스님은 삭발하지 못한 채 법당 추녀 밑에 거적을 깔고 앉아 화두를 들었다. 대중들이 법당에서 예불을 드릴 때도 들어갈 수 없었고 선방에서 입선할 때도 마찬가지였다. 그녀의 법당과 선방은 추녀 밑 볕이 들지 않는 음습한 거적 위였다. 그런데도 그녀의 출가 의지는 꺾이지 않았다. 부엌에 앉아 꽁보리밥에 소금에 절인 김치 조각 하나로 끼니를 때웠다. 참선도 예불도 모두 거적 위에서 해야 했다. 그렇게 혹독하게 두어 달을 보내고 나자 방으로 들어갈 수 있었다. 그제야 성철스님은 혜춘스님의 출가를 허락했고 비로소 해인사 약수암에서 창호(彰浩)스님을 은사로 삭발할 수 있었다.[182]

혜춘스님은 인홍스님 보다 십여 년 정도 아래였으나 출가 후 돈독한 도반이 되었다. 그 후 홍제사에서 같이 수행했고 이후 한국 비구니계를 함께 이끌어 갔다. 혜춘스님은 인홍스님과의 인연을, "당시 인홍스님 회상에는 비구니 70명이 참선하고 있었는데 한 사람 한 사람이 잠자는 것을 원수같이 생각할 정도로 공부가 치열했다. 눈이 오면 밖에 나가 서서 화두를 들었다. 나는 그때 졸음으로 고생을 많이 했다. 허벅지를 꼬집어 멍들고, 마음이 편했기 때문에 화두도 어름하게 들었다. 지금 돌아다보면 부끄럽다"[183]고 말하고 있다.

사미니계를 받은 지 10년 만인 1961년 통도사에서 자운스님을 계사로 비구니 구족계를 받고는 대성암 만성스님의 지도로 선 수행자의 길에 들어서서 10년 수행을 마쳤으며, 그 후 석남사와 내원사, 동화사 부도암 등 전국 제방선원을 돌았다. 석남사 선원에서 1970년까지 10여 년간 입승을 지냈다. 혜춘스님은 이(理)와 사(事)를 철처히 구분하는 스님으로 알려졌다. 수행은 수행이고 개인적인 일은 개인적인 일로 서로 섞이지 않게 했다고 한다. 스님은 각화사 동암에서 안거 중 한소식(즉 깨달음을 얻었다는 말. 見性이라고도 한다)을 했다고 한다. 참 나를 찾기 위해 용맹스럽게 정진한 결과였다. 그는 임종할 때까지 총 36번 하안거를 마쳤다고 한다.

그는 어느 방송 인터뷰에서 당시 비구니 스님들의 수행도량의 모습을 이렇게 설명하고 있다. "지금은 상상할 수도 없는 큰 보시의 힘이다. 사찰의 원주가 매일 탁발해서 져다가 60-70명 공부하는 스님들 먹였다. 그 스님들의 넓은 마음 씀씀이는 세상의 보통 사람들이 상상할 수 있는 것이 아니다. 마치 그림자가 하듯이 수행하는 스님들을 외호하려고 했다. 그것이 스스로 공부하는 것보다 더 큰 공덕이다"[184]

1970년 52세에 인홍, 장일, 성우 스님과 함께 3년 결사에 들어갔다. 그리고 72년 가야산에 비구니 선원 보현암을 창건하였다. 그는 50세가 넘도록 상좌를 두지 않은 것으로도 유명하며, 보현암 창건 후에서야 비로소 상좌를 거두었다. 출가 전 익혔던 피아노와 성악으로 주위 사람들을 가끔 놀라게 하기도 하였고, 제자들에게 엄하면서도 유쾌하고 자상하였으며, 정중동이라는 말로 설명되듯이 부지런하고 활달하면서도 속으로 수행의 원력이 컸다. 꾸밈없는 소박함으로 많은 사람들을 감화시킨 분이었다.

3) 광우스님 - 사회적 인식의 제고에 힘쓰다

광우(光雨, 1925-2019)스님은 14세 되던 1939년 직지사로 출가하였다. 그의 아버지는 당시 유명한 학승이던 혜봉스님이었다. 보통학교를 졸업하고 대구사범학교에 진학하려다가 실패한 후, 당시 남장사 조실이던 아버지 혜봉스님이 절에서 공부할 것을 권했다. 가서 보니 스님들이 벽을 향해 돌아앉아 있는 모습이 신기했다. 나중에 방선 시간에 자기 방으로 온 아버지 스님에게 왜 그렇게 하고 있냐고 물어보았다. 그때 혜봉스님의 가르침은 광우스님에게 뚜렷하게 다가왔다. "큰스님이 저를 불러서 '예' 하고 대답했더니, '대답하는 그놈이 무엇이냐'고 하시는 겁니다. 이리저리 생각해 보다 '모르겠습니다'라고 했더니 '바로 그걸 찾고 있는 거야'라고 하셨어요. 바로 일러 주신 것이지요."[185] 이때의 경험은 그가 평생 지니는 화두가 되었다.

그러나 그는 선사의 길이 아닌 교학의 길을 따르기로 하였다. 근대 최초 남장사 비구니 강원의 첫 졸업생이 되었다. 또 당시의 풍속에 대해서 이렇게 전한다. "일제 말기 처녀들은 정신대에 끌려간다는 소문이 돌면서 절에서 환속하는 비구니도 있었고, 어떤 스님은 '그렇게 끌려가느니 차라리 결혼해라' 하면서 비구니 상좌를 결혼시키기도 했지요. 그래도 저는 그냥 남아서 계속 공부했어요."[186] 그래서 강원을 졸업하고 비구니로서 최초로 4년제 대학인 동국대학교 불교학과에 입학하고 졸업하게 된다. 당시 동국대학교에는 머리 깎은 스님으로 다니는 학생이 없었다. 광우스님은 비구니인 것이 시선을 끌까 걱정이 되어서 남장을 하고 다녔다. 머리는 상고머리를 하고, 옷은 남자 군복을 입고 다녔다고 한다.

그 후 광우스님은 강사로서의 이력을 쌓아 가지만 무엇보다도 포교, 사회봉사 등의 활동에 주력한다. 현재 한국 비구니들이 사회사업 분야에 활동을 많이 하게 된 것도 광우스님의 사회적 변화를 읽는 감각에 빗진 바가 많다. 그는 혜춘스님이 건립한 목동청소년회관을 궤도에 올려 놓은 장본인이다. 1990년대에 앞으로의 비구니는 수행뿐만 아니라, 포교와 복지 활동에 힘을 기울여야 할 것을 주창하였다. 초대 회장 혜춘스님을 이어서 5대, 6대 회장을 역임하였다.

그는 한 인터뷰에서 다음과 같이 밝히고 있다.

지금은 사정이 나아졌지만 당시는 일반 사회는 물론이고 승단 내에서도 비구니에 대한 왜곡된 시각이 팽배하였다. 비구니 하면 인생살이에 실패하고 입산한 사람 정도로 곡해하기 일쑤였다. 이러한 그릇된 인식에 적잖이 분개하고 있던 나는 비구니의 위상 정립이 절실하다는 생각뿐이었다. 비구니는 비구와 더불어 출가 승단을 구성하고 있는 엄연한 축이다. 비구니를 비구의 보조자 정도로 보는 시각은 마땅히 교정되어야 한다.[187]

비구니의 권익과 사회적 인식의 제고가 비구니계의 아젠더로 떠오르고 있음을 알 수 있다.

4) 명성스님 - "교육이 비구니 승단의 원동력이다"

전통적으로 한국 불교 수행의 초점은 교학과 선 수행으로 나누어지는데, 비구니 명성(明星, 1930-)스님은 전자의 전통을 대표한다. 그를 현재 한국 비구니 승가의 학승 중의 최고로 꼽는 데 주저할 사람은 없을 것이다. 그의 학문적 업적뿐만 아니라 그가 배출해낸 제자들의 숫자를 보아서도 그렇다. 이 절에서는 그의 리더십 유형을 살펴보고, 그가 그러한 위상에까지 오르게 된 내적·외적 조건을 분석함으로써 여성의 리더십이 형성되는 과정과 특징에 대해 시사점을 얻고자 한다.

명성스님은 1930년 경상북도 상주에서 태어났다. 아버지는 저 유명한 강백인 관응스님이다. 그는 1948년 강릉여고를 졸업하고 1949년부터 초등학교 교사 생활을 하였다. 강동국민학교의 교사로 재직하고 있을 때 아버지 관응스님이 그를 찾아왔다. 1952년의 일이었다. "어느 날 큰스님이 오셔서 출가를 하는 것이 어떻겠느냐고 권하시더군요" 그는 아버지이자 당시 한국 강학계의 큰 인물인 관응스님의 출가 권유를 들으면서 '저 길이 나쁘면 왜 스님께서 나에게 출가를 권유하시겠나.' 싶은 생각이 들어, "자의반 타의반 으로 출가사문의 길을 가야겠다 결심하였다"고 한다.

그의 아버지 관응(1910-2004)스님은 일제강점기에 일본 류코쿠(龍谷) 대학 에서 불교학을 전문적으로 공부한 학자로서, 특히 불교의 유식학에 대해 최 고의 학자 명성을 얻은 분이다. 한편 명성스님은 아버지와 같은 지붕 하에서 살지는 않았지만 어려서부터 불교에 관심이 많았고, 아버지의 영향 속에서 불교서적, 철학서적을 많이 읽었다고 한다. 하여간 이 새로운 인연을 따라 크게 주저하지 않고 삼 년간의 교사 생활을 뒤로 하고 출가 수행자의 길을 가기로 결심한다. 그것이 1952년의 일이다. 아버지의 권유를 따라 해인사 국 일암으로 갔으나 국일암의 큰스님이자 선사였던 비구니 본공(1907-1965)스님 을 은사로 모시고 출가하려던 계획은 조금 변경되어 본공스님의 상좌인 선 행스님을 은사로 출가하게 된다.

출가 후 본공스님을 따라 수행에 집중하였으나, 출가 전 불교와 철학에 대한 지대한 관심을 따라 그의 학문적 관심이 깊어져 결국 경전 공부, 교 학 공부에 몰입하게 된다. 그러던 중 당시 최대의 강백이던 운허(耘虛, 1892- 1980)스님과의 만남이 이루어진다. 운허스님은 식민지 시대 최고의 지식인 이라 알려진 춘원 이광수의 팔촌형으로서 이광수가 세속에서 소설가, 수필 가로서 필명을 날리던 시절에 운허스님은 경전 강의와 해석, 그리고 번역을 통해 한국 불교의 오랜 문헌 연구의 전통을 잇고 있었던 것이다.

1950년대 한국 불교계 상황에서 운허스님이 비구니 교육에 사명을 느낀 것은 대단한 사건이라 할 수 있다. 이전의 조선시대의 피폐화된 불교계는

운허스님(사진: 봉선사 · 운허기념사업회 제공)

참선 수행 전통의 명맥을 유지하고 있었으나 거대한 양의 불교 문헌을 배우고 공동적으로 학문을 연마하는 전통은 거의 소멸되었다고 보아야 할 것이다. 지식인 승려인 운허스님은 이러한 역사적 상황에 대한 통찰을 가지고, 비구·비구니에게 경전 교육을 시켜야 한다고 생각했다. 당시 여성들에게는 불교를 학문적으로 가르치는 전통이 오랫동안 잊혀져 있었고, 그것이 결국 한국 승가의 약화를 가져온다는 문제점을 인식하고 있었다.

운허스님은 젊은 비구니 학인들에게 한문 경전 교육을 시작하겠다는 선각자적 서원을 세웠다. 그러나 비구니들에게 불전을 가르치는 것에 대해 당시 비구들은 민감하게 받아들였다. 그래서 운허스님은 비구니 교육안에 대해 당시 불교계의 영향력 있는 비구들의 동의를 구하기에 나섰고, 마침내 당시의 비구 지도자인 효봉, 청담, 성철, 향곡스님 등에게 비구니들에게 정식으로 경전을 가르치면 어떻겠느냐고 의견을 묻고 그들의 동의를 받아냈다. 그리하여 당시 충남 동학사의 주지이던 덕윤스님의 도움을 받아 운허스님은 동학사에서 정식으로 비구니에게 불교 경전을 가르치게 되었던 것이다. 그 첫 세대 제자 중의 한 사람이 명성스님이다.

운허스님의 목적은 이들을 훈련시켜 비구니 교육자로 양성시킴으로써 앞으로의 세대에 불교 경전 교육이 이어지도록 하는 것이다. 당시 운허스님은 60대 중반의 나이였지만 헌신적으로 교육에 힘썼다. 오전에는 비구승들에게 경전을 가르치고, 오후에는 인근의 비구니 암자에 가서 비구니들을 가르쳤다. 그 후 동학사에서 통도사, 진주 등으로 옮겨서 교육 활동을 계속하였다. 기록에 따르면 그는 1952년부터 1959년까지 오직 비구·비구니 학인들의 교육에만 전념하여 7년간 총 2309일 동안 강의하였다고 한다.

운허스님은 그 후 경전 강의와 연구뿐만 아니라 한문 경전을 한글로 번역하는 작업에 착수하게 된다. 그가 시작한 한글대장경 발간 사업은 1960년대에 시작되어 그가 돌아간 후에까지 이어져 2000년 한글대장경 전권이 발간되었다. 그는 어려운 한문 경전을 읽기 위해서는 연구를 위한 도구가 있어야 함을 절감하고 한국에서 최초의 근대적 불교사전을 편찬하여 출간한 분이기도 하다.[188]

명성스님은 1953년부터 동학사 강원에서 수학하였으며, 1954-55년 운허스님에게서 『능엄경』과 『대승기신론』 등을 배웠다. 그 후 통도사 보타암과 진주 도솔암에서 계속 강을 받았다. 운허스님은 묘엄, 명성, 묘영스님 등을 그때 가르쳤다. 당시에 명성스님에게 쓴 편지글에서 비구니 제자들을 이렇게 격려하였다. "여러분, 공부 잘 하여서 인천(人天)의 안목(眼目)이 되시오"

명성스님은 그 후 선암사에서 3년을 보내고, 1961년에 서울로 올라와 동국대학교, 즉 근대 교육 기관에서 학문을 연마하기 시작하였다. 그는 1961-1970년까지 10년간 대학을 다니면서 서울 청룡사에서 강의를 시작하였고, 1964년 동국대 불교학과 학부를 졸업하고 바로 대학원 입학하여 1970년 유식학으로 석사학위를 받았다.

1970년 운문사의 강사였던 묘엄스님이 자신의 참선 공부를 위해 운문사를 떠나자 그 후임으로 동국대학에서 막 석사학위를 마친 명성스님이 운문사 강사로 부임하였다. 이후 명성스님은 2003년까지 33년간 강의와 후학 지도에 매진하였다.

운문사가 한국 비구니 교육의 산실로서 위치를 확고하게 할 수 있었던 것은 명성스님의 특유의 카리스마 덕분이다. 명성스님은 교육이 비구니 승단의 원동력이 된다고 생각하였으며, 이러한 그의 비전은 운문사 강원을 통해 실천되고 구현되었다.

운문사 강원은 1958년 최초에 설립될 때에는 11년 과정이었으나 1985년부터 전국의 모든 비구·비구니 강원은 공통적으로 수업 연한이 4년으로 단축되었다. 운문사 강원은 엄격한 가풍, 절도 있는 수행 교육으로 비구니 사관학교라는 명성 아닌 명성을 얻고 있다. 현재까지 1900명의 졸업생을 배출하였으며, 입학 정원 65명의 학생이 4년간 공부하니 연평균 250명 정도 학생이 학습하고 있다.

그는 강원 커리큘럼을 개혁하였다. 이전의 암기식 경전 교육에서 토론식 교육의 도입하고, 영어, 일본어 등의 외국어 교육을 시작하였으며, 외전인

유가 경전 사서삼경을 가르치고, 피아노, 서예, 방송, 선무도(체육), 컴퓨터도 가르치는 등 현대식 커리큘럼을 도입하였고 열린 교육 방식을 채택하였다.

그는 예리하고 감수성이 뛰어난 학자적인 통찰력과 호기심을 가지고 있다. 또한 비상할 정도의 기억력뿐만 아니라 많은 저술 활동에서 알 수 있듯이 끊임없이 노력하는 근면함을 갖추고 있었다. 그리고 돌이 놓여야 할 곳에는 반드시 돌이 놓여 있어야 한다는 식으로, 많은 젊은 스님들이 여법하게 살기 위해서는 200명이 걸어도 한 사람이 걷는 것처럼 질서 있게 살 것을 강조하는 철저함을 고수했다. 이러한 스타일이 지금 운문사의 가풍이 되었다.

근대 초기에서 최근 수십년 전까지만 해도 비구니는 비구에게서 전강을 받았다. 명성스님은 이미 이전에 1958년 선암사에서 비구 강백인 성능스님에게서 "전강"(강맥을 전한다는 뜻)을 받았었다. 그러나 명성스님은 1983년에 이미 돌아가신 선대의 유명한 비구니 학자 스님인 수옥스님에게 위패 건당을 하는 의식을 하면서 (즉 죽은 사람 위패를 놓고 그 제자가 됨을 밝히는 의식) 비구니에게서 비구니가 강맥을 받는 의식을 거행하였다. 당시 이미 명성스님은 운문사 승가대학의 학장이자 한국 비구니 교단의 최고 학자였다. 여성이 여성을 권위의 원천으로 인정하고 그것에서 자신의 전통을 잇고자 하는 것은 근대적 정신의 발로라고 할 수 있다.

5) 묘엄스님 - 세계 최초의 비구니 율원을 세우다

묘엄스님은 한국 불교 비구니계의 대강백(大講白)이자 청정 율사(律師)였다. 그는 평생 계율을 전공하고 강의하였으며, 그러한 이력을 바탕으로 봉녕사에 율원을 세웠다. 그는 조계종 2대 종정을 지낸 청담(淸潭, 1902~1971)

스님의 딸이며, 성철(性徹, 1912~1993)스님의 유일한 비구니 제자다. 스님은 당대의 존경받는 고승들로부터 선·교·율 삼장을 전수받았다. 그는 1945년 성철스님을 계사로 사미니계를 받고 근대 한국 불교의 대표적 율사인 자운(慈雲)스님으로부터 율장을 배웠다. 자운스님은 1950-70년대 통합 종단의 전계대화상(계를 주는 자격이 있는 가장 높은 사람)을 지낸 분이다. 묘엄스님은 대강백 운허스님으로부터 경학(經學)을 배웠으며 그 외 경봉, 동산, 효봉, 향곡스님 등 전설적 고승들에게서 가르침을 받았다.

묘엄스님의 아버지 청담스님은 일제 체제에서 변질된 불교를 바로 세우려는 불교정화운동을 이끈 주역으로, 치열한 수행으로 존경받은 고승이다. 묘엄스님의 어머니가 1944년 초등학교를 막 졸업한 둘째 딸을 "1년 정도 중학교 입학 공부를 하라"고 아버지 청담스님이 있는 문경 대승사로 보냈다. 사실은 처녀들이 줄줄이 정신대로 징용 당하던 흉흉한 시기를 피하게 하려 했던 것이다. 그 인연으로 열다섯 소녀는 세속을 떠나 출가 수행자의 길을 걷게 된다.

대승사의 부속암자 윤필암에서 당대 비구니 선승인 월혜스님을 은사로 출가하였고, 성철스님을 계사로 청담, 청안, 자운스님의 참석 하에 사미니계를 수지했다. 대승사에는 청담스님의 평생 도반인 성철스님이 있었다. 성철스님은 "너거 아버지와 나는 물을 부어도 안 새는 사이"라며 불교 이야기를 이것저것 들려주며 출가를 권했다. 그는 "그거 다 가르쳐주신다고 약속하면 머리를 깎겠다"고 대꾸했다. 그 후 보름 정도 성철스님으로부터 많은 이야기를 들은 후에야 머리를 깎았다. 이때 성철스님이 준 법명이 『화엄경』「세주묘엄품」에서 따온 '묘엄'이다.

묘엄스님은 대승사 큰 절을 왕래하며 큰스님들로부터 '중노릇' 잘하는 법과 덕목들에 대해 가르침을 받았다. 또한 성철스님으로부터 한국 역사를 배웠고, 자운스님에게서 계율을, 아버지 청담스님에게서 수행자로서 대중과 더불어 살아가는 법을 배웠다. 문경 봉암사로 거처를 옮긴 스님은 성철스님으로부터 '만법은 하나로 돌아갔는데 하나는 어디로 돌아갔는고?'라는 화두를 받아 참선 수행에 매진했다. 여기서 불교의 사상과 철학을 공부한 것이 이후 묘엄스님이 반세기 동안 강사로서 후학을 가르치며 올바른 수행의 길을 걸어온 밑거름이 되었다고 한다. 묘엄스님은 제자들에게 "누더기를 입어도 정신은 살아 있던 봉암사 시절이 가장 중답게 살던 때"라며 "요즘 중노릇하는 이들은 좋은 환경 속에서도 진심을 내지 않고 방일하다"며 경책하기도 했다.

봉암사에서 자운스님을 계사로 식차마나니계를 수지한 묘엄스님은 1950년 통도사로 내려가 자운스님 문하에서 계율학의 기본이 되는 『사미니율의』와 『비구니계본』, 『범망경』 등을 공부하면서 비구니 율사로서 터전을 굳히게 된다. 1959년에는 동학사 강원에서 최초의 비구니 강사로서 학인들을 가르쳤고, 1966년 운문사 강주로 취임하여 후학을 지도하던 중, 1971년 수원 봉녕사에 정착했다. 폐사에 가깝던 수원 봉녕사를 가꾸어 1974년에는 비구니 강원을 열었고, 1987년에는 승가대학으로 승격시켰다. 40년간 학장도 맡았다. 세납 80세가 되어서도 『화엄경』 강의와 율원 강의를 스스로 맡아 할 만큼 열정적이었다. 1999년엔 봉녕사에 비구니 율원인 금강율원을 세웠고, 이는 세계 최초의 비구니 율원이라고도 한다.[189]

3. 비구니의 조직화 - 우담바라회, 정혜도량, 전국비구니회

현재 대한불교조계종의 비구니 조직인 전국비구니회의 전신으로 우담바라회가 있었다. 당시 절반이 넘는 비구니가 회원으로 가입하였다고 한다. 1967년 11월에 창립 발기인 대회가 열리고 이듬해 1968년 2월에 숭인동 청룡사에서 정식 발족하였다. 초대 회장으로는 보문사 주지 송은영 스님이 선출되었다. 그런데 재정적으로 활동에 어려움을 겪다가 1980년에 전국비구니회로 명칭을 바꾸고 재발족하였다. 전국비구니회 회관 건립을 추진하기로 1985년에 결의하고 사무실을 개원하였고 현판식을 하였는데, 이 계획은 이후 19년 만에 실현되어 2004년 강남 수서동에 전국비구니회관이 완공되었다. 당시 1985년 전국비구니회 출범을 앞두고 혜춘스님은 신문 인터뷰에서, "승단 안팎의 제반사를 감안해 볼 때 우리 비구니들이 합심 단결해서 제자 본연의 자세를 되살리고, 불법을 지키는 마지막 보루가 되어야 한다"고 소감을 표현하였다.

1994년 5월 9일 결성된 정혜도량은 비구니들이 합심단결해서 자신들의 지위 인정을 요구하였다는 점에서 주목된다. 이것은 전국비구니회와 같이 비구니 전체를 망라하는 조직이 아니라, 당시의 특정한 정치적 이슈를 가지고 결성되었다. 당시 김영삼 정부에서 조계사 불교회관에 공권력을 투입한 사태(3.29법난이라고 함) 이후, 종단 집행부가 바뀌어 개혁 종단이 들어서게 되었다. 이때 개혁의 과정에 비구니 참여를 요청하였다. 그런데 비구니 참여를 요청하였지만 논의 과정에서 비구니들의 의견이 철저히 무시당하고 외면당하는 상황이 발생하있다. 또한 이 기회에 총무원, 본사, 종회 등에 비구니 의석 확보를 요구하기도 하였는데 어느 것도 받아들여지지 않았다. 구체적으로 이들은 세 가지 조건을 요구하였는데, 먼저 조계종의 원로회의에 비구니 원로도 참가할 수 있게 해 달라는 것, 둘째 비구니들의 교구 본사를 마련해 달라는 것, 그리고 셋째 비구니 종회의원의 의석수를 확대해줄 것 등이었다.

그러나 이 정혜도량은 완전히 실패로 돌아가서 곧 해산되었다. 개혁 종단에서는 이들이 요구한 의석을 주기는커녕 비구니들을 파트너로 생각하지 않았다. 비구 측은 비구니 팔경계를 거론하고 [즉 여성은 남성에게 복속하여야 한다는 율장에 나오는 차별적 8가지 조항], 또한 마땅한 인물이 없어서 일을 맡길 수 없다는 이유를 들어 거절하였다.[190] 항의의 목소리를 내는 동안 종단 내의 다른 이슈들 속에 그 정치적 모멘텀은 사라져 버렸다.

발족 이후 5월 29일에 학술토론회가 열렸는데, 이때 비구니 팔경계에 대한 논란이 있었다. 발표자 중의 한 사람인 비구니 지광스님은 비구니의 의식 개혁을 주제로 발표하여, "비구니의 올바른 위상은 주체적이고 적극적인 실천 자세가 선행되어야 한다"며 비구니 스스로의 의식 개혁이 필요함을 역설했다. 또한 비구니 스님들이 적극적이지 못한 것은 비구니 팔경계가 불평등한 승가의 전통 관습을 고수하는 분위기를 조성해 왔기 때문이고 이를 시정해야 한다고 주장했다. 토론자 중 동국대의 해주스님은 대승불교권에서 소승 계율 팔경법을 고집하고 있다는 현실을 비판적으로 지적하였다. 그런데 다른 토론자인 개혁회의 총무원 부원장인 지하스님이 팔경계가 배제되어야 비구니 위상이 정립된다고 생각하는 것은 큰 오산이라는 견해를 피력하여 파행이 예상되었다.

당시 정혜도량 회장으로 선출된 백홍암 출신의 선승인 계수스님은 한 인터뷰 기사에서 자신이 진단하는 한국불교의 문제에 대해 다음과 같이 개진하고 있다.

혜조스님(질문자): 한국불교를 좀 심하게 표현하면 여성불교라고 꼬집어 말할 만큼 출가자나 재가자나 여성 불자들이 압도적으로 많습니다. 하지만 그동안 여성 불자들의 입장을 대등하게 보고 이루어진 종책이나 여성 불자 나름의 권익 옹호도 많지 않았던 것으로 보여집니다. 한편에서는 이번 개혁회의의 구성에도 비구니 스님들의 참여 통로가 많이 제한되지 않았나 하는 객관적인 지적이 있습니다. 스님의 의견은 어떠신지요?

계수스님(답변): 저는 정말로 이 문제를 절실히 느끼고 있는 사람 중에 하나인데, 딸이 많은 집에 딸로 태어나 남존여비 사상에 이를 갈 정도로 당하고 살았던 사람입니다. 그런데 출가를 하고 나서 보니까 출가해서도 똑같았어요. 비구니 스님들이 허물어져 가는 절을 잘 닦아 놓으면 비구 스님들이 여차하면 빼앗아 가 버리고, 설혹 뺏기지 않았다 해도 안 뺏길려고 마음을 태우고 있어서 그 노심초사가 이만저만이 아니었습니다. 이번 개혁회의에서는 이런 법은 정말 없어져야 할 것으로 생각합니다. 그렇다고 해서 우리를 크게 우대하라는 얘기가 아니고, 모든 제방에서도 알고 있다시피 처음 우리가 비구-대처 간의 싸움에서도 제일 많이 애를 썼습니다. 이번에도 모인 대중의 과반수 이상이 비구니 스님이었습니다. 무슨 큰일이 있을 때마다 비구니들이 앞에 서서 몸을 상하고 다치고 하지만 그것이 끝나고 나면 비구니 몫은 없었습니다. 수행도량만 보더라도 그렇습니다. 수행하는 인원은 비구니도 결코 적지 않은데 선방은 턱없이 모자랍니다. 비구 스님들은 큰 절에서 좋은 선방을 가지고 수행하고 있습니다만 비구니들은 좁은 방에서 촘촘히 앉아 수행하고 있습니다. 종단에서 좋은 수행도량을 비구니들에게 하나쯤 비워주는 것이 지금으로서는 아주 필요한 급선무입니다. 앞으로 이 계기를 통해서 비구니 스님들의 목소리를 많이 들어주어 비구니 스님들이 수행하는 데 보다 많은 배려를 해줄 것을 이 자리를 빌어 부탁드립니다.[191]

1994년에 만들어진 이 개혁회의는 계속 다른 문제를 낳고 있었다. 동국대학교의 교수이자 비구니인 해주스님은 1999년 출간된 논문에서 다음과 같이 분석하였다.[192] 긴 인용이지만 당시 한국 비구니계의 문제를 가장 잘 요약하고 있기에 소개한다.

이상에서 언급한 바와 같은 부처님의 근본정신에 입각한 비구와 비구니의 평등성은 제도적으로 뒷받침될 때 보다 수월하게 실현될 수 있을 것이다. 그 구체적 방안으로서 현재로서는 우선 종헌종법의 제·개정이 필요함은 이미 살펴본 차별적 조항에서 드러난다고 하겠다. 그리고 종헌 종법에 의한 구체적 제도의 보완이 요구된다. 그것은 종도들의 뜻을 모아 계속적인 변혁이 이루어져야 할 문제이다. 그동안 총무원장 후보자들이 내건 공약과 비구니들의 바람을 정리해서 우선 몇 가지 시안을 제시해 보기로 한다.

첫째, 비구니도 비구와 동등한 법계를 품수 받게 하거나, 현재처럼 동급의 법계를 품수 받는다면 묶여 있는 참정권의 제한을 풀어야 할 것이다. 바꾸어 말하면 비구니도 법력이 있으면 교단 내 최고직에 올라갈 수 있으며 모든 행정직에도 종사할 수 있음을 뜻한다. 역할을 맡을 수 없는 것과 역할을 맡지 않는 것은 분명 다르다. 부처님 당시에도 비구니가 비구와 똑같이 아라한과를 증득하였으며, 대승불교 역시 누구나 성불할 수 있다는 정신에서 출발하였다. 비구니의 자긍심을 북돋아 주는 것은 한국불교의 발전을 위해 서도 필요하다고 본다.

둘째, 비구니원을 따로 두거나 총무원 내에 비구니부를 두는 안이다. 기본 적으로는 현재 전국비구니회가 맡아 해오고 있는 비구니 행정을 법적으로 인정받기 위해서라도 전국비구니회를 비구니부나 비구니원으로 제도화시 키자는 것이다. 현재 선거법에 의하면 비구니 종회의원들은 전국비구니회 의 운영위원회에서 선출하도록 명시되어 있다. 그런데 전국비구니회의 성 격이 종단 행정의 공식기구가 아니라는 이의가 제기되고 있는 실정이다.

셋째, 비구니 총림을 세우고 비구니 본사를 두는 안이다. 그것은 비구니의 수행과 교육 그리고 포교에 있어서 효율화를 도모하는데 꼭 필요하다고 생 각된다. 비구니 본사는 반드시 기존 본사를 양도받을 필요는 없으며, 현 25 교구 본사 외 제26 또는 제27 교구본사가 지정되면 간단할 것이다. 총림도 마찬가지이다. 이 외에 제기될 수 있는 세부적이고 구체적인 점은 위의 제 안에 자연히 수반되는 문제가 될 것이다.[193]

이러한 비구니들의 목소리가 터져 나오는 것은 종단의 종헌종법 상 비구 스님들과 비구니 스님 간의 차별이 너무 많기 때문이다. 전통 시대에는 이 러한 불평등의 문제가 제기되지 않은 채로 지내왔지만, 모든 것이 법령으로 제한되고 정립되는 현대의 시점에서, 비구니에게 불평등하고 비구 중심으 로 짜여지는 이 법령을 가지고서 불교는 더 이상 현대 사회의 변화에 대응 할 수 없다는 주장이다.

한편 비구니계 내부에서는, 승려로서의 법맥을 확립함으로써 나아가 비 구니 정체성을 확립하겠다는 움직임이 나타난다. 이것이 문중계보 발간 사업이다. 법맥 또는 문중의 계보를 조성하겠다는 생각은 일찍부터 있었던 것 같다. 1976년 수옥스님의 주도로 자료를 모으는 오랜 작업 끝에 삼현문중의 문중계보가 처음으로 발간되었다. 승가에서 계보나 문중의 형성은 흔히 계파 간의 알력을 떠올리는 부정적인 인상을 주는 것도 사실이지만, 비구니 승가의 경우 열악한 환경에서 자신들의 계보와 문중을 정리하는 행위 자체가 스스로 위상을 세워 가는 노력의 일환이라고 할 수 있다. 또한 자신의 삶과 공동체의 역사가 일회성에 그치지 않고 앞으로 계속 이어질 역사가 된다는 점을 통찰하고, 좀 더 높은 시선 속에서의 '자기이해의 시작'이라고 할 수 있다.[194] 현재 한국 비구니계에는 10여 개의 문중이 있는 것으로 알려져 있다. 청해(靑海), 계민(戒珉), 법기(法起), 삼현(三賢), 수정(水晶), 봉래(蓬萊), 보운(普雲), 육화(六和), 유활(有活), 일엽(一葉) 문중 등이 그것이다.[195] 1980년대 들어 비구니 문중계보가 속속 발간되었다.

제8장

맺는말

이상과 같이 '근대와 여성'이란 주제하에 19세기 말부터 1970년대까지 활동했던 불교여성들의 다양한 모습을 소개하고 그 성장·발전 동력에 대해 분석해 보았다. 근대기 불교여성들이 이전과 어떻게 다른 새로운 모습으로 등장하는지 또 불교여성의 등장에 근대라는 이념과 사회적 변화가 어떠한 영향을 주었는가도 아울러 살펴보았다.

식민지 시대에 시작된 비구니 지도자들의 근대적 행보는 오랫동안 방치되어 온 자신의 수행 전통의 회복을 추구하는 데서 시작된다. 수행도량을 확립하는 것을 목표로 사찰을 복구하고, 결제를 지낼 수 있는 선방을 시설하고, 불교 경전의 연구과 교육의 장을 설립하는 것에 몰두했다. 그들에게 이런 일들은 자아실현 욕구의 표현이었으며, 종교적 정체성을 확보하는 길이었다.

한국 비구니 전통의 역사는 1700년에 이르고, 한국은 세계적으로 여법한 비구니 교단의 전통을 가진 몇 안 되는 국가이다. 한국의 비구니들은 이것을 항상 자랑스럽게 생각해 왔다. 근대에 들어 사회적 변화가 일어남을 목도하고, 자신이 가진 작은 자원을 이용하여 그동안 잊혀진 자신의 정체성과 자아를 회복하는 데 노력을 경주하였다. 이 같은 자아의식과 여성의식은 나아가 자신의 여성됨의 의미와 사명 등을 자각하게 하고, 보다 정치적인 자신을 만들어 나가게 하였다. 스스로의 공간을 일구는 경험 등을 통해 여성은 자신의 계보와 역사를 반추하고 자신이 서 있는 시간과 공간의 의미를 재인식하게 되었다. 이런 정치화와 정예화를 통해 여성은 불교의 근대화에 중요한 역할을 하였다.

흔히 신여성으로 분류되는 근대 초기의 여성들은 저술 활동을 통해 불교의 세계를 표현하였다. 이들은 사상적 기조를 가지고 불교여성 단체를 결성하고 조직화를 통해 근대적 동기를 실현하고자 했다. 조선불교여자청년회 같은 불교여성 단체들의 창립이 이 시기에 괄목할 만한 현상이다. 그러나 그 쇠퇴의 과정을 통해 여성의 종교적 지위에 대한 당시 불교의 현실적 제약을 확인할 수 있었다. 주요 멤버 중 한 명인 김광호는 중국 불교계나 일본 불교계는 자각한 불교 신앙의 여성 단체가 많아서 일반 사회에 대하여 상당한 업적을 공헌하고 있지만, 우리 조선 불교계의 여성은 참으로 한심하기 때문에 이때 우리는 선구자가 되지 않으면 안 된다고 하면서 여성 세력의 조직화와 역량 강화를 역설하였다. 하지만 결국 체계적인 담론 형성으로까지는 나가지 못하였다. 또한 재가 여성들의 신행 조직으로서 부인회들이 있었다. 1930년대 만들어진 부인선우회는 신행 단체로서의 성격이 강화된 대신 여성운동과 사회개혁 사상을 펴는 데는 소극적이었는데, 이전의 여성 운동가들의 진보적 개혁 운동의 반대급부로서 나타난 것으로 이해할 수 있을 것이다. 이와 같이 식민지 시대에 나타나는 여성 불교 담론 속에는 여성들의 다양한 의식 세계가 담겨 있다.

앞에서 우리는 근대 여성사 연구에서, 특히 불교계 여성의 경우, "근대성이라는 말이 얼마나 그 시대의 모습을 균형 있게 잘 드러낼 수 있는가?"라는 질문을 고민해 보았다. 이들 근대기의 비구니와 여성들은 자신의 삶을 회고하면서, 능동적이고 자주적인 사유 그리고 자신의 존재에 대한 성찰을 시도

하였다. 그들은 생애에 걸친 각종 활동을 통해 그들 개인의 주체적 의식을 확장하고자 했다. 근대적 공간과 사회 환경 속에서 개별 사찰이나 문중 간의 조직을 체계화하는 것은 현재의 삶을 규정짓는 조건을 탈피하고 향상하기 위한 노력이다. 평등을 외치는 목소리는 찾기 어렵지만, 현재 삶의 부조리를 개선하겠다는 의지는 아주 뚜렷하게 관찰된다. 당시 불교계의 비리나 모순을 공개적으로 드러내려 하지는 않았지만, 자신이 처한 현재 삶의 모순성에 대한 사유는 곳곳에서 표출되고 있다. 불교인의 최대 목표는 수행이라는 의식 속에서 사회적 참여에 소극적이지만, 자신이 수행의 길로 나아가는 방향에 장애물이 있을 때는 그것을 개선하고 자신과 동료를 위해 좀 더나은 환경을 이루기 위한 부단한 노력을 하였다. 이들 여성에게 근대성이란 자신의 삶의 모순성에 대한 인식과 주체적인 사유를 모색하면서 아울러 그 과정 속에서 체험되는 부조리와 갈등을 인식하고 그 이중성을 극복해 나가는 노력의 궤적이라고 할 수 있겠다. 근대성은 성취되는 것이 아니라 나아갈 방향을 제시하며 열려 있는 방향성이자 미래의 지표였다.

현재 한국 불교계에는 여러 문제들이 남아 있다. 전통불교의 보수성은 아직도 21세기 한국 불교계를 지배하고 있다. 젠더, 계급 등에서 불교계는 특정 이념에 편향되어 있어서 보수와 진보 간의 대화가 극히 제한되어 있다. 불교계 교단에서 제도적으로 극복해야 할 가장 큰 문제는 성적 불평등의 문제, 특히 여성을 낮추어보고 여성의 종교적 가능성을 폄하하는 것이다. 이것은 불교의 평등사상에 어긋나는 것이다. 종정을 위시하여, 총무원장 이하모든 상위 보직자의 선출 자격을 비구만으로 한정하는 현재의 종헌종법의 법제는 비구니의 참종권을 아예 차단하여, 특정 성별의 정치참여를 제한하는 위헌적 요소가 있다. 가부장적이고 성차별적인 교단 문화를 바꾸어 여성에게 동등한 기회를 주어야 한다.

이 시대는 종교인들에게 권위적·수직적·복종적 문화에서 개방적·상호평등적인 문화로 나아갈 것을 요청한다. 비구니의 사회적 관계의 양태와 형식적 절차를 규제하는 팔경계를 유연하게 해석하지 않으면 비구와 비구니가 평등한 위치에서 협상 또는 대화한다는 것은 제도적으로 가능하지 않다. 상대의 잘못을 지적하면 팔경법에 어긋나는 것이고 참회해야 하며 징계를 받을 위험에 처하는 방식으로는 대화 자체가 일어나는 것이 근원적으로 불가능하기 때문이다. 특히 팔경계는 형식을 규제하기 때문에 어떤 자리에도 적용될 수 있으며 사회적 소통의 첫째 원칙인 대등한 의사 교환을 원천적으로 차단하는 상위 규범으로 작용된다는 것이 심각한 문제이다.

한국 사회의 급격한 변화와 함께 다른 종교와 마찬가지로 불교도 세속화의 도전에 처해 있다. 그런데 이것이 여성 불교의 미래에 함축하는 바는 무엇일까. 종교의 자본화와 소비주의화 추세 속에서, 경제적 풍요와 물질적 안락이 종교 여성들을 해방시키는 방향으로 나가게 할지 아니면 오히려 종속시킬지 앞으로 귀추가 주목된다. 급격하게 다가오는 세속주의의 도전에 대해 진지한 토론을 갖고 앞으로 어떤 방향으로 나가야 할지 깊이 고민해볼 필요가 있다.

한국 불교계에는 아직도 여성의 신앙 행위를 기복적이고 미신적이며 비합리적이라고 해석하는 고정 관념이 강하게 깔려 있다. 여성 신행은 그 자체로서 정당한 평가를 받아야 한다. 여성 경험의 다양성과 그 경험의 맥락에 대한 고려와 평가 없이, 여성됨 그 자체를 근본적으로 폄하하는 언어와 관행들이 여전히 아무런 반성과 비판 없이 반복되고 있다. 나아가 이것을 여성 스스로가 체화해서 자기혐오와 비하를 내재화하는 악순환을 낳고 있는 것은 아닌가, 또는 다른 사람의 권위, 특히 고승 등에 의해 자신의 종교적 정체성을 확인받기를 기다리는 피동성을 탈피할 필요가 있다.

어떤 사람은 이렇게 말할지 모르겠다. 진리에 어떻게 여성과 남성이 있을 수 있느냐고. 그러나 현실은 진리가 남성과 여성을 뛰어넘어서 모든 사람에게 보편적으로 적용될 수 있는 것이 아님을 보여준다. 이들 근대기의 여성들은 구별과 구분 그리고 차별을 내면화하면서도 겉으로는 남성이 불성을 가진 만큼 여성도 불성, 즉 부처의 성품을 가졌고 깨달음을 얻고 실현할 수 있는 가능성이 있다고 애써 주장하였다. 그러나 그것은 현상적 세계의 남녀 차별에 대한 일종의 항의이며, 궁극적 진리의 세계에는 차별은 없어야 한다는 당위를 말한 것일 뿐이다. 그들이 추구한 종교적 진리가 남성들이 추구하는 지평과 외연 그리고 그 접근법이 다르다고 해서 어떻게 그들의 삶의 가치가 폄하될 수 있을까.

불교에서 쓰는 '사바세계' 또는 '범부'라는 말이 함축하듯이 삶은 불완전한 것이다. 이러한 불완전성에 기반하여 자신의 삶을 고양시키기 위해 삶의 각 부문에서 여러 인연을 지어 가는 것이 종교의 길이다. 불성의 가르침을 떠올리는 것은 그러한 출발에 대한 희망의 메시지가 된다. 이같이 자신의 가능성을 점검해 보고 확신을 얻은 후에 그 완전성을 추구하는 길로 여정을 떠나는 것이다. 그 목표는 동일하나 그 이상과 방법, 실천과 자기 이해가 서로 다를 뿐이다. 차이는 상존한다. 그러나 그것은 다르다는 것을 말하는 것이지 우열로써 자신을 더 주장하는 도구가 되어서는 안 된다. 여성도 다른 존재와 마찬가지로, 즉 남자와 마찬가지로, 평등하고 자유로운 세계를 염원한다는 점에서 차이는 없을 것이다.

이제까지 불교가 추구하는 사상적 지평과 종교적 이상이 '근대'라는 시간

속에서 여성의 의식 변화에 어떻게 적응되고 적용되었는지를 그려 보고자 했다. 근대기에 불교를 만났던 그들은 무척이나 억척스럽고 집요한 사람들이었다. 아무도 무명인 그들의 삶을 주목하거나 기록하거나, 나아가 그들의 삶의 의미를 분석해 재발견해 주지 않았다. 그러나 그들이 뿌린 씨앗은 1970년대 불교여성의 약진 속에서 그 결과를 싹 틔웠다. 마찬가지로 현재 이 책을 통해 뿌려진 씨앗이 앞으로 미래 세대 연구자들의 눈과 가슴을 통해 새롭게 태어나기를 바라는 바이다.

주석

참고문헌

찾아보기

주석

1 서강대학교종교연구소 편찬, 『한국여성종교인의 현실과 젠더 문제』(동연, 2014)에 수록된 연구를 보면 다른 종교계에서는 여성종교인에 대한 연구가 상당히 축적되어 있음을 알 수 있다.

2 Ann Braude, "Women's History Is American Religious History," in Thomas Tweed ed., *Retelling U.S. Religious History* (Berkeley: University of California Press, 1996), pp. 87-107. 이 논문에서는 다음 두 가지 중요한 주장이 제기되고 있다. 첫째, 어떤 종교 행위에 있어서 그 참가자의 주를 이루는 것은 언제나 여성이었다. 둘째, 같은 시대에 대한 역사도 남자들의 관점에서 서술된 것과 여성의 관점에서 서술된 것이 성격이 다르다. 따라서 지금까지 남자들이 기록한 역사를 정본으로 받아들이고 그 관점으로 과거를 이해했다면, 그것은 재검토해 보아야 한다.

3 산스크리트어로 '*catur-parṣady*'라고 한다. 이 네 그룹 각각의 인도의 고전어 산스크리트어 명칭과 한문경전에서의 번역어는 다음과 같다: '비구'(比丘, 산스크리트어로 bhikṣu 빅슈), '비구니' (比丘尼, bhikṣunī 빅슈니), '우바새'(優婆塞 upāsaka, 전통적으로 이것을 우파새라 하지 않고 한국 사찰 고유의 발성법에서는 우바새라고 부른다), 그리고 우바이(優婆夷, upāsikā)이다. 그러나 앞의 두 가지 경우, '빅슈' 또는 '빅슈니'는 인도 고전어인 산스크리트어 발음에 따른 것이며, 불교 경전이 처음으로 기록으로 모아졌을 때 쓰였던 언어인 팔리(Pali)어 발음으로 하면 빅쿠(bhikkhu), 빅쿠니(bhikkhunī)가 된다. 따라서 남방 불교 전통을 따르는 국가, 즉 스리랑카, 태국, 미얀마 등지, 그리고 현대의 테라바다 불교 (남방 상좌부 불교) 신자들은 승려들을 팔리어 발음을 써서 '빅쿠', '빅쿠니'라고 부른다.

4 불교는 타종교에 비해서 그 멤버쉽이 무척이나 느슨하다는 것이 일반적인 의견이다. 즉 일년에 한번 초파일에 절에 가는 사람을 불교인이라고 할 것인가, 또는 사찰의 신도로 등록이 되어 있거나 정기적 활동에 참가하지 않는 사람이라 할지라도, 불교에 호감을 가지고 있는 사람이면 불교인이라 부를 수 있는가 하는 등의 논의가 있다. 또는 예를 들어 인구센서스의 경우와 같이 구체적으로 질문을 받았을 때, 스스로가 '나의 종교는 불교'라고 하는 대답하는 즉 자기규정성이 기준이 되어야 한다고 주장하기도 한다.

5 영어로는 행자를 'postulant'라 하고 사미니를 'novice' nun이라고 하면서, 구족계를 받고 난 후의 여자 승려를 말하는 비구니와 구분된다는 점을 표시한다.

6 조선시대에 성립된 것으로 보이는 불교 가사(歌辭) 중에 들어 있는 어떤 시나 오도송

들은 문체나 주제를 보아서 여성에 의한 글이거나 그들을 대신해서 쓰인 것이라 생각
되는 것이 있었다. 그러나 저자 이름이 나타나지 않는 한 이것을 증명하기 어렵다.

7 John Jorgensen, "Marginalized and Silenced: Buddhist Nuns of the Chosŏn Period," in
  Eun-su Cho ed. *Korean Buddhist Nuns and Laywomen: Hidden Histories, Enduring
  Vitality* (Albany: SUNY Press, 2011), p. 136. John Jorgensen은 이러한 점이 중국이나
  일본 등의 경우와 크게 다르다고 한다. 즉 여성이 직접 자신의 신앙에 대해 쓴 글이 없
  다는 점이며 이것이 한국의 비구니와 불교여성에 대해 연구할 때 큰 제약점이라고 밝히
  고 있다.

8 이 신문기사는 중앙승가대학교 부속 한국비구니연구소에서 발간한, 『신문기사로 본
  한국 근현대 비구니 자료집』 제 6권에 실려 있다. 이 자료집은 중앙승가대의 교수로
  재직하던 비구니 본각스님의 발원으로 2003년부터 시작하여 세차례에 걸쳐 총 11권
  으로 출판되었다. 1896년부터 2000년까지의 신문기사를 모은 총 6권(2003년 발간),
  2001-2006년까지 기사를 모은 2권(2007년 발간), 2007-2012년까지 기사를 모은 3권
  (2015년 발간). 이 책외에도 『한국비구니 수행담록』 3권과 『한국비구니 명감』 1권도 본
  각스님의 주도하에 동일 연구소에서 편찬한 자료집이다.

9 예를 들어 독립신문에 실린 가장 초기의 기사 중 하나는 "전국에 있는 중은 6,435구(口)
  인데, 남승이 5,021구이고 여승이 1,414구이고, 백정은 2,106구라는 호구조사 결과를
  보도한 것인데 (1898.02.26 독립신문), 승려와 백정을 같이 열거하고 있다는 것이 조
  선시대 말까지 적용되던 팔천(八賤)의 하나로서의 승려의 지위를 말해준다.

10 이에 대해 30대 차세대 여성학자의 목소리를 여기에 옮겨보겠다. "기독교와 기독교
  여성을 연구하는 학자들은 한국사회 근대화 과정에서 기독교 여성이 기여한 바를 잘
  정리했고 그들의 연구결과는 이미 사회적으로도 잘 확산되고 있다. 그런데 나를 포함
  한 우리 세대는 '불교' 하면 전근대적 이미지, 개인적이고, 가족중심적인 이미지만 떠
  오른다. 기독교 여성사에서는 사회적으로 그다지 유명하지 않았던 이름 없는 사람들
  도 많이 나오고, 그 시기에 사람들에게 기독교가 어떻게 파고들었는지, 어떤 계층의
  어떤 사람들에게 무엇을 불러일으켰는지에 대해 대중들도 안다. 근대 불교에서 그저
  몇 사람의 대표 인물을 상정해 놓고 이 사람들 위주로 살펴볼 것이 아니라 이름 없는
  사람들 이야기를 살펴보아야 한다. 당시에 불교가 그 시기 사람들에게 어떻게 파고들
  었는지, 어떤 계층의 어떤 여성들이 불교에 마음이 끌렸고, 이 여성들에게 무엇을 불
  러일으켰는지 살펴보아야 한다. 불교는 지금까지 우리 사회 저변에 굉장히 많이 깔려
  있음에도 이게 대체 어떻게 사람들에게 어필되고 어떻게 지속될 수 있었는지 블랙박
  스로 남아 있다. 오늘날 다수의 사람들은 불교가 무속과 비슷할 것이라고 생각한다."
  (고윤경, 서울대학교 여성학 박사과정, 2020년 5월 22일, 한국비구니승가연구소 대담
  중에서).

11 Jin Y. Park tr., *Reflections of a Zen Buddhist nun Kim Iryŏp* (Honolulu : University of Hawai'i Press, 2014; Jin Y. Park, *Women and Buddhist Philosophy: Engaging Zen Master Kim Iryop* (Honolulu, HI: University of Hawai`i Press, 2017).

12 배철러는 1970년대 송광사를 찾은 외국인 젊은 수행자 중의 하나로 방장스님이던 구산 스님을 가까이에서 모시고 그분의 어록 등을 번역하는 일을 맡아서 하였다. 특히 한국의 비구니 스님들의 삶과 수행에 주목하여 노장 비구니 스님들을 인터뷰하거나 그들의 전기를 영어로 기록해 두었다.

13 Martine Batchelor, "The Life of a Korean Zen Nun: The Authobiography of Son'Gyong Sunim," *Korean Culture* 13, no. 1 (1992), pp. 26-37; Martine Batchelor, "A Zen Journey" (Songgyong Sunim), in *Walking on Lotus Flowers: Buddhist Women Living, Loving and Meditating* (London: Thorsons, 1996).

14 Martine Batchelor, *Women in Korean Zen - Lives and Practices* (Syracuse: Syracuse University Press, 2006); 이에 대한 한국어 번역본, 마틴 배철러 저, 조은수 옮김, 『출가 10년 나를 낮추다』 (웅진뜰, 2011).

15 2003년 2월 15일 콜럼비아대 Institute for Medieval Japanese Studies 주최로 열린 워크숍 "A Workshop on New Directions and Strategies for Research on the History of Korean Buddhist Nuns."

16 Zen Buddhist Temple: Ann Arbor, Chicago, NYC, Toronto and Mexico, https://www.zenbuddhisttemple.org

17 "Eunyeong Sunim and the Founding of Pomun-jong, the First Independent Bhikshuni Order"라는 제목이 말해주듯이 이 논문은 한국의 최초 비구니 종단인 보문종을 세운 은영스님에 대한 글로 그가 조계종과 구분되는 보문종이라는 여성 종단을 창설한 이유와 역사적 의의를 밝히고 있다.

18 필자는 1989년 미국 유학을 떠나 앤아버 선련사(禪蓮寺, Zen Buddhist Temple) 회주 삼우스님을 뵙게 되었다. 이후 삼십 여년간 개인적 학문적 교류를 이어오던 중, 2020년 여름 스님의 건강이 급격히 악화되었다는 전갈을 받았고 그해 10월 이 녹음 자료를 기탁받게 되었다. 삼우스님은 2003년 콜럼비아대학에서 열린 비구니 워크숍에 참가한 후 구술 인터뷰의 필요성을 깊이 느끼게 되었다고 한다. 현재 이 자료에 대해서는 연구팀이 결성되어 공동연구를 수행 중이다.

19 I. B. Horner, *Women Under Primitive Buddhism* (London: George Routledge & Sons, Ltd, 1930).

20 Nancy Auer Falk, "The Case of the Vanishing Nuns: The Fruits of Ambivalence in Ancient Indian Buddhism," in *Unspoken Worlds: Women's Religious Lives in Non-Western Cultures*, originally published from San Francisco: Harper & Row, 1980

Revised edition (Belmont, CA: Wadsworth, 2001), pp. 196-206.

21 Shih Pao-ch'ang, Kathryn Ann Tsai (trans), *Lives of the Nuns: Biographies of Chinese Buddhist Nuns from the Fourth to Sixth Centuries* (Honolulu: University of Hawaii Press, 1994).

22 Karma Lekshe Tsomo가 편집한 일련의 책들은 각국의 불교 여성의 전통을 사회 참여적 관점에서 접근하고 있다. Karma Lekshe Tsomo edited, *Buddhist Women Across Cultures: Realizations* (Albany: State University of New York Press, 1999); *Innovative Buddhist Women Swimming Against the Stream* (Richmond: Curzon, 2000); *Buddhist Women and Social Justice: Ideals, Challenges, and Achievements* (Albany: SUNY Press, 2004); *Bridging Worlds: Buddhist Women's Voices across Generations* (Taipei: Yuan Chuan Press, 2004). Monica Lindberg Falk, *Making Fields of Merit: Buddhist Female Ascetics and Gendered Orders in Thailand* (University of Washington Press, 2008)은 태국의 매치에 대한 연구서이다.

23 전근대 중국의 비구니 전통에 대한 서구의 대표적 연구자로 Chün-fang Yü, Beata Grant, Miriam Levering, 그리고 Ding-hwa E. Hsieh를 들 수 있다.

24 Miriam Levering, "Miao-tao and her Teacher Ta-hui," in *Buddhism in the Sung Dynasty*, edited by Peter N. Gregory and Daniel A. Getz, Jr., Kuroda Institute Studies in East Asian Buddhism 13 (Honolulu: University of Hawaii Press, 1999), pp. 188-219.

25 일본의 불교여성에 대한 대표적 연구물로, Paula Kane Robinson Arai, *Women Living Zen: Japanese Soto Buddhist Nuns* (New York: Oxford University Press, 1999); Barbara Ruch, *Engendering Faith Women and Buddhism in Premodern Japan*, Michigan Monograph Series in Japanese Studies, no. 43 (Ann Arbor: Center for Japanese Studies, University of Michigan, 2002); Lori Meeks, *Hokkeji and the Reemergence of Female Monastic Orders in Premodern Japan* (University of Hawai'i Press, 2010); Paula Arai, *Bringing Zen Home: The Healing Heart of Japanese Women's Rituals* (Honolulu: University of Hawaii Press, 2011) 등을 들 수 있다.

26 대만 비구니 사회에 대한 연구로는 Heng-Ching Shih, "Buddhist Spirituality in Modern Taiwan," in Yoshinori Takeuchi, ed., *Buddhist Spirituality—Later China, Korea, Japan, and the Modern World* (New York: The Crossroad Publishing Company, 1999), 427-431; Charles Jones, *Buddhism in Taiwan—Religion and the State 1660-1990* (Honolulu: University off Hawai'i Press, 1999); Elise Anne DeVido, "'The Infinite Worlds' of Taiwan's Buddhist Nuns," in Karma Lekshe Tsomo, ed., *Buddhist Women and Social Justice: Ideals, Challenges, and Achievements* (Albany: SUNY Press, 2004); Wei-Yi Cheng, *Buddhist Nuns in Taiwan and Sri Lanka: A Critique of the Feminist*

Perspective, Routledge Critical Studies in Buddhism (Abingdon, NY: Routledge, 2007); C. Julia Huang, *Charisma and Compassion: Cheng Yen and the Buddhist Tzu Chi Movement* (Cambridge, Massachusetts: Harvard University Press, 2009) 등을 대표적으로 들 수 있다.

27 영국인으로 티베트 불교전통에 출가한 텐진 빠모 스님에 관한 책, Vicki MacKenzie, *Cave in the Snow: A Western Woman's Quest for Enlightenment* (London: Bloomsbury, 1999), 한국어 번역으로는 비키 매켄지 저, 세등 옮김, 『나는 여성의 몸으로 붓다가 되리라』(김영사, 2003)를 그 대표적인 것으로 들 수 있다.

28 이봉춘, 「불교지성의 연구 활동과 근대불교학 정립」, 『불교학보』 제48집 (2008): 28.

29 이영자, 「불교의 여성관의 새로운 인식」, 『한국여성학』 1 (1985).

30 전해주, 「비구니 승단의 성립에 대한 고찰 - 비구니팔경계를 중심으로」, 『한국불교학』 11 (1986).

31 하춘생, 『한국의 비구니문중』 (해조음, 2013).

32 조영숙 편, 『법의 기쁨 사바세계에 가득 - 법희 선사, 그의 생애와 禪』 (민족사, 1998).

33 윤청광 엮음, 『회색 고무신』 (시공사, 2002).

34 박원자, 『인홍스님 일대기: 길 찾아 길 떠나다』 (김영사, 2007).

35 최정희, 『부처님 법답게 살아라-광우스님과의 대담』 (조계종출판사, 2008).

36 불필스님, 『영원에서 영원으로』 (김영사, 2012),

37 한마음선원 주최 국제학술대회, "동아시아의 불교 전통에서 본 한국 비구니의 수행과 삶," 2004년 05월 20-22일.

38 Eun-su Cho ed., *Korean Buddhist Nuns and Laywomen* (Albany: SUNY Press, 2011).

39 김경일 외, 『한국 근대 여성 63인의 초상』 (한국학중앙연구원출판부, 2015), pp. 5-6.

40 연세대학교 의학사연구소, 『한국 근대의학의 탄생과 국가』 (역사공간, 2016).

41 심재룡, 「근대 한국불교의 네가지 반응 유형」, 『철학사상』 16 (2003 06).

42 〈삼우스님 아카이브〉에 등장하는 해인사의 대처승들, 그리고 해인사 국일암에 최초의 선방이 생긴 과정을 요약한 것이다.

43 이상의 이야기는 〈삼우스님 아카이브〉에 나오는 여러 내용을 산발적으로 요약한 것이다.

44 Gross, Rita M., *Buddhism After Patriarchy: A Feminist History, Analysis, and Reconstruction of Buddhism* (Albany: State University of New York, 1993); 한국어 번역본으로 리타 그로스 지음, 옥복연 번역, 『불교 페미니즘: 가부장제 이후의 불교』 (서울: 동연, 2020)가 있다.

45 Gisela Krey, "On Women as Teachers in Early Buddhism: Dhammadinnā and Khemā," *Buddhist Studies Review* 27:1 (2010), p. 18.

46 현재 조계종에서는 수계식 날에 범망경보살계를 먼저 주고 비구니계를 준다. 이 두 가지 계율을 다 주는 것은 사분율은 '소승' 계율이라 하는 인식에서 후자 '대승' 계율을 추가하여 수계하는 것으로 보인다. 남방불교에는 물론 범망경보살계라는 것은 없다. 범망경보살계의 형성에 대해서는, 졸고, 「梵網經 이본을 통한 고려대장경과 돈황유서 비교연구」, 『보조사상』 32 (2009) 참조.

47 비구니 팔경계는 「사분율비구니건도」와 「계본」(戒本)의 속에 두 번 등장하는데, 첫번째 건도에 나오는 '백세비구니' 부분은 '앉기를 청하라'로 끝나는데 반해 후자에는 "…앉기를 청해야 할 것이니, 만약 그렇게 하지 아니하면….' 식으로 제재 조항이 첨부된다고 한다. 全海住, 「比丘尼教團의 成立에 대한 考察 -比丘尼八敬戒를 中心으로-」, 『韓國佛敎學』 11. (서울: 韓國佛敎學會. 1986); 같은 내용의 재출판, 전해주, 「한국 비구니 승가의 현황과 방향」, 『종교교육학연구 8 (1999).

48 Alan Sponberg, "Attitudes toward Women and the Feminine in Early Buddhism," in Buddhism, Sexuality, and Gender, ed. José Ignacio Cabezón (Albany: State University of New York Press, 1992), pp. 3-36.

49 Nancy Auer Falk, "The Case of the Vanishing Nuns: The Fruits of Ambivalence in Ancient Indian Buddhism," in Unspoken Worlds: Women's Religious Lives in Non-Western Cultures originally published from San Francisco: Harper & Row, 1980 Revised edition (Belmont, CA: Wadsworth, 2001), pp. 196-206; 한국어 번역으로 낸시 아우어 포크 저, 조은수 번역, 「왜 인도에서 비구니가 사라졌는가」, 『불교평론』 48 (2011 가을).

50 Nancy Auer Falk, 상동.

51 다큐멘터리 "The Buddha's Forgotten Nuns" (2013) https://www.youtube.com/watch?v=ngPkZ5zY_tQ&t=373s 참조.

52 예를 들어 세계비구니계의 지도자인 렉세 카르마 쏘모 스님은 티베트 불교 전통에서 오랜 동안 훈련을 받았으나 티베트 불교에서는 비구니 수계를 하지 않기 때문에 한국과 대만에서 두번 비구니계를 받았다. 텐진 빠모 스님은 홍콩에서 수계를 받았다.

53 전해주, 「한국 비구니 승가의 현황과 방향」, 『종교교육학연구』 8 (1999), p. 333.

54 이재형 기자, 「한국불교에 비구니는 없다」, 『법보신문』, 2004.08.10. 기사는 이어 이렇게 말한다. "그러나 불평등은—교수(敎授)의 주체' 차원에서 그치지 않는다. 사미와 사미니가 받는 10가지 계율은 동등하지만 그 심사과정에서 사미니에게는 팔불가과법(八不可過法)의 다짐을 받고, 여인의 몸 받는 것을 여의고 장부의 몸 받기를 서원해야 하는 등 기나긴 차별의 첫 행로에 불과하다."

55 이재형, 상동.

56 조은수, 「인사말」, 『불교여성연구소 창립 기념 학술토론회 자료집』 (불교여성개발원, 2011.12.03), p. 4.

57 〈삼우스님 아카이브〉.

58 이 부분은 졸고, 「여성의 리더십과 불교의 무아설」(『불교 페미니즘과 리더십』(불광 출판사, 2016)에 일부 발표된 것을 수정한 내용이다.

59 『三國遺事』卷 第三「興法」편, "阿道基羅"조. "모록(毛祿)의 누이동생의 이름은 사씨(史 氏)인데 법사에게 와서 중이 되어 역시 삼천(三川) 갈래에 절을 세우고 살았으니 절 이 름을 영흥사(永興寺)라고 했다."

60 『일본서기』의 이 기사는 14세기 일본의 승려 코칸 시렌의 『원형석서(元亨釋書)』에도 나오고 있는데 『일본서기』를 이용한 것으로 보인다. 일본의 승려 코칸 시렌(虎關師 鍊)이 1322년에 완성했던 『원형석서』 전권은 2010년에 상하 두 권으로 나누어 '일본 최초의 불교 문화사'라는 부제로 번역 출간되었다. 코칸 시렌 저, 정천구 역주, 『원형 석서 - 일본 최초의 불교 문화사』(씨아이알, 2010).

61 누카리야 카이텐(忽滑谷快天), 『朝鮮禪教史』(東京: 春秋社, 1930), p. 30; Eun-su Cho, "Reinventing Female Identity: A Brief History of Korean Buddhist Nuns," *Seoul Journal of Korean Studies*, Vol. 23, No. 1 (June 2009), pp. 32-33 참조.

62 다무라 엔조(田村圓澄)의 『日本古代の宗教と思想』(山喜房佛書林, 1987)에 이와 유사 한 언급이 나온다.

63 김영미, 「고려시대 여성의 출가」, 『이화사학연구』 25 · 26합집 (1999).

64 김영미, 상동.

65 최병헌, 「高麗王室의 女性과 佛教 - 仁睿太后와 天台宗의 創立」(2004년 한마음선원 주최 학술대회 발표 원고).

66 김영미, 상동.

67 그 후 비구니의 이름이 문도 명단에 보이는 것은 100여 년이 지난 후이다. 즉 인도승 지공(指空, 1235-1361)의 비문에 십 수 명이 나타나 있고, 고려승 나옹혜근(懶翁惠勤, 1320-1376), 태고보우(太古普愚, 1301-1382)의 비에도 실려 있다. 그리고 『직지심체요 절(直指心體要節)』의 저자 백운경한(白雲景閑, 1298-1374)의 어록과 그 책의 맨 뒤에 조연(助緣) 문인(門人)으로 비구니의 이름이 실려 있다. 이들은 모두 선종 승려라는 공통점을 지니는데, 같은 시기에 활동한 화엄종 천희(千熙, 1307-1382)의 비문에는 비 구들의 이름만이 기록되어 있는 것과는 비교된다. 김영미, 「고려시대 비구니의 활동 과 사회적 지위」, 『한국문화연구』 1, 이화여자대학교 한국문화연구원 (2001) 참조.

68 허흥식, 「조선의 정요와 고려의 진혜 - 두 시대 여대사의 비교」, 『정신문화연구』 27-4 (2004 겨울호), pp.175-198.

69 이 부분은 조은수, 「제 10장, 믿음의 힘으로 유교적 획일화에 맞서다 - 조선여성의 신 앙생활, 불교를 중심으로」, 규장각한국학연구원 편, 『조선여성의 일생』(글항아리, 2010)에 일부 출판된 것을 수정 보완한 것이다.

70 Eunsu Cho, "Re-thinking Late 19th Century Chosŏn Buddhist Society," *Acta Koreana*, Vol. 6, No. 2 (July 2003): 87-109.

71 남희숙, 「조선후기 불서간행 연구」 (서울대학교 국사학과 박사학위 논문, 2004).

72 『숙종실록』 40권, 숙종 30년(1704 갑신) 10월 28일(을미) 2번째 기사, "여승의 여사를 허물 것을 사간원에서 청하나 허락지 않다."

73 『성종실록』 253권, 성종 22년(1491 신해) 5월 22일(정유) 1번째 기사 (경연이 파하고 대사헌 한언 등과 국사를 논의하다)

74 이향순, 「조선시대 비구니의 삶과 수행」, 『한국 비구니의 수행과 삶』 (서울, 예문서원, 2007); 김상일, 「불교계 여성한시에 보이는 불행감과 해탈 지향: 이예순, 혜정, 담도의 한시를 중심으로」, 『동악어문학』 제71집 (2017); 이숙인, 「여성불교의 적극적 힘, 비구니 이예순」, 『또하나의 조선』 (한겨레출판사, 2021).

75 이 주제에 대해 탁효정은 수년간 탁월한 연구를 수행하였다. 이것을 모아서 『원당, 조선 왕실의 간절한 기도처』 (은행나무, 2017)로 발간하였다.

76 양혜원, 「조선 초기 궁궐 사찰 내원당(內願堂)의 설치와 변동」, 『한국사상사학』 제69집 (2021).

77 John Jorgensen, "Marginalized and Silenced: Buddhist Nuns of the Chosŏn Period," in Eun-su Cho edit., *Korean Buddhist Women and Laywomen* (SUNY Press, 2011).

78 이들 사원의 역사와 관련해서는 권상로, 『한국사찰전서(韓國寺刹全書)』 (서울: 동국대학교, 1979), 2권 참조. Jorgensen 에서 재인용.

79 삼우스님의 사지 관련 연구 노트는 한국문헌연구소에서 영인하여 아세아문화사에서 10권으로 1977년에 간행한 『한국사지총서』 제3집에 실려있는, 「건봉사급건봉사본말사적」(乾鳳寺及乾鳳寺本末事蹟)와 「유점사본말사지(楡岾寺本末寺誌)」을 참고하여 작성된 것이다. 건봉사와 유점사 그리고 그 주위 말사, 암자들의 시주 기록을 담고 있다.

80 한국문헌연구소 편, 『한국사지총서』 (아세아문화사, 1977), 「건봉사급건봉사본말사적」, pp. 3-12. 삼우스님 사지 연구 노트에서 재인용.

81 황인규, 「근현대 비구니와 불교정화운동」, 대한불교조계종 교육원 불학연구소 편, 『불교정화운동의 재조명』 (조계종출판사, 2007), pp. 275-276.

82 「198. 서울 봉은사 南湖堂 永奇대사비문」, 이지관, 『한국고승비문총집-조선조·근현대』 (가산불교문화연구원, 2000), p. 767.

83 「204. 고성 신계사 大應堂 坦鍾대사비문」, 이지관, 『한국고승비문총집-조선조·근현대』 (가산불교문화연구원, 2000), p. 791.

84 한상길, 「개화기 사찰의 조직과 운영」, 대한불교조계종 교육원 불학연구소 편, 『불교근대화의 전개와 성격』 (조계종출판부: 2006).

85 한상길, 전계 논문, p. 23.

86 이상은 김순석, 「승려 도성 출입 금지해제 배경과 의미」, 『법보신문』 2006.06.09 기사를 참조하였다. 그런데 이 기사에 의하면 16세기 말에 완성된 경국대전에는 승려들의 도성출입을 금하는 내용이 없었고, 새로운 사찰을 창건하는 것은 금지되어 있었다고 한다. 그후 특히 연산군과 현종 연간을 거치면서 불교는 극심한 탄압을 받게 되어, 18세기 초 영조 때 편찬된 속대전에 승려가 함부로 도성에 들어오면 곧장 100대에 처하고 영구히 노비로 삼는다는 규정이 나온다고 한다. 즉 승려가 도성을 출입하는 것이 중죄에 해당했던 것이다.

87 1895년 4월 23일 『고종실록』에 총리대신 김홍집, 내부대신 박영효가 승려들의 입성 금지령을 완화할 것을 상주하여 고종의 윤허를 받았다는 기록이 나온다. 앞의 김순석, 『법보신문』 기사 (http://www.beopbo.com/news/articleView.html?idxno=75358 2022.02.09접근); 이것은 이능화의 『조선불교통사』와 다카하시 토오루의 『이조불교』 (1929)에도 기록되어 있다.

88 서재영, 「승려의 입성금지 해제와 근대불교의 전개」, 『불교학보』 45 (2006): 37-65.

89 "[서울의] 남서(南署) 11방(坊)에 남자 28,363명(名), 여자 25,392구(口), 남녀 합하여 53,755인이다. 기와집은 2,455호, 초가는 7,254호, 반와 반초가 1,314호, 합하여 11,023호이다. 남승은 17명, 여승은 18구, 절은 3이다. 동서에는 남자 19,651명, 여자 16,845구, 기와집 828호, 초가 6,835호, 반와 반초가 539호, 남승이 261명, 여승은 138구, 절은 28처 있다." 여기서 '서'란 갑오개혁 때 한성부 행정구역 5부(五部)를 5서(五署)로 바꾸었던 것을 지칭한다. 한성부 호적 조사는 각 방 별로 이뤄졌는데 방(坊)은 5부(또는 5서) 밑에 있던 행정구역 이름이다. 이 내용은 캐나다의 한국학 학자이자 근대불교 전공자인 박정은 교수가 알려주었다. 이 자리를 빌려 감사를 표한다. 박 교수는 2018년 여름 동안 서울대 규장각에 와서 그곳에 보관된 광무호적을 열람하고 연구하였다.

90 황인규, 「근현대 비구니와 불교정화운동」, 대한불교조계종 교육원 불학연구소 편, 『불교정화운동의 재조명』 (조계종출판사, 2007), p. 275.

91 이사벨라 버드 비숍(Isabella Bird Bishop) 저, 이인화 역, 『한국과 그 이웃 나라들』 (살림: 1994), p. 162.

92 이 책은 필자가 미시건 대학 재직 중에 우연히 도서관에서 발견한 책으로 1928년에 출간된 것이다. 당시 불교의 모습을 알려주는 흥미있는 내용이라서 길게 인용해 본다. "한국에는 아직도 많은 불교도들이 있고 신심이 무척 깊다. 한국에서 선교사로 온지 오래된 Dr. C. S. Deming 씨는 이렇게 적었다. 절에 무슨 필요한 일이 생기면 재가자들은 기꺼이 와서 돕는다. 스님들은 어려운 말로 경전을 외기도 하고 머리를 땅에 대면서 절하기도 하고, 그리고 여러 가지 기도문들을 중얼거리곤 한다. 여자들은 설날 아침 절에 가는데 돈이나 과일 등을 가지고 가서 1년 동안 무탈하도록 기도를 부탁한다. 가족이 죽었을 때도 죽은 사람이 구천을 떠돌지 않고 극락으로 가도록 빈다. 또 자

식을 낮게 해달라고 비는 사람들도 있다. 승려들이 다른 사람에게 기도를 해줄 때는 먼저 북이나 바라 같은 것을 치면서 큰소리로 부처님에게 이 기도를 듣고 복을 내려달라고 소리친다. 부유한 사람이 와서 돈을 가지고 오면 스님들은 그것으로 과일과 쌀을 사서 부처님 앞에 올려놓고 절한다." James Bissett Pratt, *The Pilgrimage of Buddhism and a Buddhist Pilgrimage* (New York: Macmillan, 1928), p. 420, note 10.

93 한상길, 「사찰계 연구」 참조.

94 마틴 배철러 저, 조은수 옮김, 『출가 10년 나를 낮추다』 (웅진뜰, 2011), pp. 146-147.

95 조영숙, 『법의 기쁨 사바세계에 가득』 (민족사, 1998).

96 조영숙, 전게서, pp. 46-47.

97 마틴 배철러 저, 조은수 옮김, 『출가 10년 나를 낮추다』 (웅진뜰, 2011), p. 148.

98 운문지 편집부, 「비구니 원로를 찾아서 - 만성선사행장」, 『운문(雲門)』 7 (1983. 12. 31); Samu sunim, "Manseong Sunim, a Woman Zen Master of Modern Korea," *Spring Wind Buddhist Cultural Forum: Women and Buddhism*. 6-1, 2 & 3 (1986): 188-193.

99 Martine Batchelor, Unpublished manuscript, "Interview with Hyechun sunim" (1980s).

100 마틴 배철러 저, 조은수 옮김, 『출가 10년 나를 낮추다』 (웅진뜰, 2011), pp. 141-168. 저자 배철러는 프랑스에서 태어나 사회의 모순에 분개하고 내면적으로는 지적 갈등을 겪는 반항아로서 청년기를 보내고 동양 사상과 종교에서 삶의 의문을 풀 해답을 찾겠다고 무작정 여행을 떠났다. 우여곡절 끝에 운명의 힘에 이끌려 한국에 도착하게 되었을 때 그의 말괄량이같은 성품을 잠재워주면서 치단는 구도의 열정을 인정하고 품어주신 분이 바로 구산스님이었다. 그 후 출가하여 십 년간 제방 선방을 편력하며 수행에 전념하였다. 그러면서 척박한 수행환경에서도 사회적 명성이나 영화와는 관계없이 묵묵히 산중에서 수행의 길을 가고 있는 한국 비구니에 대해 알게 되었다. 그중 한 분인 선경 노스님과 깊은 인연을 나누고 있다.

101 위의 책, pp. 141-168.

102 위의 책, pp. 141-168.

103 위의 책, pp. 158-160.

104 운문회보 편집부, 「비구니 원로를 찾아서 - 本空禪師의 行狀」, 『운문회보』 10 (1984. 11. 7).

105 박해당, 「만공(滿空)의 삶과 그 의미」, 『2007 만해축전 자료집』 (백담사 만해마을, 2007), p. 179.

106 마틴 배철러 저, 조은수 옮김, 『출가 10년 나를 낮추다』 (웅진뜰, 2011), pp. 141-168.

107 월주 지명, 『달빛은 우주를 비추네』 (불천, 1996), p. 144. 여기서 금란가사란 경전 속에 나오는 붓다에게 올린 빛이 나는 옷을 말한다. 덕이 높고 깨달음을 이룬 스님들에게 드린다. 월주 지명스님은 1921년 생으로 1932년 수덕사 금선대에서 만공스님을 계

사로 사미니계를 받고 출가했다. 1980년 전국비구니회 3대 회장직을 역임했다.

108 황인규,「근현대 비구니와 불교정화운동」, 대한불교조계종 교육원 불학연구소 편,『불교정화운동의 재조명』(조계종 출판사, 2007), pp. 276-277.

109 견성암이 최초의 비구니 선원이라는 것은 인정하지만 그 구체적인 시기에 관해서는 이론이 있다. 박해당, 앞의 논문, p. 181.

110 「朝鮮佛敎總報」제10호(1918.7.20.), p.90; 하춘생,「한국근현대 비구니의 강맥전승과 그 의의」(2009.03), p. 147에서 재인용. 제도적 강원교육이 시작되기 전에도 비구니들은 개별적으로 비구강사를 찾아가 공부하곤 하였다는 것은 〈삼우스님 아카이브〉에서 언급되고 있다.

111 최정희,『부처님 법답게 살아라-광우스님과의 대담』(조계종출판사, 2008).

112 수경,「한국비구니강원발달사」,『한국비구니의 삶과 수행』(예문서원, 2007), p. 22.

113 김광식,「解題」,『영인본 朝鮮佛敎月報』, 民族社, 1996.

114 근대 시기에 간행된 불교잡지 30여 종 중에서 이와 같이 여성독자를 위한 언문란을 마련한 잡지로는 이 월보 외에『해동불보』, 그리고 나중에 서술할 김태흡이 발간한 『불교시보』의 세 종류가 있다고 한다.

115 춘수관녀 천일청(春壽觀女士千一淸),「信敎婦人界에 一言으로 警告홈 (신교ᄒ시ᄂ 부인계에 ᄒ말ᄉᆞᆷ으로 경고홈)『朝鮮佛敎月報』3권 (1912년 4월 25일): 44-47; 동국대 불교기록문화유산 사이트에서 원문과 이미지가 제공되고 있다. https://kabc.dongguk.edu/content/view?itemId=ABC_BM&cate=bookName&depth=3&upPath=Z&dataId=ABC_BM_00002_0003_T_001

116 Hwansoo Ilmee Kim. *Empire of the Dharma: Korean and Japanese Buddhism, 1877-1912* (Cambridge, MA: Harvard University Asia Center, 2012) 참조.

117 『법화경』의「제바달다품(提婆達多品)」에는 용왕의 지혜로운 딸이 '8세' 때 문수보살의 교화로 진리를 깨닫고 남자로 변신하여 보살행을 닦아 남방 무후세계에 가서 성불하였다는 용녀성불(龍女成佛)에 관한 이야기가 들어 있다.

118 기자(記者),「논설 - 불교와 녀자」,『조선불교월보』제4호 (메이지 45년[1912년] 5월 25일 발행): 55-63.

119 상동, p. 56.

120 현대 불교학자인 베르나르 포르도 불교 경전 속에 나오는 여성을 혐오하고 비하하는 내용의 표현은 사실 남성들의 두려움의 반영이라는 이론을 펼치고 있다. Bernard Faure, *Power of Denial* (Princeton University Press, 2003).

121 金泰洽,「佛敎女性觀」,『佛敎』제 62호(1929): 20-26.

122 상동, p. 26.

123 김기종,「김태흡- 불교대중화에 생애를 헌신하다」,『불교평론』49호 (2011년 12월).

124 『동아일보』 2면, 1926년 5월 10일자; 전명혁, 「解光 金思國의 삶과 민족해방운동」, 『한국근현대사연구』 23 (2002.12), p. 106에서 재인용.

125 『동아일보』 (1928년 1월 7, 8, 9일). 총 3회 걸쳐 박원희의 죽음에 관한 기사가 실렸다, 「悲劇接踵하는 故金思國氏 家庭- 男便死別後 奮戰苦鬪中 朴元熙女史도 再昨永眠, 남편 김사국 씨를 죽음으로 결별하고 백절불굴코 각방면으로 활동타가 삼십세 청춘을 일기로 영면」.

126 손인수, 신영숙, 「박원희」, 『한국민족문화백과사전』 (2022.2.28 접근).

127 우봉운, 「嗚呼同志」, 『삼천리』 제7호 (1930년 07월 01): 36.

128 『불교포커스』 (2012.03.08일자), 김남수, "요절한 혁명가와 애절한 가족사" (2022.2.28 접근).

129 https://people.aks.ac.kr/front/tabCon/ppl/pplView.aks?pplId=PPL_7HIL_A9999_2_0025575&category=dirSer (2014. 05. 01접근).

130 기석호 스님은 출가전 우봉운과 마찬가지로 사회운동가였다. 그는 출가 이후 경허, 만공, 혜월 스님으로 이어지는 법맥을 전수하고, 각종 사회 참여 및 불교계 강연에 강사로 이름을 올리는 등 불교계 중심인물로 활동하였다고 한다. 1921년 서울 안국동에서 선학원이 창립할 때 기석호라는 이름으로 동참한 기록이 있는 것을 보아 그 전에 출가하였을 것으로 짐작한다.

131 『조선불교』는 다음과 같이 보도하고 있다. "우리 여자 사회의 선진인 우봉운 여사는 자애롭게 감동하고 분투하여 부처님의 진정성으로 동지를 규합시켜 여성의 덕성을 함양시키는 지식계발을 위해 조선불교여자청년회라는 단체를 조직했다. 회장 우봉운 여사의 열성과 노력은 일시도 그치지 않아 백여 명의 회원을 가진 우리 불교여자계의 유일무이한 기관이 되었다." (일본어 원문의 번역) 『조선불교』 12호 (1925.4.11).

132 일엽스님의 손상좌인 경완스님은 사람들이 문필가로서의 일엽에만 사람들이 관심을 갖는 것에 대해 불만을 표시하면서 다음과 같이 말하고 있다. "문화계에서 김일엽이란 필명으로 알려진 일엽 선사는 불가에 입문하여 오로지 투철한 수행과 덕행으로 일관한다. 그런데도 불구하고 출가하기 이전에 발휘한 예술적 성과들만 연구자들의 시선을 끌면서 부각되어 왔다. 상대적으로 수행자로서의 면모는 그렇게 잘 알려져 있지 않다.…필재경완스님는 … 선사의 청정하고 당당한 수행의 행적이 소외되는 것을 항상 애석하게 생각해왔다. 다만 아쉬워할뿐 어떠한 시도도 하지 못한 것은 설사 연구업적이 쌓인다 하더라도 그 덕행에는 오히려 공연한 덧붙임에 불과할 것이라는 우려 때문이었다.… 경완, 「일엽(一葉) 선사와 선(禪)」, 『2007만해축전 자료집』 (만해축전준비위원회, 2007), pp. 466-467; 경완, 「일엽 선사의 출가와 수행」, 『한국 비구니의 수행과 삶』 (예문서원, 2007).

133 김일엽, 「여신도로써의 신년감상」, 『불교』 91호 (1932년 1월): 40-43.

134 *Ibid.*, pp. 40-41.

135 *Ibid.*, p. 41.

136 *Ibid.*, p. 43.

137 방민호, 「김일엽 문학의 사상적 변모 과정과 불교선택의 의미」, 『한국현대문학연구』 20 (2006.12), p. 359.

138 경완, 「일엽의 선사상」, p. 481.

139 김일엽, 『미래세가 다하고 남도록』 상 (인물연구소, 1974), p. 326; 경완, 「일엽의 선사상」에서 재인용.

140 김일엽, 「불법, 곧 '나'를 알아 얻는 법은 오직 참선법 뿐이다」, 『일엽선문(一葉禪文)』 (문화사랑, 2001), p. 117.

141 경완, p. 481.

142 나혜석, 「海印寺의 風光」, 『삼천리』 제10권 제8호 (1938.08.01): 230-243.

143 이것을 증언한 이인화 보살은 서울의 상류계층 여성으로 만공스님과 견성암 비구니들를 재정적으로 후원한 시주자였다.

144 백성욱 박사를 따르는 불교인들의 모임인 금강경독송회에서 펴낸 자료에 들어 있는 「손혜정 선생님께서 백성욱 박사님께 법을 전하다」라는 제목의 글에 "불성이 무엇인고? 비우고 비우고 또 비워 티끌만한 미세한 분별도 있지 아니한 그 자리, 무량대복(無量大福)이 꽉찬 그 자리, 이 세상 중생에게 다 나누어 주어도 조금도 줄어들지 아니하고 그대로 있는 그 자리, 밝기가 낮과 같이 밝아 무내외(無內外)라 안팎이 없이 밝은 이 보배를 너에게 주노니 네가 지킬 테냐?"라고 손혜정 선생이 물으신다. 이에, "지키겠습니다"라고 백성욱 박사가 대답하였다는 내용이 들어 있다고 한다.

145 김광식, 「백성욱의 금강산 수행 공동체 역사와 성격」, 『민족사상』 15-1 (2021): 99.

146 석정스님의 어머니 회고는 최완수, 「석정화상평전」, 『석정서화집』 (통도사성보문화재연구원, 1996)에도 일부 나온다.

147 「신앙의 문을 두들기다(信仰の門を叩く)-최만월화(崔滿月華) 부인을 방문하다」, 『조선불교(朝鮮佛敎)』 제106호 (1935년 2월 1일 발행): 6.

148 김광식, 「朝鮮佛敎女子靑年會의 창립과 변천」, 『한국근현대사연구』 제7집 (1997).

149 김순석, 『법보신문』 (2007.04.25).

150 「불교여자청년회조직(佛敎女子靑年會組織)에 대해」, 『불교』 제62호 (1929년 8월): 75.

151 『불교』 제65호 (1929년 11월): 67.

152 『불교』 제67호 (1930년 1월): 24-28 (맞춤법 교정 및 어투 교정하였음).

153 김광식, 「조선불교여자청년회의 창립과 변천」, 『한국근현대사연구』 제7집 (1997).

154 송지희, 『법보신문』 1200호, 2013.06.26. 일자.

155 「드른 風月記 - 禹鳳雲 女士의 그 뒤」, 『삼천리』 7권 8호 (1935년 9월 1일): 77; 「江南風

月 -七十八年만인 友會女性」,『삼천리』 8권 12호 (1936년 12월 1일): 47. 『삼천리』는 일제강점기 1929-1942까지 월간으로 발간된 시사 교양 문학 등의 기사를 실었던 종합잡지이다.

156 조계종출판부에서 1990년대 출판되었으나 지금은 절판되고 대신 확장 증보되어 Buddhapia 사이트에서 서비스되고 있는 *What is Korean Buddhism*에 따르면 근대 이후 비구니 수가 증가한 원인으로 6.25 동란 이후 여자 고아들을 비구니 사찰에서 수용한 것과 전쟁 이후의 베이비붐 두 가지를 들고 있다. ("The increase in women seeking ordination was possibly initially due to the mass of female orphans from the Korean War in 1950 and the baby boom after the war." (http://www.buddhapia.com/eng/extensive/4-a4a5.html).

157 내원사 소개 http://www.naewon.or.kr/참조(2015.03.01.에 접근); 비구니 수옥스님은 그러나 애석하게도 바로 몇 년 후 1966년 타계한다.

158 정화 이후 비구니들의 조직화 양상에 대해서는 Pori Park, *Trial and Error in Modernist Reforms: Korean Buddhism under Colonial Rule*, Korea Research Monograph (Institute of East Asian Studies, University of California, Berkeley, 2009)에 잘 정리되어 있다.

159 수옥스님에 관한 전기로는 『깨달음의 꽃』1, pp. 207-220 참조.

160 19살에 2년간 해인사에서 강원교육을 받았다는 것은 비구니 강원에서 배운 것이 아니라 해인사 강원의 비구 강사가 아마 따로 가르치거나 혼자 독학하고 가끔씩 지도를 받는 식이었다고 한다.

161 최정희, 『부처님 법답게 살아라 - 광우스님 대담』 (조계종출판사, 2008).

162 하춘생, 『깨달음의 꽃』, (서울: 여래, 1998), p. 207.

163 이후 비구니 강원과 선원의 역사에 대해서는 박포리, 한마음선원 학술대회 발표문을 많이 참조하였다.

164 강문선(혜원), 「근현대기 한일 비구니의 존재양상에 대한 시론적 고찰」, 『大覺思想』 제22집 (2014.12).

165 견학기는 上, 下 2회에 걸쳐 김태흡이 발행한 『불교시보』의 제48호와 제49호에 연재되었다.

166 정수옥, 「內地佛教見學記」 上, 『佛教時報』48호 (1939.7.1.): 7 (하단); 강문선, *Ibid*. 216-218.

167 법일스님의 전기에 대해 『깨달음의 꽃』 1, pp. 249-262, 그리고 만허당 법일스님 문도회, 『방장산 대원사와 만허당 법일스님』 (비움과 소통, 2013)을 참고하였다.

168 인홍스님의 전기 자료로 『깨달음의 꽃』 2, pp. 41-57, 그리고 박원자, 『길 찾아 길 떠나다』 참조.

169 하춘생, 「한국 근·현대 비구니의 강맥 전승과 그 의의」, 『한국불교학』 53 (2009. 03), p. 151.

170 19세기 말에 한국을 여행하면서 본 것을 자세히 글로 남긴 이사벨라 비숍은 *Korea and Her Neighbours*(1898)에서 금강산의 장안사와 표훈사를 들렀을 때 그 절의 승려들이 우유나 달걀도 허락하지 않는 엄격한 채식주의를 지켰고, 따라서 가축을 주위에서 볼 수 없었다고 한다. 스님들을 생각해서 자기는 차와 쌀, 꿀 그리고 잣으로 식사를 했다고 적고 있다. Isabella Bird Bishop, *Korea and Her Neighbours* (John Murray, 1898 NY: Flemming H. Revell Company, 1898), p. 139.

171 한국비구니연구소, 『韓國比丘尼修行談錄』中권, 「경주스님」, p. 151.

172 강문선(혜원), 「근현대기 한일비구니의 존재양상에 대한 시론적 고찰」, 『大覺思想』제22집 (2014), p. 223.

173 "For all these reasons, the influence of nuns in the Korean Buddhist tradition has arguably never been greater than it is at the present moment." Robert Buswell이 캐나다 밴쿠버의 University of British Columbia에서 2012년 9월 29일에 열린 〈현대 한국불교 심포지움〉에서 한 발언.

174 본 내용은 『불교평론』 42(2010년 10월)과 「한국의 비구니 교단에 대한 여성주의적 고찰」, 서강대 종교연구소 편 『한국여성종교인의 현실과 젠더문제』(동연, 2014)에 실은 내용을 수정 보완한 것이다.

175 박원자, 『길 찾아 길 떠나다 - 인홍스님 일대기』(김영사, 2007), p. 114.

176 위의 책, p. 148.

177 본각 스님, 인터뷰.

178 박원자, 『길찾아 길떠나다』, p. 146.

179 아래 부분은 혜춘스님이 1996년 11월 9일에서 10일까지 불교방송 〈피안을 향하여〉에 출연하여 방송한 내용을 녹취한 것이다.

180 1996년 11월 2일 불교방송 인터뷰 (본인이 보현암 도감 스님에게서 CD버전을 받았음).

181 보현암 도감 스님이신 삼행 스님과의 2011 07.11 일자 인터뷰.

182 박원자, 『길 찾아 길 떠나다』, pp. 123-124.

183 불교방송 인터뷰, 1996.

184 불교방송 인터뷰, 1996.

185 최정희, 『부처님 법답게 살아라 - 광우스님과의 대담』(조계종출판사, 2008).

186 최정희, *Ibid.*

187 최정희, *Ibid.*

188 이상 운허스님에 대해서는, 월운(月雲), 「운허노사(耘虛老師의 편영片影)」, 『명성스님

고희기념 불교학논문집』 (운문승가대출판부, 2000, pp. 553-557)을 요약하였다.

189 이상 묘엄 스님의 전기 부분은, 하춘생의『깨달음의 꽃』과 석담의『한계를 넘어서 - 묘 엄 스님 생애와 한국 비구니 승단 』(동국대출판부, 2013) 등을 참고하여 작성하였다.

190 김순석,「1994년 대한불교조계종 개혁종단의 성립과 의의」,『大覺思想』 제20집 (2013): 349; 강문선(혜원),「근현대기 한일비구니의 존재양상에 대한 시론적 고찰」, 『大覺思想』 제22집 (2014): 223 재인용.

191 『불광』 (1994.07.05).

192 전해주,「한국 비구니 승가의 현황과 방향 - 대한불교 조계종을 중심으로」,『종교교육 학연구』 8 (1999), p. 340.

193 위의 책, pp. 339-340.

194 예를 들어 주자(朱子)는 도를 전한다는 것, 즉 도통의 계보를 확립하면서 송대 도학(道學)의 절대적 권위와 정통성을 확보하였다고 한다. 주자는 이것을 '전도정통'(傳道 正統)이라고 표현했다. 계보 속에 있는 사람만이 정통이 될 수 있다는 뜻이다. John B. Henderson, *The Construction of Orthodoxy and Heresy: Neo-Confucian, Islamic, Jewish, and Early Christian Patterns* (NY: SUNY Press, 1998), pp. 89-91 참조.

195 하춘생,「한국 근현대 비구니의 강맥전승과 그 의의」,『한국불교학』 53 (2009): 154; 하 춘생,『한국 비구니 문중』 (서울: 해조음, 2013).

참고문헌

■ 1차 자료

『불교』 (불교사).

『불교시보』 (불교시보사).

『선원』 (선학원).

『朝鮮佛敎月報(영인판)』 (京城: 朝鮮佛敎月報社); 김광식 解題, 『韓國近現代佛敎資料全集
　　　43』第1~6號, 『韓國近現代佛敎資料全集 44』第7~13號, 『韓國近現代佛敎資料全集
　　　45』第14~19號 (서울: 民族社, 1996).

The SAT Daizokyo Text Database http://21dzk.l.u-tokyo.ac.jp/SAT/.

강인구 외 4인, 『역주 삼국유사』 (한국정신문화사, 2003).

김일엽, 「나의 수도생활」, 『불교사상』 11 (1962).

_____, 『청춘을 불사르고』 (문선각, 1962; 김영사, 2002).

_____, 『미래세가 다하고 남도록』 상 (인물연구소, 1974),

_____, 「불법, 곧 '나'를 알아 얻는 법은 오직 참선법 뿐이다」, 『일엽선문』 (一葉禪文)
　　　(문화사랑, 2001).

나혜석, 「海印寺의 風光」, 『삼천리』 제10권 제8호 (1938.8).

만공문도회, 『만공법어』 (덕숭산 능인선원, 1982).

보창(寶唱), 『比丘尼傳』, T. 50.2063.

불필, 『영원에서 영원으로』 (김영사, 2012).

삼우, 〈삼우스님 근대비구니 아카이브〉.

우봉운, 「여류운동가 박원희군-최후의 병석을 추억하며-오호동지」, 『삼천리』 제2권
　　　7호(1930.7).

_____, 「여학생시대의 변소에서- 러부렛타-의 고백」, 『삼천리』 제9호(1930.10).

_____, 「정책적 결혼만 배격- 이민족과의 결혼시비」, 『삼천리』 제3권 제9호(1931.9).

_____, 「내가 서울 여시장이 된다면?」, 『삼천리』 제6권 제7호(1934.6).

_____, 「여류연설객과 잡감」, 『삼천리』 제7권 제2호(1935.2).

_____, 「신로심불로- 청춘을 앗기는 가인애사」, 『삼천리』 제7권 제3호(1935.3).

월주 지명, 『달빛은 우주를 비추네』 (불천, 1996),

이지관, 『한국고승비문총집-조선조·근현대』 (가산불교문화연구원, 2000).

조계종 불학연구소, 『강원총람』 (대한불교조계종 교육원, 1997).

_____, 『한국근현대불교사 연표』 (대한불교조계종 교육원, 2000).

_____,『근대선원방함록(近代禪院芳啣錄)』(대한불교조계종 교육원, 2006).

조영숙 편,『법의 기쁨 사바세계에 가득 – 법희 선사, 그의 생애와 禪』(민족사, 1998).

하춘생,『깨달음의 꽃: 한국불교를 빛낸 근세 비구니』(서울: 여래, 1998).

_____,『깨달음의 꽃 2』(서울: 여래, 2001).

한국비구니연구소,『한국비구니연구소 총서』I , II (김포: 한국비구니연구소, 2003).

_____,『한국비구니수행담록』상, 중, 하 (김포: 한국비구니연구소, 2007).

_____,『한국비구니명감』(김포: 한국비구니연구소, 2007).

한국문헌연구소 편,『한국사지총서』3권 (아세아문화사, 1977)

■2차 자료

강남순,『페미니즘과 기독교』(대한기독교서회, 1998).

_____,『페미니즘 앞에 선 그대에게』(한길사, 2020).

강혜원,「한국 비구니선원의 '청규' 고찰」,『한국 비구니의 수행과 삶』(서울: 예문서원, 2007).

_____,「근현대기 한일비구니의 존재양상에 대한 시론적 고찰」,『대각사상』제22집 (2014).

강석주·박경훈,『불교근세백년』(중앙일보사, 1980).

경완,「일엽 선사의 출가와 수행」,『한국 비구니의 수행과 삶』(서울: 예문서원, 2007).

고미송,『그대가 보는 적은 그대 자신에 불과하다: 불교적 관점에서 본 여성주의 인식론』 (푸른사상, 2010).

고익진,『韓國古代佛敎思想史』(東國大出版部, 1989).

구자상,『여성성불의 이해』(불교시대사, 2009).

김경일 외,『한국 근대 여성 63인의 초상』(한국학중앙연구원출판부, 2015).

김경집,『한국근대불교사』(경서원, 1998).

김광식,「朝鮮佛敎女子靑年會의 창립과 변천」,『한국근현대사연구』제7집 (1997).

_____,『한국근대불교의 현실인식』(민족사, 1998).

_____,「구술사 연구의 필요성: 근현대 불교의 공백을 메우자」,『불교평론』15호 (2003).

_____,『한국 현대불교사 연구』(불교시대사, 2006).

_____,『그리운 스승 한암 스님 - 한국불교 25인의 증언록』(서울: 민족사, 2006).

_____,「만공의 정신사와 총독부에서의 '禪機 發露'(1937) 사건」,『향토서울』제91호 (2015).

_____,「고승 연구와 불교 구술사」,『전자불전』제20집 (2018).

_____,「비구니 정혜도량(1994)의 역사와 성격」,『대각사상』제35집 (2021).

_____,「백성욱의 금강산 수행 공동체 역사와 성격」,『민족사상』15-1 (2021).

김순석,「일제하 선학원의 선맥 계승운동과 성격」,『한국근현대사연구』 20 (2002).

_____,『일제시대 조선총독부의 불교정책과 불교계의 대응』(경인문화사, 2003).

_____,「근대 불교 종단의 설립 과정」,『불교근대화의 전개와 성격』(조계종출판사, 2006).

김영미,「신라불교사에 나타난 여성의 신앙생활과 승려들의 여성관」,『여성신학 논집』 1 (1995).

_____,「불교의 수용과 여성의 삶, 의식세계의 변화: 고려시대 여성의 가정생활을 중심으로」,『역사교육』 62 (1997).

_____,「고려시대 여성의 출가」,『이화사학연구』 25·26합집 (1999).

_____,「고려시대 비구니의 활동과 사회적 지위」,『한국문화연구』 1(2001).

_____,「高麗時代 비구니의 활동과 眞覺國師 惠諶의 性成佛論」,『이화사학연구』 30집 (2003).

_____,「삼국~고려시대 비구니의 삶과 수행」,『한국 비구니의 수행과 삶』(예문서원, 2007).

김정희,『조선시대 지장시왕도연구』(일지사, 1996).

_____,「불교의 생명윤리와 재가 여성 불자」,『한국여성철학』 4 (2004).

_____,『불교 여성 살림: 불성과 살림의 不二를 기억하기』(모시는사람들, 2011).

김종만,「기복불교 옹호론의 문제점」,『불교평론』 14호 (2003).

김호성,「실상화 윤용숙의 삶과 나눔불사」,『제34차 학술연찬회 자료집: 불교발전을 이끈 우바이들의 삶과 신행』(불광연구원, 2017.11).

남희숙,「조선후기 불서간행 연구」, 서울대학교 국사학과 박사학위 논문 (2004).

_____,「16~18세기 佛敎儀式集의 간행과 佛敎大衆化」,『한국문화』 34 (2004).

다카하시 도루 저, 이윤석·다지마 데쓰오 역,『경성제국대학 교수가 쓴 조선시대 불교통사』(민속원, 2020).

마성,「'기복신앙' 문제의 본질적 과제」,『불교평론』 10호 (2002).

만허당 법일스님 문도회 ,『방장산 대원사와 만허당 법일스님』(비움과 소통, 2013).

벽공,「『比丘尼傳』을 통해 본 중국 比丘尼에 대한 고찰」,『한국선학』 23 (2009).

____,「동아시아의 비구니 敎團 硏究」, 동국대학교 박사학위논문 (2011).

박상란,「근대전환기 불교잡지의 여성담론」,『한국고전여성문학연구』 제15집 (2007).

박영록,「'기복불교를 말한다'를 말한다」,『불교평론』 9호 (2001).

박영숙 외,『서양인이 본 금강산』(문화일보사, 1998).

박원자,『길 찾아 길 떠나다 - 인홍스님 일대기』(김영사, 2007).

박해당,「만공(滿空)의 삶과 그 의미」,『2007 만해축전 자료집』(백담사 만해마을, 2007).

백도수,『대장경에 나타난 여성불교』(불교여성개발원, 2001).

본각,「원허당 인홍 선사와 비구니승가 출가정신의 확립」,『한국 비구니의 수행과 삶』(예문서원, 2007).

서영애, 『불교의 여성관』 (불교시대사, 2006).

서재영, 「승려의 입성금지 해제와 근대불교의 전개」, 『불교학보』 45 (2006).

석담, 「근대 한국 비구니 승가에 있어 2부승가제의 복원」, 『묘엄 스님 主講 50주년 기념 논총』 (봉녕사출판사, 2007).

석담, 이향순, 「국제화 시대 한국 비구니의 위상과 역할」, 『한국 비구니의 수행과 삶』 (예문서원, 2007).

석담 저, 이향순 옮김, 『한계를 넘어서 - 묘엄 스님 생애와 한국 비구니 승단』 (동국대학교 출판부, 2012).

세등 옮김, 비키 매켄지 저, 『나는 여성의 몸으로 붓다가 되리라』 (김영사, 2003).

송무 외, 『젠더를 말한다: 페미니즘과 인문학의 만남』 (박이정, 2003).

송현주, 「근대 한국불교 개혁운동에서 의례의 문제」, 『종교와 문화』 6호 (2000).

수경, 「한국 비구니강원 발달사」, 『한국 비구니의 수행과 삶』 (예문서원, 2007).

수정, 「정암당 혜옥스님의 수행과 포교」, 『한국 비구니의 수행과 삶』 (예문서원, 2007).

심재룡, 「근대 한국불교의 네가지 반응 유형」, 『철학사상』 16 (2003 06).

양정연, 「여성 지식인의 삶, 죽음에 대한 인식과 불교관-김일엽의 신여성론과 불교관 중심으로」, 『철학논집』 33 (2013).

양혜원, 「조선 초기 궁궐 사찰 '내원당(內願堂)'의 설치와 변동」, 『한국사상사학』 제69집 (2021).

연세대학교 의학사연구소, 『한국 근대의학의 탄생과 국가』 (역사공간, 2016).

옥복연 역, 리타 그로스 저, 『불교 페미니즘: 가부장제 이후의 불교』 (동연, 2020).

우석, 「월광당 금룡스님의 삶과 수행」, (한국 비구니 수행전통 고찰 포럼, 2006.6.1 발표 논문).

유동호, 「기복주의를 넘어 공덕주의로」, 『불교평론』 7호 (2001).

윤남진, 「기복불교 논쟁의 발전방향에 대한 제언」, 『불교평론』 16호 (2003).

윤창화, 「해방 이후 譯經의 性格과 意義」, 『대각사상』 제5집 (2002).

이경순, 「근현대 불교구술사 성과의 현황과 과제」, 『불교정화운동의 재조명』 (조계종교육원 불학연구소, 2008).

이기백, 「三國時代 佛敎受容과 그 社會的 意義」, 『歷史學報』 6 (1954).

_____, 『新羅思想史硏究』 (一潮閣, 1986).

이기운, 「조선시대 정업원의 설치와 불교신행」, 『종교연구』 25집 (2001).

_____, 「조선시대 왕실의 비구니원 설치와 신행」, 『역사학보』 178호 (2003).

_____, 「기복, 한국불교 본연의 모습인가」, 『불교평론』 21호 (2004).

이봉춘, 「범산 김법린의 불교사상과 활동」, 『한국불교학』 제53집 (2009).

이숙인, 「여성불교의 적극적인 힘, 비구니 이예순」, 『또하나의 조선』 (한겨레출판사, 2021).

이영석,「東晉 比丘尼에 대한 소고-『比丘尼傳』을 중심으로」,『중국사연구』36(2005).

이영자,「불교의 여성관의 새로운 인식」,『한국여성학』1 (1985).

_____,『불교와 여성』(민족사, 2001).

이윤수,「여성불교운동의 흐름과 과제」,『불교평론』13호 (2002.12).

이창숙,『불교의 여성성불 사상』(인북스, 2015).

이혜숙,「한국불교와 여성」,『한국종교연구』5 (2003).

이향순,「조선시대 비구니의 삶과 수행」,『한국 비구니의 수행과 삶』(예문서원, 2007).

월운,「耘虛老師의 片影」,『명성스님 고희기념 불교학논문집』(운문승가대출판부, 2000).

임중빈,『김일엽 문집-미래세가 다하고 남도록』(인물연구소, 1974).

임혜봉,『일제하 불교계의 항일운동』(민족사, 2001).

_____,『석전 박한영: 문사철학의 석학, 근대 지성의 멘토』(민족사, 2020).

장희정,『조선후기 불화와 화사 연구』(일지사, 2003).

전국비구니회,『한국 비구니의 수행과 삶』(예문서원, 2007).

_____,『한국 비구니의 수행과 삶 2』(예문서원, 2008).

해주,「비구니 승단의 성립에 대한 고찰 - 비구니팔경계를 중심으로」『한국불교학』11 (1986).

____,「한국 비구니승가의 현황과 방향: 대한불교 조계종을 중심으로」,『종교교육학연구』8 (1999).

____,「한국 근·현대 비구니의 수행에 대한 고찰」,『한국사상과 문화』제33집 (2006).

정광호,『근대 한일불교 관계사 연구』(인하대출판부, 1994).

정석종·박병선,「조선후기 불교정책과 원당: 니승의 존재양상을 중심으로」,『민족문화논총』18, 19 (2008).

조계종 불학연구소,『조계종사: 근현대편』(대한불교조계종교육원, 2001).

조승미,「여성주의적 관점에서 본 불교수행론 연구: 한국 여성불자의 경험을 중심으로」, 동국대학교 대학원 박사학위 논문 (2005).

_____,「근대 한국불교의 여성수행문화 - 婦人禪友會와 婦人禪院을 중심으로」,『한국사상과 문화』제34집 (2006).

_____,「한국 비구니 승가와 신자유주의」, (미간원고, 서강대 종교심포지움 발표논문, 2011.09.03.).

_____,「한국의 불교와 여성 연구: 회고와 전망」,『한국불교학』68 (2013).

조은수,「서문에 대신하여」,『동아시아의 불교 전통에서 본 한국 비구니의 수행과 삶』(안양 한마음선원 국제학술대회 2004년 5월 20일- 22일 논문집).

_____,「믿음의 힘으로 유교적 획일화에 맞서다 - 조선여성의 신앙생활, 불교를 중심으로」, 규장각한국학연구원 편,『조선여성의 일생』(글항아리, 2010).

_____,「한국의 비구니 교단에 대한 여성주의적 고찰」, 서강대 종교연구소 편『한국여성 종교인의 현실과 젠더문제』(동연, 2014).

조은수 역, 마틴 배철러 저, 『출가 10년 나를 낮추다』 (웅진뜰, 2011).

조은수 역, 낸시 아우어 포크 저, 「왜 인도에서 비구니가 사라졌는가」, 『불교평론』 48 (2011).

조준호, 「기복불교는 불교인가」, 『불교평론』 7호 (2001).

진광, 「본공당 계명 선사의 삶과 수행」, 『한국 비구니의 수행과 삶』 (예문서원, 2007).

최연, 「한국 재가 불교운동의 사적 개관」, 『불교평론』 13호 (2002).

최완수, 「석정화상평전」, 『석정서화집』 (통도사성보문화재연구원, 1996).

최정희, 『부처님 법답게 살아라 - 광우스님과의 대담』 (조계종출판사, 2008).

크리스티나 폰 브라운 외 저, 탁선미 외 역, 『젠더연구: 성 평등을 위한 비판적 학문』 (나남, 2002).

탁효정, 「조선후기 王室願堂의 사회적 기능」, 『청계사학』 19 (2004).

_____, 「15~16세기 정업원의 운영실태」, 『조선시대사학보』 82 (2017).

_____, 「조선시대 淨業院의 위치에 관한 재검토」, 『서울과 역사』 제97호 (2017).

_____, 『원당, 조선 왕실의 간절한 기도처』 (은행나무, 2017).

하정남, 「불교와 페미니즘, 공존 가능한가」, 『불교학연구』 2 (2001).

하춘생, 「비구니 본공의 선풍진작과 법맥상승」, 『한국선학』 23 (2009).

_____, 「한국 근・현대 비구니의 강맥전승과 그 의의」, 『한국불교학』 53 (2009).

_____, 『한국 비구니 문중』 (해조음, 2013).

한국불교승단정화사편찬위원회 편, 『한국불교승단정화사』 (대보사, 1996).

한마음선원, 「동아시아의 불교 전통에서 본 한국 비구니의 수행과 삶」, 『한마음선원 국제 학술대회 자료집』 (한마음선원, 2004).

한명우, 「기복불교의 실태와 문제점」, 『불교평론』 7호 (2001).

한상길, 「개화기 사찰의 조직과 운영」, 대한불교조계종 교육원 불학연구소 편, 『불교근대 화의 전개와 성격』 (조계종출판부, 2006).

황인규, 「기복불교는 왜 생겨났는가」, 『불교평론』 7호 (2001).

_____, 「근・현대 비구니와 불교정화운동」, 대한불교조계종 교육원 불학연구소 편, 『불교정화운동의 재조명』 (조계종출판사, 2007).

_____, 「조선전기 정업원과 비구니주지」, 『한국불교학』 51 (2008).

_____, 「근대 비구니의 동향과 덕숭총림 비구니들」, 대한불교조계종 교육원 불학연구소 편저, 『경허・만공의 선풍과 법맥』 (조계종출판사, 2009).

_____, 『조선시대 불교계 고승과 비구니』 (혜안, 2011).

황필호, 「불교와 여성주의」, 『철학적 분석』 2 (2000).

효탄, 「비구니 선풍의 중흥자, 묘리법희 선사」, 『한국 비구니의 수행과 삶』 (예문서원, 2007).

혜등, 「화산당 수옥스님의 생애와 사상」, 『한국 비구니의 수행과 삶』 (예문서원, 2007).

혜전, 「봉려관스님과 제주 불교의 중흥」, 『한국 비구니의 수행과 삶』 (예문서원, 2007).

YouTube, "묘엄 스님과 동국대 고영섭 교수와의 대담" 1, 2, 3, 2010.03.
    http://www.youtube.com/watch?v=32fEOclpGBA

Arai, Paula Kane Robinson. *Women Living Zen: Japanese Soto Buddhist Nuns* (New York:
    Oxford University Press, 1999).

_____. *Bringing Zen Home: The Healing Heart of Japanese Women's Rituals* (Honolulu:
    University of Hawaii Press, 2011).

Bartholomeusz, Tessa J. *Women Under the Bō Tree: Buddhist Nuns in Sri Lanka*
    (Cambridge Studies in Religious Traditions 5. New York: Cambridge University
    Press, 1994).

Batchelor, Martine. "The Life of a Korean Zen Nun: The Authobiography of Son'Gyong
    Sunim" *Korean Culture* 13, no. 1 (1992): 26-37.

_____. ed., *Walking on Lotus Flowers: Buddhist Women Living, Loving and Meditating*
    (London: Thorsons, 1996).

_____. "Jamin Sunim: Prison Work for a Korean Nun." In *Women's Buddhism
    Buddhism's Women: Tradition, Revision, Renewal* ed. by Elison Banks Findly
    (Boston: Wisdom Publications, 2000). pp. 275-277.

_____. "Myohi Sunim: A Korean Nun Teacher of Elderly Women." In *Women's
    Buddhism Buddhism's Women: Tradition, Revision, Renewal* ed. by Elison Banks
    Findly (Boston: Wisdom Publications, 2000). pp. 278-279.

_____. "Pomyong Sunim: Flower Arranging for the Korean Lay." In *Women's Buddhism
    Buddhism's Women: Tradition, Revision, Renewal* ed. by Elison Banks Findly
    (Boston: Wisdom Publications, 2000). pp. 280-281.

_____. "Tokwang Sunim: A Korean Nun As Medical Practitioner." In *Women's Buddhism
    Buddhism's Women: Tradition, Revision, Renewal* ed. by Elison Banks Findly
    (Boston: Wisdom Publications, 2000). pp. 403-404.

_____. "The Water and the Wave (Myongsong Sunim)." In *Women on the Buddhist Path*
    (London: Thorsons, 2002). pp. 83-91.

_____. "The Doors of Liberation (Haeju Sunim)." In *Women on the Buddhist Path*
    (London: Thorsons, 2002). pp. 118-126.

_____. "The Struggle to Succeed (Pang Kwihi)." In *Women on the Buddhist Path*
    (London: Thorsons, 2002). pp. 145-151.

_____. "A Zen Journey (Songgyong Sunim)." In *Women on the Buddhist Path* (London:
    Thorsons, 2002). pp. 18-36. (Previously *Walking on Lotus Flowers: Buddhist
    Women Living, Loving and Meditating*, London: Thorsons, 1996).

_____. "Songs are Flowers of the Mind (Jongmok Sunim)." In *Women on the Buddhist Path* (London: Thorsons, 2002). pp. 161-171.

_____. "Who Is Healing? (Daehang Sunim)." In *Women on the Buddhist Path* (London: Thorsons, 2002), pp. 183-187.

_____. "Zen and the Art of Painting (Okbong Sunim)." In *Women on the Buddhist Path* (London: Thorsons, 2002). pp. 152-158.

_____. *Women in Korean Zen - Lives and Practices* (Syracuse: Syracuse University Press, 2006).

Bishop, Isabella Bird. *Korea and her Neighbours: A Narrative of Travel, with an Account of the Recent Vicissitudes and Present Position of the Country* (Cambridge University Press,1898).

Blackstone, Kathryn R. *Women in Footsteps of the Buddha: Struggle for Liberation in the Therigatha*. Curzon Critical Studies in Buddhism (Richmond, Surrey: Curzon, 1998).

Boonsue, Kornvipa. *Buddhism and Gender Bias: an Analysis of a Jakata Tale* (Bangkok: Women in Development Consortium in Thailand, 1989).

Boucher, Sandy. *Turning the Wheel: American Women Creating the New*. updated and expanded. (Boston, Mass: Beacon Press, 1993).

Cabezón, Jose Ignacio. ed. *Buddhism, Sexuality, and Gender* (Albany, NY: State University of New York Press, 1992).

Cho, Eun-su. "Reinventing from Anonymity to Self-Reinvention: Korean Buddhist Nuns in the Twentieth Century." *Spring Wind* (Winter 2003): 18-23.

_____. "From Anonymity to Self-Reinvention: Korean Buddhist Nuns in the Twentieth Century." In *Bridging Worlds: Buddhist Women's Voices Across Generations*, edited by Karma Lekshe Tsomo (Taipei: Yuan Chuan Press, 2004). pp. 125-130.

_____. "Reinventing Female Identity: A Brief History of Korean Buddhist Nuns." *Seoul Journal of Korean Studies*, Vol. 23, No. 1 (June 2009): 29-53.

_____. ed., *Korean Buddhist Nuns and Laywomen: Hidden Histories, Enduring Vitality* (Albany: SUNY Press, 2011).

_____. "Chapter 2: The Religious Life of Buddhist Women in Chosŏn Korea." In Karma Lekshe Tsomo edited, *Buddhist Feminism(s) and Femininities* (SUNY Press, 2019). pp. 67-83.

Choi, Hyaeweol. "Women's Literacy and New Womanhood in Late Choson Korea." *Asian Journal of Women's Studies* 6, no. 1 (2000): 88-115.

Choi, Sook-kyung. "Formation of Women's Movements in Korea: From the Enlightenment Period to 1910." *Korea Journal* 25, no. 1 (1985): 4-15.

Dipananda, B. D. "Controversies and Prospects: Issues Surrounding the Establishment of the Female Monastic Sangha in Bangladesh." *Sakyadhita*, Compassion and Social Justice (2015): 196-205.

Dresser, Marianne. *Buddhist Women on the Edge: Contemporary Perspectives from the Western Frontier* (Berkeley, CA: North Atlantic Books, 1996).

Falk, Monica Lindberg. *Making Fields of Merit: Buddhist Female Ascetics and Gendered Orders in Thailand* (University of Washington Press, 2008).

Falk, Nancy Auer and Rita M. Gross. ed., *Unspoken Worlds: Women's Religious Lives in Non-Western Cultures* originally published from San Francisco: Harper & Row, 1980 Revised edition (Belmont, CA: Wadsworth, 2001).

Falk, Nancy Auer. "The Case of the Vanishing Nuns: The Fruits of Ambivalence in Ancient Indian Buddhism." In *Unspoken Worlds: Women's Religious Lives in Non-Western Cultures*, originally published from San Francisco: Harper & Row, 1980 Revised edition (Belmont, CA: Wadsworth, 2001). pp. 196-206.

Faure, Bernard. *The Red Thread: Buddhist Approaches to Sexuality* (Princeton, N.J: Princeton University Press, 1998).

_____. *The Power of Denial: Buddhism, Purity, and Gender* (Princeton, N.J: Princeton University Press, 2003).

Findly, Elison Banks. "Women and the Arhant Issue in Early Pali Literature." *Journal of Feminist Studies in Religion* 15, no. 1 (1999): 57-76.

_____. ed. *Women's Buddhism Buddhism's Women: Tradition, Revision, Renewal* (Boston: Wisdom Publications, 2000).

Gross, Rita M. *Buddhism After Patriarchy: A Feminist History, Analysis, and Reconstruction of Buddhism* (Albany: State University of New York, 1993).

_____. *Feminism and Religion* (Boston: Beacon Press, 1996).

Gross, Rita M. and Rosemary Radford Ruether. *Religious Feminism and the Future of the Planet: A Christian-Buddhist Conversation* (New York: Continuum, 2001).

Haeju Sunim. "Can Women Achieve Enlightenment?: A Critique of Sexual Transformation for Enlightenment." In *Buddhist Women Across Cultures: Realizations*, ed. Karma Lekshe Tsomo (New York: SUNY Press, 1999).

Heirman, Ann. "Some Remarks on the Rise of the Bhiksuni Sangha and on the Ordination Ceremony for Bhiksuni according to the Dhamaguptaka Vinaya." *Journal of the International Association of Buddhist Studies* 20, no. 2 (1997): 33-85.

_____. "What Happened to the Nun Maitrey." *Journal of the International Association of Buddhist Studies* 23, no. 1 (2000).

Hinsch, Brett. "Confucian Filial Piety and the Construction of the Ideal Chinese Buddhist Woman," Journal of Chinese Religions 30 (2002).

Hinüber, Oskar Von. "Buddhist Law According to the Theravāda Vinaya II: Some Additions and Corrections." *Journal of the International Association of Buddhist Studies* 20, no. 2. (1997): 87-92.

Hirakawa, Akira. "The History of Buddhist Nuns in Japan." trans. Karma Lekshe Tsomo. *Buddhist-Christian Studies* 12 (1992): 147-158.

Hogarth, Hyun-key Kim. "The Widow's Suicide in Pre-Modern Korean Society." *Korea Journal* 36, no. 2 (1996): 33-48.

Horner, I. B. *Women under Primitive Buddhism: the Position of Laywomen and Almswomen* (Amsterdam: Philo Press, 1975).

_____. *Women in Early Buddhist Literature* (Kandy: Buddhist Publication Society, 1982).

Holmes-Tagchungdarpa, Amy & Hiroko Kawanami. "The Bhikkhuni Ordination Debate: Global Aspirations, Local Concerns." *Buddhist Studies Review* 24:2 (2007): 227-244.

Hsieh, Ding-hwa. "Images of Women in Chan Buddhist Literature of the Sung Period." In *Buddhism in the Sung*, eds. Peter N. Gregory and Daniel A. Getz, Jr. (Honolulu: University of Hawai'i Press, 1999). pp. 148-187.

Huang, Chien-Yu Julia, and Robert P. Weller. "Merit and Mothering: Women and Social Welfare in Taiwanese Buddhism." *Journal of Asian Studies* 57, no. 2 (1998): 379-397.

Hyonwon Sunim. "A Buddhist Nun's View on Return." *Koreana* 4-2 (1990): 79-81.

Kim, Hwansoo Ilmee. *Empire of the Dharma: Korean and Japanese Buddhism, 1877-1912* (Cambridge, MA: Harvard University Asia Center, 2012).

_____. "Social Stigmas of Buddhist Monastics and the Lack of Lay Buddhist Leadership in Colonial Korea (1910-1945)." *Korea Journal* 54, no.1 (2014): 105-132.

_____. *The Korean Buddhist Empire: A Transnational History, 1910-1945* (Harvard University Asia Center, 2018).

_____. "Two Incarnations, One Person: The Complexity of Kim Iryŏp's Life." *Journal of Korean Studies* 26, no.1 (2021): 51-71.

Krey, Gisela. "On Women as Teachers in Early Buddhism: Dhammadinnā and Khemā." *Buddhist Studies Review* 27, no.1 (2010): 17-40.

Kabilsingh, Chatsumarn. *Thai Women in Buddhism* (Berkeley, CA: Parallax Press, 1991).

Kamens, Edward. "Dragon-Girl, Maidenflower, Buddha: the Transformation of a Waka Topos, the Five Obstructions." *Harvard Journal of Asiatic Studies* 53, no. 2 (1993): 389-444.

Kawanami, Hiroko. "The Religious Standing of Burmese Buddhist Nuns: The Ten Precepts and Religious Respect Words." *Journal of the International Association of Buddhist Studies* 13, no. 1 (1990): 17-39.

King, Karen L. *Women and Goddess Traditions in Antiquity and Today* (Minneapolis: Fortress Press, 1997).

King, Ursula. ed. *Women in the World's Religions, Past and Present* (New York: Paragon House Pub, 1987).

Klein, Anne C. *Meeting the Great Bliss Queen: Buddhists, Feminists, and the Art of the Self* (Boston: Beacon Press, 1995).

Koh, Hesung Chun. "Yi Dynasty Korean Women in the Public Domain: A New Perspective on Social Stratification." *Social Science Journal* 3 (1975): 8-19.

_____. "Women's Contributions to Korean Culture." *Korean Culture* 8, no. 3 (1987): 34-43.

Korte, Anne-Marie. *Women and Miracle Stories: A Multidisciplinary Exploration* (Leiden; Boston: Brill, 2004).

Kumar, Ravinder, and Neera Chandhoke. *Mapping Histories: Essays Presented to Ravinder Kumar* (New Delhi: Tulika, 2000).

Lang, Karen Christina. "Lord Death's Snare: Gender-Related Imagery in the Therigatha and the Theragatha." *Journal of Feminist Studies in Religion* 2, no. 2 (1986): 63-79.

Levering, Miriam L. "The Dragon Girl and the Abbess of Mo-shan: Gender and Status in the Ch'an Buddhist Tradition." *Journal of the International Association of Buddhist Studies* 5,1 (1982): 19-35.

_____. "Miao-tao and Her Teacher Ta-hui." In *Buddhism in the Sung*, eds. Peter N. Gregory and Daniel A. Getz, Jr. (Honolulu: University of Hawaii Press, 1999). pp. 188-219.

_____. "Women Ch'an Masters: The Teacher Miao-tsung as Saint." In Arvind Sharma, ed., *Women Saints in World Religions* (Albany: State University of New York Press, 2000). pp. 180-204.

_____. *Buddhist Nuns in China to 1300 C.E.: Facts, Ideals, and Representations* (University of Tennessee, Knoxville, 2004).

Macy, Joanna. *Dharma and Development: Religion as Resource in the Sarvodaya Self-Help Movement* (West Hartford, Conn.: Kumarian Press, 1983).

MacKenzie, Vicki. *Cave in the Snow: A Western Woman's Quest for Enlightenment* (London: Bloomsbury, 1999).

Meeks, Lori. *Hokkeji and the Reemergence of Female Monastic Orders in Premodern Japan* (University of Hawai'i Press, 2010).

Murcott, Susan. *The First Buddhist Women: Translations and Commentaries on the Therigatha* (Berkeley: Parallax Press, 1991).

Oh, Bonnie B. "From Three Obediences to Patriotism and Nationalism: Women's Status in Korea to 1945." *Korea Journal* 22, no. 7 (1982): 37-55.

Park, Jeongun. "Re-thinking Married Bhiksu: Examination of Bhiksu Ordinations and Clerical Marriage in 1920s Korean Buddhism." *Seoul Journal of Korean Studies* 30, no. 2 (2017): 131-163.

Park, Jin Y. ed. *Makers of Modern Korean Buddhism* (Albany: State University of New York Press, 2010).

_____. *Reflections of a Zen Buddhist nun/ Kim Iryŏp; translated and with an introduction* (Honolulu : University of Hawai'i Press, 2014).

_____. *Women and Buddhist Philosophy: Engaging Zen Master Kim Iryop* (Honolulu, HI: University of Hawai`i Press, 2017).

_____. "The Making of Modern Monastic Families in Colonial Korea: An Examination of Master-Disciple Relations in Monks' Household Registers." *Journal of Korean Religions* vol. 10, no. 1, Buddhism in the Colonial Period (2019): 45-82.

Park, Pori. "The Establishment of Buddhist Nunneries in Contemporary Korea." In Eun-su Cho, ed., *Korean Buddhist Nuns and Laywomen* (Albany: SUNY Press, 2011). pp. 165-181.

Paul, Diana Y, and Frances Wilson. *Women in Buddhism: Images of the Feminine in Mahayana,* 2nd ed. (Berkeley: University of California Press, 1985).

Pratt, James Bissett. *The Pilgrimage of Buddhism and a Buddhist Pilgrimage* (London: MacMillan and Co., 1928).

Ruch, Barbara. *Engendering Faith: Women and Buddhism in Premodern Japan* (Ann Arbor, Center for Japanese Studies, University of Michigan, 2002).

Samu Sunim. "Cremation Ceremony of a Zen Nun." *Spring Wind Buddhist Cultural Forum: Women and Buddhism.* 6.1, 2, & 3 (1986): 194-201.

_____. "Eunyeong Sunim and the Founding of Pomun-Jong, the First Independent Bhikshuni Order." *Spring Wind: Buddhist Cultural Forum: Women and Buddhism.* 6.1, 2, & 3 (1986): 129-162.

_____. "Manseong Sunim, a Woman Zen Master of Modern Korea." *Spring Wind Buddhist Cultural Forum: Women and Buddhism.* 6.1,2, & 3 (1986): 188-193.

_____. "Women in My Life." *Spring Wind: Buddhist Cultural Forum: Women and Buddhism* 6.1,2 & 3 (1986): 1-34.

Schopen, Gregory. "The Suppression of Nuns and the Ritual Murder of Their Special Dead in Two Buddhist Monastic Texts." *Journal of Indian Philosophy* 24, no. 6 (1996): 563-592.

Sharma, Arvind. "How and Why Did the Women in Ancient India Become Buddhist Nuns." *Sociological Analysis: A Journal in the Sociology of Religion* 38, no. 3 (1977): 239-251.

_____. ed. *Women in World Religions* (Albany: State University of New York Press, 1987).

_____. ed. *Today's Women in World Religions* (Albany: State University of New York Press, 1994).

_____. *Her Voice, Her Faith: Women Speak on World Religions* (Boulder, Colo: Westview Press, 2002).

_____. *Women in Indian Religions* (Delhi, Oxford: Oxford University Press, 2002).

Sharma, Arvind, and Katherine K Young. *Feminism and World Religions*, McGill Studies in the History of Religions (Albany, N.Y: State University of New York Press, 1999).

Shaw, Miranda Eberle. *Passionate Enlightenment Women in Tantric Buddhism* (Princeton, N.J: Princeton University Press, 1994).

Shih Pao-ch'ang. Tsai, Kathryn Ann. trans. *Lives of the Nuns: Biographies of Chinese Buddhist Nuns from the Fourth to Sixth Centuries* (Honolulu: University of Hawaii Press, 1994).

Tikhonov, Vladimir. "Masculinizing the Nation: Gender Ideologies in Traditional Korea and in the 1890s-1900s Korean Enlightenment Discourse." *The Journal of Asian Studies* Vol. 66, No. 4 (November 2007): 1029-1065.

Tsai, Kathryn Ann. "The Chinese Buddhist Monastic Order for Women: The First Two Centuries." *Historical Reflections* 8, no. 3 (1981): 1-20.

Tsomo, Karma Lekshe. "Mahaprajapati's Legacy: The Buddhist Women's Movement: Introduction." *Buddhist Women Across Cultures: Realizations*, ed. Karma Lekshe Tsomo (New York: SUNY Press, 1999). pp. 1-44.

_____. *Buddhist Women across Cultures: Realizations*, SUNY Series in Feminist Philosophy (Albany: State University of New York Press, 1999).

_____. ed. *Buddhism through American Women's Eyes* (New York: Snow Lion Publications, 1995).

_____. *Innovative Buddhist Women Swimming against the Stream*, Curzon Critical Studies in Buddhism Series (Richmond: Curzon, 2000).

Wilson, Liz. "Vinaya Vignettes: or, Why the Buddha had to Make Some Rules." *Tricycle* 3, no. 4 (Summer 1994): 84-89.

_____. "Seeing Through the Gendered 'I': The Self-Scrutiny and Self-Disclosure of Nuns in Post-Ashokan Buddhist Literature." *Journal of Feminist Studies in Religion* 2, no. 1 (1995): 41-80.

_____. "Passionate Enlightenment: Women in Tantric Buddhism." *History of Religions* 36, no. 1 (1996): 60-65.

_____. *Charming Cadavers: Horrific Figurations of the Feminine in Indian Buddhist Hagiographic Literature*, Women in Culture and Society Series (Chicago, IL, London: University of Chicago Press, 1996).

Ven. Anālayo. "Women's Renunciation in Early Buddhism: The Four Assemblies and the Foundation of the Order of Nuns." In *Dignity & Discipline, Reviving Full Ordination for Buddhist Nuns*, edited by Thea Mohrand Jampa Tsedroen (Boston: Wisdom, 2010). pp. 65-97.

_____. "Attitudes Towards Nuns: A Case Study of the Nandakovāda in the Light of its Parallels." *Journal of Buddhist Ethics* 17 (2010): 332-400.

_____. "Mahāpajāpatī's Going Forth in the Madhyama-āgama." *Journal of Buddhist Ethics* 18 (2011): 269-317.

_____. "The Legality of Bhikkhunī Ordination." *Journal of Buddhist Ethics* 20 (2013): 310-333.

Walthall, Anne. *Servants of the Dynasty: Palace Women in World History* (Berkeley: University of California Press, 2008).

Wright, Arthur F. "Biography of the Nun An-Ling-Shou." *Harvard Journal of Asiatic Studies* 15 (1952): 193-196.

Yi, Hyangsoon. "Neither Mountain Nor Marketplace: Placing the Buddhist Nun in Contemporary Korean Literature." *International Journal of Korean Studies* 6-1 (2002): 151-170.

Yuichi, Kajiyama. "Women in Buddhism." *Eastern Buddhist* 15, no. 2 (1982): 53-70.

찾아보기

[ㄱ]

가족주의 63
각방살이 108
강백 126
강원 124, 125, 172, 178, 180
개화기 97
게송 119
견성암 121, 124, 148
겸손 67
경전 교육 205
경허스님 32, 33
계몽운동 142
계수스님 212
계율 48
『깨달음의 꽃』 29
고려시대 73, 76
공(空) 68
공덕 171
관계성 69
관음강원 125
관응스님 204
광우스님 125, 201
교학 203
구술 107, 108
국가 불교 88
궁인 87
권상로 131
근대 15
근대 불교여성운동 162

근대 불교 연구 32
근대성 31, 32, 145, 220, 221
근우회 141
금강산 107
금강율원 210
금룡스님 126, 178, 179
기복불교 162
기복신앙 63
기태진 141, 142
김광호 157, 158, 220
김사국 138, 139
김성숙 138
김옥균 97
김원주 143
김일엽 21, 130, 148
김태흡 136, 137
깨달음 69

[ㄴ]

나혜석 130, 149
남녀 평등 132
남성 중심주의 60
남장사 강원 174
내원사 172, 173
능인여자학원 142, 156
니승 175
『니카야』 42

[ㄷ]

담마난다 비구니 57
대원사 172, 176
대장부 67
대중매체 130
대처승 181, 182

대현스님 178
대혜종고 27
도리사 74
돈오점수 118
동학사 173, 178

[ㄹ]
리타 그로스(Rita Gross) 39

[ㅁ]
마틴 배철러 21, 174
만공 선사 120
만공스님 33, 110, 112, 122, 144
만공 월면 120
만성스님 65, 112, 113
명덕스님 115
명법스님 63
명성스님 203, 206, 207
명성여자실업학원 159
목동청소년회관 202
묘엄스님 180, 208
무아 사상 68
무아설 68
문중계보 215

[ㅂ]
박원희 138, 139, 140
백성욱 150, 151
법일스님 172, 176
법희스님 110, 111
변성성불 132
보살핌 193
보수성 64
보현암 201

본각스님 196, 197
본공스님 118, 119
부인선우회 141, 160, 161, 162, 220
부처님 46
북한 불교 127
불공 82
불교 73, 75, 78, 80, 81, 83, 97, 134
『불교』 144, 157
불교 경전 49, 134
『불교시보』 137
불교 신여성 129, 138
불교여성 16, 62, 73, 75, 76, 83, 100, 129,
    131, 135, 163
불교여성 연구사 24, 28
불교여성 운동 142, 147
불교 여성주의 38
불교 여성학 37
불교 일요학교 159
불교 정책 86
『불본행집경』 46
불사 168, 169, 171, 172
불여청 155, 157, 159, 160
불필스님 67, 178
붓다 42, 43, 44, 45
비구 16, 40, 47, 61, 125
비구니 14, 16, 40, 47, 55, 60, 61, 70, 74,
    76, 83, 100, 127, 129, 184
비구니 강맥 전승 179
비구니 교단 52
비구니 교육 180, 204
비구니 교육자 206
비구니 리더십 194
비구니 사찰 169, 170, 176, 180
비구니 선원 124, 125

비구니 수계식 57
비구니 승가 56
비구니 승단 193
비구니 승려 182
비구니원 89
비구니 율원 208, 210
『비구니전』 26
비구니 지도자 129
비구니 총림 185
비구니 팔경계 212
비구 사찰 170
비구승 182, 184

[ㅅ]

사미니 58, 60
『사미니율의』 60
사부대중 16, 133
사분율 189
사신 비구니 91
사족 84
사중 16
사지 89, 90
사찰 105
사판(事判) 191
사회적 실천 69
삼국시대 73
『삼국유사』 73, 75
삼우스님 127
〈삼우스님 아카이브〉 126, 127, 150
『삼천리』 150
석남사 170, 172, 177, 178, 195
석두스님 152
석림사 169
석정스님 128, 152

석호스님 162
선경스님 22, 114, 120, 174
선림회 177
선방 33
선 수행 203
선승 118
〈삼우스님 아카이브〉 151
선원 124, 172
성적 불평등 221
성철스님 196, 198, 199, 200, 209
손혜정 150, 151
송만공 123
수계 189
수덕여관 150
수옥스님 126, 173, 174, 175, 176
수행 109, 221
『수행담록』 23
습속 105
승가 16, 192
승가대학 66
승단 189
승려 도성 출입 금지 98
시주 90, 91, 171
신도 135
신식 교육 155
신여성 143, 220
신여성운동 149
『신여자』 143
신행 76, 80, 81
심검당 177

[ㅇ]

아잔 브람스님 58
『아함경』 49

안국동 선학원 160, 162
알란 스폰버그(Alan Sponberg) 51
앤 브로드(Ann Braude) 13
여대사 77
여성 13, 15, 39, 40, 57, 79, 133, 192
여성 단체 130
여성불교운동 143
여성 사제 42
여성 수도자 43
여성 수행 61, 62
여성 수행 단체 163
여성 수행자 14
여성 승단 42
여성 신학 40
여성 신행 63, 222
여성주의 37, 39
여성주의 윤리 68
여성하심 64
여성해방론 143
여성 혐오론 52
『여자계』 149
염불 108
영성 40
오도송 154
『옥야경』 49
왕도인 77
왕실 82, 86, 87, 91
왕실 불교 88
용수 54
우담바라회, 211
우바새 16
우바이 16
우봉운 140, 142, 143, 155, 156, 160, 161,
    162

운문사 173, 178
운문사 강원 207
운허스님 204, 205, 206
원당 88
원찰 88
유교 83
유대치 97
『유마경』 74
유점사 79
율장 44, 209
응집력 190
이부승 수계 189
이사벨라 비숍 105
이살린 호너(Isaline Blew Horner) 24
이영자 29
이예순 85
이춘봉 151, 152
이판(理判) 191
인도 55
인수궁 88
인홍스님 172, 177, 194, 195, 196
일본 불교 123
일연 73
입승 148, 174

[ㅈ]
자비 134, 135
자수원 88
자운스님 209
재가 여성 130
재가자 16
재봉학원 159
전강 208
전국비구니회 211

전국비구승니대회 183
전국승려대회 185
전법게 123
전쟁고아 197
정수옥스님 172
정업원 88, 89
정절 이데올로기 81
정혜도량 211, 212
정화 184
정화운동 179, 181, 182, 184
제임스 프랫(James Pratt) 106
젠더 51
젠더 감수성 37
존 조르겐센 89, 91
『조선불교』 152
『조선불교약사』 28
조선불교여자청년회 140, 142, 154
『조선불교월보』 131, 132
『조선불교유신론』 62
『조선불교통사』 28
조선시대 78, 79, 83
조선왕조 78
조승미 63
조화 193
종교 여성학 37
주체성 34
지명스님 124
지장보살 86
직업 교육 159
진관사 168, 169
진혜 77
집단 출가 46

[ㅊ]
차별관 133, 134
참선 161
참종권 48, 221
천일청 130, 131
청수 선원 177
청암사 176
최만월화 152, 153, 154
출가 18, 84, 85
출가 여성 56
출가자 16
취처 105
치마불교 61, 62, 63

[ㅋ]
쿠수마 57

[ㅌ]
타탈로카 59
탁발 105, 106, 108
『테리가타』 42

[ㅍ]
팔경계 45, 46, 47, 222
평등 134, 135
평등관 133, 134
표훈사 부인선원 130, 163

[ㅎ]
하심 67
하춘생 29
『한국 근대 여성 63인의 초상』 31
한국 동란 168, 172, 177, 180
『한국비구니명감』 23

『한국비구니수행담록』 23
한암스님 125
한암 중원 120
한일생 127
한주영 64
해탈 134
행장 20
혜심 76
혜옥스님 126, 176
혜춘스님 113, 114, 197
홍제사 196
화주 106
환희사 127, 128

한국/근대/여성 총서02

불교와 근대, 여성의 발견

등록 1994.7.1 제1-1071
1쇄 발행 2022년 6월 25일
2쇄 발행 2023년 10월 31일

지은이   조은수
펴낸이   박길수
편집장   소경희
편   집   조영준
관   리   위현정
디자인   이주향
펴낸곳   도서출판 모시는사람들
         03147 서울시 종로구 삼일대로 457(경운동 수운회관) 1207호
전   화   02-735-7173 / 팩스 02-730-7173

인   쇄   피오디북(031-955-8100)
배   본   문화유통북스(031-937-6100)
홈페이지 http://www.mosinsaram.com/

값은 뒤표지에 있습니다.
ISBN   979-11-6629-115-9   94200
세트 ISBN 979-11-6629-105-0   94200

* 잘못된 책은 바꿔 드립니다.
* 이 책의 전부 또는 일부 내용을 재사용하려면 사전에 저작권자와
도서출판 모시는사람들의 동의를 받아야 합니다.

이 저서는 2011년 대한민국 교육부와 한국학 중앙연구원(한국학진흥사업단)의 한국학
총서사업(모던코리아 학술총서)의 지원을 받아 수행된 연구임(AKS-2011-DAE-3103)